끝날 때까지 끝난 것이 아니다

IT AIN'T
OVER

끝날 때까지
끝난 것이 아니다

R. T. 켄달 지음 | 백승준 옮김

TILL IT'S
OVER

| 추천사 |

우리는 켄달의 저서들을 통해 그가 진실로 마음을 다하고, 뜻을 다하고, 힘을 다하여 하나님을 사랑하고 있음을 알 수 있다. 그의 사랑의 유익을 누리는 사람들 가운데 내가 속해 있다는 것이 매우 자랑스럽다. 내가 각자의 믿음을 따라 헌신적으로 살아가는 것에 만족하는 반면, 그는 자신의 충만한 믿음을 함께 나누길 강렬하게 소망한다. 훌륭한 유대인 철학자 마르틴 부버의 표현처럼 "책과 소망, 그리고 전혀 작지 않은 일"에 우리는 여전히 연합되어 있다.
- 랍비 데이비드 로젠 경

내가 켄달에게 야세르 아라파트 의장을 소개한 일은 우리에게 매우 특별한 일이었다. 우리가 아라파트 의장을 함께 만나게 된 것은 믿을 수 없을 정도로 놀라운 여정이었다. 그리고 그 여정은 아직 끝나지 않았다. 그는 은퇴하고 웨스트민스터채플을 떠났지만, 여전히 멈추지 않는다. 그리고 하나님도 여전히 그와 함께하신다.

당신이 이 책을 읽을 때, R. T. 켄달 목사가 은퇴한 것이 아니라 다시 불이 붙었다는 것을 알게 될 것이다. 그는 살아 계신 하나님의 영의 영광스러운 기름부음과 함께 다시 불타고 있다. 이 책을 읽는 동안 당신에게도 전능하신 하나님께서 부어주시는 믿음과 생명과 신뢰가 다시 불붙게 될 것이다. 그의 많은 저서 중에서 이 책은 반드시 읽어야 할 필독서다. 왜냐하면 "끝날 때까지 끝난 것이 아니기" 때문이다.
– 앤드류 화이트 바그다드 관할 성공회 사제

나는 이 책이 많은 사람에게 도움이 되길 소망한다.
– 요기 베라 메이저리그 명예의 전당 입성자

얼마 전, 나는 켄달 목사와 그의 아내, 그리고 두 명의 벗과 함께 요기 베라를 만났다. 당시 요기의 건강이 악화되어 우리 일행은 그날 면회를 허가받은 유일한 방문자들이었다. 우리는 그를 보자마자, 면회시간이 매우 짧을 것임을 예상했다.
그는 지난밤에 힘들게 잠이 들었다고 했다. 그래서 그에게는 휴식이 필요했다. 요기는 침대에 눕기 직전에 이렇게 말했다. "나에게는 시간이 얼마 남지 않았습니다." 우리는 너무 놀라 망연자실했다. 그는 매우 분명하게 말했다. "이제 끝입니다. 나는 곧 죽습니다." 요기는 그날이 마지막 날인 것만 같다고 했다.
우리는 요기와 함께 기도했고, 하나님께서 우리가 함께 있도록 허락해주신 것에 대해 감사를 드렸다. 우리는 정말 마지막이라고 생각했다. 그나마 그에게 작별인사를 할 수 있어서 다행이었다. 그런데 벌써 그 일이 몇 달 전의 일이 되었다. 요기는 지금까지도 매우 정정하다(요기 베라는 이 책이 미국에서 출간된 후인 2015년 9월 23일에 작고하였다 – 역주).

당시 상황은 어쩌면 이 책과 딱 맞아 떨어진다고 할 수 있다. 인생에서도 알 수 있겠지만, 정말로 "끝날 때까지는 끝난 것이 아니다."

– 해럴드 레이놀즈 **폭스스포츠** 아나운서

| 감사의 글 |

이 책의 발행인인 스티브와 조이 스트랭에게 따뜻한 감사의 인사를 전한다. 이들을 통해 은퇴 후에도 지속적으로 책을 낼 수 있도록 은혜를 베풀어주시는 하나님의 선하심을 고백하지 않을 수 없다.

카리스마미디어 부회장인 테시 드보어에게도 감사의 마음을 전한다. 그는 나에게 이 책이 다양하게 활용될 수 있다는 점을 알려주었다. 지속적인 격려와 응원을 보내준 데비 마리와 편집을 맡아 준 바바라 다이커스, 지혜로운 말들로 나를 도와준 우들리 어거스트에게도 고마움을 전한다.

나의 영국인 친구, 롭 파슨스와 린던 보우링에게도 깊은 감사를 전한다. 그들은 나에게 명료하고 유익한 제안들을 해주었다.

마지막으로 나의 가장 가까운 친구이자 비평가인 아내 루이스에게 사랑과 감사의 마음을 전한다.

| 목차 |

4_ 추천사

7_ 감사의 글

10_ 서문

13_ 들어가는 말

PART Ⅰ 하나님의 길, 하나님의 방법

Chapter 1 너무 늦지도, 이르지도 않은 _21

Chapter 2 하나님이 일부러 나와 거리를 두실 때 _37

Chapter 3 기도의 비밀 _51

Chapter 4 응답 없는 기도 _63

Chapter 5 응답받은 기도 _79

PART Ⅱ 성급한 결론

Chapter 6 구원받지 못한 사람들 _89

Chapter 7 치유 _111

Chapter 8 돌아온 탕자 　　　　　　　　　　　_125

Chapter 9 부흥 　　　　　　　　　　　　　_139

Chapter 10 자정이 되기 10초 전　　　　　　_153

PART Ⅲ 신실하신 하나님

Chapter 11 복음 　　　　　　　　　　　　　_171

Chapter 12 내 평생의 말씀 　　　　　　　　_193

Chapter 13 비난에 대한 해명과 정당성 입증　_205

Chapter 14 하나님의 계획과 부르심 　　　　_231

Chapter 15 유종의 미 　　　　　　　　　　_247

267_ 맺음말

284_ 각주

| 서문 |

2년 전에 어떤 사람이 찾아와 이렇게 말했다. "사역을 훌륭하게 마치신 분을 만나니 정말 좋네요." 그의 과분한 칭찬에 나는 웃음으로 답할 수밖에 없었다.

몇 해 동안 나는 '잘 마침'(Finishing Well)에 관한 글을 쓰고 싶었다. 아마도 올해 7월, 나의 여든 번째 생일을 맞을 때쯤, 그 꿈을 이룰 수 있으리라 생각했다. 물론 내가 이 나이쯤 되었을 때 사역을 잘 마쳤을 것이라는 확신은 없었다. 하지만 그만큼의 연륜이 이런 주제를 다룰 일종의 자격이 될 수 있을 것 같았다.

그래서 글이 완성되고 책으로 출간되면, 제목을 요기 베라의 유명한 요기이즘(Yogi-isms, 요기 베라의 어록을 사람들은 이렇게 부른다) 가운데 하나를 따서 "끝날 때까지 끝난 것이 아니다"라고 붙이고 싶었다.

이 책이 나의 웨스트민스터채플 사역의 자전적 책 《하나님의 영광을 추구하여》(In Pursuit of His Glory)의 후속편이 될 수도 있을 것이다.1) 그러나 발행인, 편집장과 이야기를 나누면서 책이 처음부터 끝까지 내가 어떻게 사역을 마무리했는지에 대한 내용으로 채워지면 안 된다는 생각이 들었다. 그 결과, 이 책의 마지막 장에서 집중적으로 '잘 마침'에 대해 다루었다.

2012년 8월, 설교를 하기 위해 뉴저지 주 몽클레어에 있는 그리스도교회로 차를 타고 이동하던 중 운전기사가 이런 말을 했다. "목사님, 요기 베라 선수가 이 지역에 삽니다."

나는 그의 말을 듣자마자 이렇게 대답했다. "그런가요? 그분을 정말로 만나고 싶군요." 한 시간 뒤, 나는 그리스도교회에서 설교를 했다. 전에도 그 교회를 여러 번 방문했지만, 그날 처음으로 교인들에게 농담 반 진담 반으로 물었다. "혹시 요기 베라 선수를 알거나 그분이 어디에 사는지 아는 분 계신가요?" 요기 베라가 그 지역에 산다는 것은 누구나 아는 사실이지만, 그날 집회에 모인 교인들 중에는 그가 정확하게 어디에 사는지 아는 사람이 한 명도 없었다. 어쩌면 이 전설적인 선수보다 교황을 만나는 것이 더 쉬울 수도 있겠다는 생각이 들었다.

차후에 그리스도교회의 담임인 데이비드 아일랜드 목사가 교인인 스포츠 중계 아나운서 해럴드 레이놀즈를 소개해주면서, 그에게 나와 요기 베라 선수와의 만남을 주선해달라고 부탁했다. 후에 요기 베라를 만나려면 그의 절친한 친구이자 요기 베라 박물관 및 교육 센터의 관장인 데이비드 캐플런을 거쳐야 한다는 사실을 알게 되었다. 비슷한 시기에 CBS 스포츠 중계를 맡고 있는 제임스 브라운도 만났는데, 제임스는 내 설교를 듣기 위해 그의 아내 도로시와 함께 노스캐롤라이나로 왔다. 제임스와 해럴드는 서로 잘 아는 사이여서, 캐플런 관장에게 말해 내가 요기 베라를 만날 수 있도록 도와주었다.

2013년 9월, 요기 베라를 만나기 위해 노력한 지 16개월 만에 아들 TR과 함께 다시 뉴저지를 방문하여 요기 베라를 만날 수 있었다. 마침 메릴랜드에서 온 제임스도 이 자리에 함께했다. 우리 일행은 이 전설적인 선수의 안내를 받으며 요기 베라 박물관을 구경했고, 이후에 나는 그와 단둘이 이야기를 나누게 되었다. 그는 내가 책 제목으로 "끝날 때까지 끝난 것이 아니다"라는 말을 사용하는 것을 흔쾌히 수락하였다.

요기 베라는 자신의 말이 사람들에게 얼마나 많은 영향을 미치게 될지 몰랐을 것이다. 더구나 켄달이라는 목사의 책 제목이 될 줄은 더더욱 몰랐을 것이다. 나는 "끝날 때까지 끝난 것이 아니다"라는 그의 말을 두 가지 원칙 속에서 사용할 것이다.

첫 번째 원칙은 '잘 마침'이란 주제와 함께 이 책에서 다룰 많은 주제들을 성경적 진리와 건전한 신학에 바탕을 두고 다루는 것이요, 두 번째 원칙은 이 책을 쓰게 된 나의 원래 목적이 어떤 경우에도 희석되지 않아야 한다는 것이다. 이 책을 통해 내가 바라는 것은 모든 그리스도인이, 특별히 교회 공동체의 지도자들이 '잘 마침'의 필요성을 깨우치게 되는 것이다.

존 스토트 목사에 관한 짧은 일화는 이러한 깨우침이 얼마나 중요한지를 가르쳐준다. 나의 친구 린던 보우링이 존 스토트가 천국에 가기 몇 주 전에 그를 방문했을 때, 린던에게 이런 부탁을 했다고 한다. "내가 끝까지 마무리를 잘 할 수 있도록 나를 위해 기도해주세요."

이 얼마나 놀라운 부탁인가. 생각해보라. 이제껏 모범적인 목회의 길을 걸어온 그가 죽음을 목전에 둔 시점에도 자신의 사명을 잘 마치지 못하는 것은 아닐까 염려하고 있었다. 결국 "끝날 때까지는 끝난 것이 아니다."

| 들어가는 말 |

다음은 나의 친구 찰스 캐린이 들려준 이야기다.

제 아내의 사촌이 30년 전에 림프암 진단을 받았습니다. 당시에는 4기라는 용어를 쓰지 않았기 때문에, 의료진은 그저 매우 위급한 상태라고만 했지요. 사촌의 수술을 3일 앞두고 저는 그가 나을 것이라는 계시를 받았고, 정말로 그가 나을 거라고 확신했습니다. 그런데 정작 수술을 앞둔 당사자는 제 말을 믿지 않았고, 수술에 필요한 엑스레이 검사를 몇 차례 더 받고 집으로 돌아왔습니다. 그리고 병원에 입원하기로 한 날, 그는 병원에 가기 위해 짐을 다 챙겨놓고 샤워를 하고 있었습니다. 그때 병원에서 그의 암이 다 사라졌다는 전화가 왔습니다. 할렐루야!

웨스트민스터채플 사역 후반에 우리는 야고보서 5장 14절의 말씀을 따라 아픈 사람들을 위한 안수용 기름을 교회에 준비해두었다. "너희 중에

병든 자가 있느냐 그는 교회의 장로들을 청할 것이요 그들은 주의 이름으로 기름을 바르며 그를 위하여 기도할지니라"(약 5:14).

어느 날 미아라는 이름의 한 무슬림 여인이 기도를 받기 위해 웨스트민스터채플을 찾아왔다. 나는 그녀를 그날 처음 보았고, 그녀가 어떤 병을 앓고 있는지도 몰랐다. 우리는 야고보서의 말씀대로 기름을 바르고 그녀를 위해 기도했다. 그리고 몇 달 후 그녀에게 다음과 같은 이야기를 듣게 되었다.

저는 후두암 환자였습니다. 제가 어느 주일날 목사님께 기도받은 일을 기억하시지요? 그 주일이 지나고 목요일에 수술을 받기 위해 입원했습니다. 의료진은 저에게 엑스레이 촬영을 한 번 더 하자고 했습니다. 엑스레이 결과를 기다리며 수술대 위에 누워 있는데, 간호사들이 들어와 제 이름과 담당 의사가 누구인지를 확인했습니다. 그러더니 암이 사라졌고, 수술받을 필요가 없다고 말했어요. 그 길로 저는 바로 집으로 왔습니다.

그 다음 주말에 미아가 다시 찾아와 "목사님, 저는 무슬림이지만 그리스도인이 되고 싶습니다"라고 말했다. 나는 그녀에게 복음을 전했고, 그녀는 기쁘게 복음을 받아들였다. 그리고 몇 주 후에 미아는 세례를 받았고, 몇 달 뒤에는 웨스트민스터채플의 교인이 되었다.

혹시 모든 것이 끝났다고 여기는가? 그래서 희망을 잃어버렸는가? 당신의 기도가 응답될 것이라는 믿음이 사라졌는가? 당신의 가장 간절한 갈망이 실현될 것이라는 꿈을 포기했는가? 다 끝난 것 같아 두려운가?

현재 당신이 이런 상황이라면, 부디 이 책이 당신에게 도움이 되길 바란다. 또한 성령께서 이 책을 통해 당신에게 아직은 끝이 아니며, 늦지 않았다는 확신을 주시기를 기도한다.

요기 베라를 만났을 때, 나는 그가 처음으로 "끝날 때까지 끝난 것이 아니다"라고 말한 것이 언제인지 물었다. 그는 시어스타디움에서 이 말을 처음으로 했다고 한다. 그때는 그가 뉴욕 양키스의 포수가 아닌 뉴욕 메츠의 감독으로 활약했을 때다. 1973년 7월 그가 감독으로 있던 뉴욕 메츠는 모든 것이 안 좋은 상황이었다. 팀은 내셔널리그 동부에서 최하위를 기록하고 있었다. 구단주가 요기 베라를 해임하려고 마음먹은 시점에 한 기자가 그에게 물었다.

"요기 베라 감독님, 이제 다 끝난 거 아닌가요?"

"아니요, 끝날 때까지 끝난 것이 아닙니다."

그 뒤로 이 말이 사람들 사이에 퍼지기 시작했다. 그는 사람들이 이 말을 좋아하리라고는 생각지 못했다. 어린이들을 위한 만화 '요기 베어'(Yogi Bear)가 만들어지면서 이 말은 그의 다른 명언들과 함께 유행어처럼 퍼져나갔다.

야구에 관심이 있고 어느 정도 나이가 있는 독자라면, 요기 베라가 누구인지 잘 알 것이다. 하지만 그를 모르는 독자들을 위해 요기 베라에 대해 간략하게 소개를 하겠다.

요기 베라는 8학년(중학교 2학년 – 역주)을 마치고 학교를 그만둔 후 야구를 시작했다. 뉴욕 양키스에서 오랫동안 포수로 활약한 그는 야구팬들에게 가장 위대한 포수로 기억되고 있다. 아메리칸리그에서의 활약상은 최우수 선수상 3회 수상, 월드시리즈 21회 진출, 월드시리즈 13회 우승으로 정리할 수 있다. 이러한 성적으로 그는 1972년에 명예의 전당에 올랐다. 또한 그는 기자를 꿈꾸기도 했는데, 재미있는 점은 그가 문법적으로 틀린 문장을 자주 구사했다는 것과 그럼에도 불구하고 그 의미가 어떻게든 전달되었다는 것이다.

나의 일흔 번째 생일에 아들 TR은 요기 베라가 사인한 야구공을 선물해주었다. 공에는 "끝날 때까지 끝난 것이 아니다"라는 글귀도 적혀 있었다. 또 몇 가지 요기이즘이 적혀 있는 액자도 선물로 받아 거실 벽에 걸어두었다. 거기에는 다음과 같이 쓰여 있다.

"미래는 예전의 미래가 아니다."
"익명의 편지에는 절대로 답장을 보내지 마라."
"그저 보는 것만으로도 많은 것을 알 수 있다."
"기로에 서 있다면, 주저하지 말고 선택하라."
"내가 했다는 말 모두가 다 나의 말은 아니다."

가장 잘 알려진 그의 명언은 "끝날 때까지 끝난 것이 아니다"이다. 경기는 이미 9회 말 투아웃 상황에, 점수는 3대0으로 지고 있다. 응원 온 관중들은 이미 끝난 경기라며 자리를 뜨고 있었다. 그때 한 선수가 1루에 진출하고, 이어서 다음 주자들도 출루하여 어느새 만루가 된다. 이어진 네 번째 타석에서 기적 같이 홈런을 뽑아내어 경기는 3대4로 역전된다. 끝날 때까지는 끝난 것이 아니다.

윔블던 테니스 경기를 예로 들어보자. 세트 스코어 3대3으로 팽팽히

맞선 상황에서, 챔피언에 도전하는 선수가 마지막 세트를 40대0으로 밀리고 있다. 그런데 마지막일 것 같았던 공격이 성공해서 점수는 40대15가 되고, 다시 40대30이 되고, 이내 40대40 동점으로 듀스가 된다. 그리고 듀스에서 점수를 따내어 마침내 도전자가 챔피언을 이기고 우승한다. 끝날 때까지는 끝이 아닌 것이다.

요기 베라는 '끝'이라는 표현을 할 때 'over'라는 단어를 사용했다. 영어에서 'over'에는 적어도 30개가 넘는 의미가 있다. 예를 들어 이 단어는 '약간 위' 또는 '보다 더 높은'을 뜻하기도 하고, 영국식 스포츠인 크리켓에서 사용되는 용어로 한 명의 투수가 공을 던질 수 있는 횟수를 뜻하기도 한다. 또한 물이 끓어 넘치는 것도 'over'로 표현할 수 있다.

이 책에서도 요기 베라와 마찬가지로 'over'라는 단어는 끝을 표현하기 위해 사용했다. 이것은 그냥 단순한 '끝'이라기보다는 불운한 상황, 성공할 가망이 거의 없는 상황, 변화의 기미가 보이지 않는 상황, 다시 되돌릴 수 없는 상황, 되살아날 것 같지 않은 일들, 그 어떤 희망도 남아 있지 않은 상황들을 가리킨다. 완전히, 처절하게 끝이 나서 돌이킬 수 없을 것 같은 상황들 말이다.

《끝날 때까지 끝난 것이 아니다》라는 이 책의 제목이 다르게 적용될 수 있는 경우들도 있다. 그중 하나는 끝나는 것을 바라지 않는 것, 다시 말해서 행복한 결말을 얻을 때까지 포기하지 않고 계속하는 것이 될 수 있다. 또는 결말이 나서 기쁘고, 그로부터 안도감을 얻는 상황이 될 수도 있다. 이 책에서는 만족할 만한 결말이 될 때까지 포기하지 않는 것에 대해 다룰 것이다.

PART I
하나님의 길, 하나님의 방법

IT AIN'T OVER TILL IT'S OVER

IT AIN'T OVER

'주를 기다림'은 시편에 계속해서 나타나는 주제다. 이 주제가 중요한 이유는 하나님께서 자주 우리를 기다리게 만드시기 때문이다. 하나님은 우리만큼 급하시지 않다. 또한 당장 닥친 상황으로 긴급조치가 필요할 때 먼 미래만 바라보는 것도 그분의 방식은 아니다. 한 번에 한 단계씩 이끄시는 것이 그분의 방식이다. 의심 가운데 있을 때는 하나님을 기다리는 것 외에는 아무것도 하지 말라. 때가 되면 그분이 빛처럼 다가오실 것이다.**2)**

— 제임스 패커 —

TILL IT'S OVER

CHAPTER 1

너무 늦지도, 이르지도 않은

여호와여 어느 때까지니이까 나를 영원히 잊으시나이까
주의 얼굴을 나에게서 어느 때까지 숨기시겠나이까
나의 영혼이 번민하고 종일토록 마음에 근심하기를 어느 때까지 하오며
내 원수가 나를 치며 자랑하기를 어느 때까지 하리이까

(시 13:1-2)

1963년 8월 23일은 마틴 루터 킹 목사가 '나에게는 꿈이 있습니다'라는 제목으로 연설을 한 날이다. 그날 나는 그의 연설을 텔레비전 생중계로 보았다. "인종차별이 심한 남부 앨라배마 주에서 흑인 남자아이들과 여자아이들이 백인 남자아이들과 여자아이들의 손을 잡고 함께 어울리게 될 것입니다"[3]라는 그의 연설에서 대담함과 열정을 느낄 수 있었다. 그 당시에는 마틴 루터 킹 목사의 꿈보다 불가능해 보이거나 현실과 동떨어져 보이는 것은 없었다. 그런데 그때만 해도 불가능해 보였던 그의 꿈이 지금은 매우 당연한 것이 되었다.

나에게도 꿈이 있다. 어쩌면 내 꿈도 이루어지지 않을 것 같은 꿈으로 비춰질 수도 있다. 나는 사도행전의 초대교회처럼 말씀과 성령의 능력이 함께 교회에 임하고 역사하는 날이 오기를 꿈꾼다. 나는 사역하는 내내 오늘날의 교회가 말씀사역과 성령사역을 분리하고, 또 이러한 분위기가 교회 안에서 너무도 자연스럽게 받아들여지고 있음을 지적해왔다.

대체적으로 말씀사역에 속한 이들은 역사적인 복음과 건전한 교리(예를 들면 믿음으로 의롭게 됨과 하나님의 주권과 같은 것들)를 강조하고, 성령사역에 속한 이들은 초대교회에 나타난 것과 같은 이적과 기사, 표적과 성령의 은사들을 강조한다. 몇몇 경우를 제외하고 여전히 말씀사역과 성령사역이 함께하는 교회가 많지 않다는 것은 매우 유감스러운 일이다. 그러나 "끝날 때까지 끝난 것이 아니다." 그래서 나는 여전히 나의 꿈이 이루어질 것이며, 곧 그렇게 될 것이라고 믿는다.

하나님의 뜻을 기다리느라, 그분의 응답을 기다리느라 지쳐 있는가? '나는 너무도 오랫동안 기다려왔어'라고 생각하는가? 하나님께서 일하실 때까지 기다리는 것은 우리가 반드시 해야만 하는 일이며, 가장 어려운 일 중 하나다. 분명한 것은 그분을 기다리지 않는 것이 우리가 겪을 최악의 일이 될 수 있다는 점이다. 하나님의 뜻을 기다리지 않는 것은 종종 우리를 엄청난 후회와 절망으로 이끈다.

하나님께서 일하시는 방법 중 우리를 가장 힘들게 하는 것은, 하나님이 우리 삶에 개입하시되 매우 천천히 개입하신다는 것이다. 그러나 하나님을 알아갈수록 그분께서 천천히 일하시는 것이 결코 우리에게 해로운 것이 아니며, 결국은 우리를 위한 것임을 이해하게 될 것이다.

만일 당신이 진심으로 원하는 것을 하나님께 요구할 수 있다면 어떻게 하겠는가? 하나님께서 모세에게 하신 것처럼 당신에게 나타나셔서, 무엇을 해주기 원하는지 물어보시는 장면을 상상해본 적이 있는가? 정말로 하나님께서 오셔서 무엇이든 원하는 것을 구하라고 말씀하신다면, 어떻게 하겠는가? 당신은 무엇을 구하겠는가?

> 하나님께서 일하실 때까지 기다리는 것은 우리가 반드시 해야만 하는 일이며, 가장 어려운 일 중 하나다. 분명한 것은 그분을 기다리지 않는 것이 우리가 겪을 최악의 일이 될 수 있다는 점이다.

거기에는 그 어떤 조건도 없다고 가정해보자. 당신이 구하는 것이 고귀한 것, 남을 위한 것, 심지어는 하나님의 영광을 위한 것이 아니어도 된다. 당신 자신을 위한 아주 이기적인 요청을 해도 된다. 단 하나만을 구할 수 있는 기회가 주어지고 하나님께서 그 소원을 들어주신다면, 당신은 무엇을 구하겠는가?

모세는 잠시 멈췄다가 하나님께 이렇게 대답했다. "내가 참으로 주의 목전에 은총을 입었사오면 주의 길을 내게 보이사 내게 주를 알리시고"(출 33:13).

모세가 하나님의 뜻에 대하여 배운 것 중 하나는 그분이 천천히 역사하신다는 것이다. 모세가 하나님의 방식을 알고자 구한 것은 우리에게 경건한 자가 기회를 얻을 때 하나님께 간구할 수 있는 기도의 종류와 우리의 간구가 하나님을 기쁘시게 해드릴 때 기도가 응답된다는 것을 알려준다.

우리는 이 책에서 우리가 하나님의 뜻대로 구할 때 그분께서 들으신다는 요한일서 5장 14절의 말씀을 확증할 것이다. 하나님께서 우리를 들으신다는 것은 그분이 우리의 간구에 순응하여 주신다는 것을 의미한다. '들으신다'에 해당하는 히브리어는 '샤마르'(shamar)이며, 이는 '순응하기 위해 듣다'라는 의미다. 하나님께서는 모세의 간구를 들으셨다.

> 하나님을 알아갈수록 그분께서 천천히 일하시는 것이 결코 우리에게 해로운 것이 아니며, 결국은 우리를 위한 것임을 이해하게 될 것이다.

모세는 역사상 가장 위대한 지도자 중 한 사람이다. 그는 지도자로서 하나님께 다른 것을 구할 수도 있었다. 예를 들어 자신의 원수들을 벌해달라고 기도할 수도 있었다. 그러나 모세에게는 진심으로 구하고 싶은 것이 따로 있었다. 그는 하나님의 길, 그분의 뜻과 방식을 알기 원했다. 하나님의 뜻을 구하는 모세의 간구를 통해 나는 나의 연약함과 죄를 발견한다. 과연 나도 모세처럼 다른 것들을 뒤로한 채 "하나님, 하나님의 뜻을 알기 원합니다"라고 구할 수 있을까?

부끄럽지만 나는 그렇게 하지 못했을 것이다. 나는 나의 연약함을 인정할 수밖에 없다. 사실 하나님께 그렇게 간구했던 적이 있었는지 기억조차 나지 않는다. 솔직히 말해, 다른 것들을 간구한 적은 확실히 있지만, 모세처럼 구한 적은 없다.

나는 모든 사역을 끝까지 잘 마무리하고 싶다. 끝까지 잘 마치려면, 우리의 진정한 바람이 모세의 간구처럼 하나님의 뜻을 아는 것이 되어야 할 것이다.

사도 바울의 소원도 모세의 간구와 같은 것이었다. "내가 그리스도와 그 부활의 권능과 그 고난에 참여함을 알고자 하여"(빌 3:10). 바울은 예수 그리스도를 알기 원했다. 이것에 대해 아마 이렇게 묻는 사람도 있을 것이다. "이봐요, 바울. 지금 당신이 주님을 모른다고 이야기하는 건가요?"

물론 바울은 주님을 알고 있었다. 그럼에도 그는 그리스도를 더 깊이 알고 싶다고 고백한 것이다. 이것이 바울이 말한 "내가 그리스도를 알고자 하여"의 진정한 의미다. 나는 바울의 고백을 통해 우리가 하나님을 알아갈수록 그분을 더 깊이 알고 싶은 마음이 커지게 된다는 것을 깨달았다. 우리가 하나님을 깊이 알게 되면, 그분을 더 경외할 것이다. 하나님을 경외하게 되면, 그분과 더 많은 시간을 함께할 것이다. 하나님과 더 많은 시간을 함께하면, 우리가 얼마나 그분을 필요로 하는지를 더 절실하게 깨달을 것이다. 누군가를 알기 위한 가장 좋은 방법은 그와 함께 시간을 보내는 것이다.

모세는 '회막'(the tent of meeting)을 자주 방문했다. 회막은 주님께서 "사람이 자기의 친구와 이야기함 같이 모세와 대면하여"(출 33:11) 말씀하시던 곳이다. 회막에서 모세는 하나님의 방식을 알게 해달라고 간구하였다.

하나님은 이스라엘 백성이 그분의 길을 알지 못했던 것을 슬퍼하셨다(히 3:10). 하나님은 우리가 그분의 길을 알기 원하신다. 그러나 먼저 분명히 알아야 할 것이 있다. 그것은 바로 하나님의 길이 우리의 길과 다르다는 것이다. 만일 우리가 하나님의 길을 마음에 들어 하지 않는다면 어떻게 되겠는가?

이는 내 생각이 너희의 생각과 다르며 내 길은 너희의 길과 다름이니라 여호와의 말씀이니라 이는 하늘이 땅보다 높음 같이 내 길은 너희의 길보다 높으며 내 생각은 너희의 생각보다 높음이니라(사 55:8-9)

하나님께서 역사하시는 방식 중 하나는 천천히 역사하심이다. "사랑하는 자들아 주께는 하루가 천 년 같고 천 년이 하루 같다는 이 한 가지를 잊지 말라"(벧후 3:8). 시간도 하나님의 통치 아래에 있다. 하나님은 시간에 쫓기지 않으신다. 그러나 우리는 시간의 제한을 받는다. 그래서 하나님의 방법이 너무 느리다고 여길 때가 있다.

때로는 빠르게 응답하시는 하나님

그러나 하나님은 그분이 택하신 때에 매우 빠르게 일하시기도 한다. 히스기야 왕은 종교개혁을 일으킨 왕이다. 성경은 그가 성전 정화와 종교개혁을 일으켰던 상황을 다음과 같이 기록한다. "이 일이 갑자기 되었으나 하나님께서 백성을 위하여 예비하셨으므로 히스기야가 백성과 더불어 기뻐하였더라"(대하 29:36).

하나님께서는 말씀이 육신이 되어 이 땅에 오시기까지 수천 년을 기다리셨다. 갈라디아서 4장 4-5절 말씀에 따르면, 정해진 때가 완전하게 찼을 때 하나님께서 그 아들을 보내사 여자에게서 나게 하시고 율법 아래에 나게 하심으로 율법 아래에 있는 자들을 속량하시고 우리로 아들의 명분을 얻게 해주셨다. 그래서 예수님께서 태어나셨을 때, "홀연히 수많은 천군이 그 천사들과 함께 하나님을 찬송하여 이르되 지극히 높은 곳에서는 하나님께 영광이요 땅에는 하나님이 기뻐하신 사람들 중에 평화로다"라고 하였다(눅 2:13-14). 또한 초대교회는 수백 년 동안 선지자 요엘이 예언한 성령의 오심을 기다렸다. 그리고 마침내 오순절 날이 이르렀을 때, "홀연히 하늘로부터 급하고 강한 바람 같은 소리가 있어 그들이 앉은 온 집에 가득"하였다(행 2:1-2).

하나님께서 아브라함에게 아들을 주겠다고 약속하셨을 때 이미 아브라함의 나이가 85세요, 사라의 나이는 75세였다. 이 노부부에게 하나님께서 약속을 공언하신 것은 매우 이례적인 일이다. 그런데 하나님은 왜 두 사람이 나이가 들 때까지 기다리신 것일까?

아들을 약속하신 그때에 하나님은 아브라함에게 이렇게도 말씀하셨다. "하늘을 우러러 뭇별을 셀 수 있나 … 보라 네 자손이 이와 같으리라"(창 15:5).

아마 우리라면 이렇게 반응했을 것이다. "말도 안 됩니다, 하나님! 저보고 지금 이 나이에 그 약속을 믿으라는 것입니까?" 그러나 아브라함은 하나님의 약속을 믿었다. 그리고 하나님은 아브라함의 믿음을 보시고 그를 의롭게 여기셨다(창 15:6). 바울은 이 장면을 통해 로마서 4장에서 오직 믿음으로만 의롭게 될 수 있음을 강조하였다.

하나님께서 아브라함에게 별과 같이 많은 자손을 약속하신 지 몇 년이 지나자, 아브라함의 믿음이 소용없는 것처럼 보였다. 그에게는 여전히 아들이 없었다. 그의 아내 사라는 아브라함에게 자신의 여종 하갈을 통해 아들을 얻으라고 제안했다. 아브라함은 이것이 선하신 하나님의 약속을 이루기 위해 자신이 할 수 있는 최선이라고 생각했다. 얼마 후, 하갈을 통해 아들 이스마엘이 태어났다. 이로써 그들의 노력이 합리화되고 하나님의 약속이 이루어진 것처럼 보였다. 아마도 아브라함은 '하나님께서 처음부터 계획하신 것이 바로 이것이구나'라고 생각했을 것이다.

이후 13년 동안 아브라함은 이스마엘이 하나님께서 약속하신 아들이라고 믿었다. 그러나 시간이 지나고, 하나님께서는 다시 아브라함에게 사라가 임신하여 아들을 낳을 것이라고 알려주셨다. 그리고 정말로 사라가 임신을 하여 이삭이 태어났다.

아브라함은 왜 그토록 오랫동안 기다려야 했을까? 하나님은 왜 처음부터 아브라함에게 사라가 임신하여 아들을 낳을 것이라고 말씀하지 않으셨을까? 하나님은 왜 아브라함이 100세가 되고, 사라가 90세가 될 때까지 기다리게 하셨을까?

하나님의 방식 중 하나는 '천천히 일하시는 것'이다. 모세가 태어난 시기는 이스라엘 백성이 극심한 고통을 겪을 때였다. 당시 히브리 민족의 남자 아기들은 애굽 왕 바로의 명에 의해 죽임을 당했다. 그러나 모세는 기적적으로 죽음을 피해 바로의 궁전에서 자라게 되었다. 40세가 되었을 때, 모세는 자신이 이스라엘 사람임을 동족들에게 밝혔다. 그 40년이란 시간은 이스라엘 백성에게 충분히 고통스럽고도 긴 시간이었다. 모세는 고통당하는 동족을 향한 자신의 마음을 증명하기 위해 애굽 사람을 죽였다. 그러나 결과는 그의 예상과는 전혀 다르게 흘러갔다. 모세는 하나님께서 부르실 때까지 또 다시 40년을 기다려야 했다.

하나님이 정말로 모세를 쓰시려고 부르셨을 때, 그의 나이는 80세였다. 그런데 하나님께서 부르셨음에도 불구하고 모든 것이 일사천리로 진행되지는 않았다. 하나님은 모세에게 바로를 단번에 압도할 수 있는 능력을 주실 수도 있었다. 그래서 모세가 처음으로 바로를 대면하는 순간 "내 백성을 보내라"(출 5:1)는 하나님의 명령을 거부할 수 없도록 만드실 수도 있었다. 그러나 바로의 마음은 완고했고, 그는 모세가 전한 하나님의 명령을 거절했다. 심지어 그 일로 인해 이스라엘 백성을 더 괴롭히기까지 했다.

모세는 하나님께 이렇게 말씀드렸다. "주여 어찌하여 이 백성이 학대를 당하게 하셨나이까 어찌하여 나를 보내셨나이까 내가 바로에게 들어가서 주의 이름으로 말한 후로부터 그가 이 백성을 더 학대하며 주께서도 주의 백성을 구원하지 아니하시나이다"(출 5:22-23).

그러나 모세의 기다림은 여기서 끝나지 않았다. 하나님은 많은 재앙을 애굽에 보내셨다. 바로는 열 번째 재앙을 겪기 전까지는 굴복하지 않았다. 유월절로 기념되는 이 재앙으로 애굽의 처음 난 것들이 모두 죽임을 당한 후에야 바로는 이스라엘 백성을 풀어준다. 그런데 모세와 이스라엘 백성의 출애굽 사건은 여기서 끝나지 않는다. 다시 마음이 완악해진 바로가 그의 병거와 마병을 이끌고 홍해 앞에 멈춰선 이스라엘 백성을 추격해온 것이다. 천천히 역사하심, 이것은 하나님의 방식 중 하나다.

하나님이 더디게 일하시는 이유

하나님은 왜 더디게 일하시는가? 어떤 이유 때문일까? 바로 하나님께서 더 큰 영광을 얻으시기 위함이다. 이스라엘 백성이 홍해를 막 건너려던 장면에서 하나님은 이렇게 말씀하셨다. "내가 애굽 사람들의 마음을 완악하게 할 것인즉 그들이 그 뒤를 따라 들어갈 것이라 내가 바로와 그의 모든 군대와 그의 병거와 마병으로 말미암아 영광을 얻으리니 내가 바로와 그의 병거와 마병으로 말미암아 영광을 얻을 때에야 애굽 사람들이 나를 여호와인 줄 알리라"(출 14:17-18).

하나님이 더디게 일하시는 이유는 우리에게 있지 않다. 그 이유는 하나님께 있다. 그분이 더디게 일하시는 모든 이유에는 '하나님의 영광'이 있다. 하나님께서 바로에게 말씀하신 내용을 보자. "내가 이 일을 위하여 너를 세웠으니 곧 너로 말미암아 내 능력을 보이고 내 이름이 온 땅에 전파되게 하려 함이라"(롬 9:17).

'하나님의 영광'은 우리가 하나님에 대해 알아야 할 속성 중 가장 이해하기 어렵고, 쉽게 받아들여지지 않는 부분일 것이다. 나는 종종 신학자들을 포함하여 많은 이들이 하나님의 영광에 대해 이야기하는 것을 듣는데, 그들은 대부분 이렇게 말한다. "나는 영광을 필요로 하고, 사람들로부터 영광을 받아야만 하는 그런 신은 원하지 않는다." 이런 식의 합리화가 이미 세상 가운데 널리 그리고 깊게 자리잡고 있다는 사실이 놀랍지 않는가?

육에 속한 사람은 하나님의 성령의 일들을 받지 아니하나니 이는 그것들이 그에게는 어리석게 보임이요, 또 그는 그것들을 알 수도 없나니 그러한 일은 영적으로 분별되기 때문이라(고전 2:14)

육에 속하여 성령이 없는 자들은 진실이 무엇인지를 알고자 할 때, 자신의 생각을 의지한다. 그들의 생각이 '무엇이 진실이며, 무엇이 진실이 아닌지'를 판단하는 대법관의 역할을 하는 것이다. 우리 또한 무엇이 선하고, 고민할 만한 가치가 있으며, 이득이 되는지를 분별할 자격이 우리에게 있다고 여기지 않는가? 결국 우리의 마음이 문제의 본질인 것이다.

히브리어로 '영광'은 '카보드'(kabodh)이다. 이 단어에는 두 가지의 뜻이 있는데, 바로 '무거움과 비중'이다. 히브리어로 '영광'은 다른 사람에게 무게를 더하여 누르는 모습을 연상시킨다. 우리말에도 '권위' 또는 '권력을 휘두른다'는 말이 있다. 헬라어로는 '영광'을 '독사'(doxa)라고 하는데, '영광'과 '명예'를 뜻한다. '독사'는 '의견'이라는 어원을 갖고 있다. 즉 하나님의 영광은 그분의 의견이자 그분의 뜻이라고 볼 수 있다. 하나님께서는 모든 일을 그분의 뜻의 결정대로 행하신다(엡 1:11).

하나님의 길이 우리의 길보다 더 높고, 그분의 생각이 우리의 생각보다 더 높다는 것을 기억할 때, 우리가 할 일이 단 하나임을 깨닫게 된다. 그것은 하나님의 방식을 인정하고, 우리의 목소리를 낮추고 그분의 방식에 이의를 제기하지 않는 것이다.

하나님의 더디 일하심은 그분의 영광을 위해서다. 그런데 하나님께서 행하실 때까지 오래도록 기다리다 보면, 어느새 불만과 불평을 쏟아놓고 싶은 유혹을 받는다. 하나님의 응답을 기다리는 동안 받는 고통과 고난은 매우 불공평하게 느껴진다. 그분이 원하시면, 언제라도 이 고통을 끝내실 수 있지 않은가? 그러나 예수님은 이렇게 말씀하셨다.

> 내가 진실로 진실로 너희에게 이르노니 너희는 곡하고 애통하겠으나 세상은 기뻐하리라 너희는 근심하겠으나 너희 근심이 도리어 기쁨이 되리라 여자가 해산하게 되면 그 때가 이르렀으므로 근심하나 아기를 낳으면 세상에 사람 난 기쁨으로 말미암아 그 고통을 다시 기억하지 아니하느니라(요 16:20-21)

이는 하나님이 우리에게 감당하게 하시는 고난을 우리 주 예수님께서 받아들이시고 이해하시는 방식이다. 하나님이 우리를 어떤 상황 속에 두시더라도, 어떤 일들을 겪게 하시더라도, 또한 그것이 오랫동안 지속되고 힘들지라도, 결국에 이르러서 우리에게는 그 어떤 불평거리도 없게 될 것이다.

하나님은 왜 악을 허락하시는가?

하박국 선지자는 하나님이 왜 악을 허락하시는지 알고 싶어 했다. 하나님은 하박국 선지자에게 대답을 기다리라고 하셨다. 하나님의 대답은 정해진 때에 반드시 올 것이다. "이 묵시는 정한 때가 있나니 그 종말이 속히 이르겠고 결코 거짓되지 아니하리라 비록 더딜지라도 기다리라 지체되지 않고 반드시 응하리라"(합 2:3).

여기서 하나님께서 의미하시는 '그 종말'은 무엇인가? 그것은 바로 끝이며, 마지막 날이다. 마지막 날 하나님께서 모든 의문점을 밝히 알려주실 것이며, 왜 수천 년 동안 악과 고난을 허락하셨는지도 설명해주실 것이다.

"기다리라." 하나님께서 우리에게 이렇게 말씀하신다. 마지막 날이 오기 전에 하나님의 이름을 더럽히지 않는 자들은 아브라함이 그랬듯이 '의롭다' 하심을 얻게 될 것이다. 아브라함이 의롭다 함을 얻은 것은 그가 하나님의 말씀을 믿었기 때문이다. 하박국 선지자에게 임한 말씀도 동일하다. 하나님의 신실하심을 따라 사는 자들 또한 의롭다 함을 얻는다(합 2:4). 그리고 이 약속은 신약성경 세 곳에서 동일하게 나타나고 있다(롬 1:17, 갈 3:11, 히 10:38).

> 하나님의 더디 일하심은 그분의 영광을 위해서다.

성경에서 말하는 하나님은 영광의 하나님이시다(행 7:1-2). 하나님께서 하시는 모든 일은 다 그분의 영광을 위한 것이다. 하나님께서 더 오래 기다리실수록, 하나님께서 받으시는 영광도 더 커진다. 그러므로 우리가 겪는 고통과 고난이 클수록, 하나님의 영광은 더 커진다. 또한 이것은 우리가 누릴 기쁨과 상급이 더 큼을 의미한다.

하나님께서 모든 것을 다 밝히시고 설명해주시는 방식은 기다릴 만한 가치가 있다. 끝날 때까지는 끝난 것이 아니다. 하나님께서 우리가 알지 못하고 이해하지 못하는 그 모든 것을 알려주시는 그때가 마지막이며, 모든 것이 이루어지는 때다. 그때에는 모든 질문에 대한 답을 얻어 더 이상 묻는 이도 없을 것이다.

마지막 날에는 모든 사람이 하나님의 이름을 인정할 것이다. "하늘에 있는 자들과 땅에 있는 자들과 땅 아래에 있는 자들로 모든 무릎을 예수의 이름에 꿇게 하시고 모든 입으로 예수 그리스도를 주라 시인하여 하나님 아버지께 영광을 돌리게 하셨느니라"(빌 2:10-11).

그렇다. 한 사람, 한 사람 모두가 하나님을 인정하고, 예수님을 구세주로 인정할 것이다. 구원받은 자들과 그렇지 못한 자들 모두 예수 그리스도를 주로 시인할 것이며, 하나님의 영광을 나타낼 것이다. 구원받지 못한 이들이 예수님을 주로 시인하게 되는 까닭은 예수님이 구주시라는 사실이 기뻐서가 아니라 하나님 흠이 없으시고 자신들이 틀렸다는 것을 인정할 수밖에 없기 때문이다.

하나님의 신실하심을 따라 사는 사람은 매 순간 그분의 이름을 인정한다. 이제 우리는 하나님의 길과 그분의 방식을 알게 되었다. 하나님의 신실함을 따라 사는 것과 그분의 이름을 시인하며 사는 것은 우리에게 주어진 특권이다. 하나님의 길을 깨닫는 사람은 그분이 지혜로우시고, 경이로우시며, 은혜로우시다는 것을 인정할 것이다.

그러나 하나님의 방식은 더디지 않는가? 물론 그렇다. 하지만 그분은 시간에 쫓기지 않으시며, 영향을 받지도 않으실 뿐 아니라 시간을 지배하시는 분이다. 사실 '하나님이 더디시다'라고 느끼는 것은 우리의 생각일 뿐이다. 감사하게도, 하나님은 우리가 어떻게 느끼는지를 이해하신다. 그분은 우리의 체질을 아시며, 우리가 그저 먼지에 불과한 존재임을 기억하신다(시 103:14). 그렇다 할지라도, 하나님이 우리의 슬픔을 기쁨으로 변화시켜 주실 날이 언젠가는 올 것이다.

교회 안에서 말씀사역과 성령사역이 함께 이루어지는 날을 바라는 나의 꿈에 관해서 깨달은 것은 하나님이 절대로 너무 늦거나 이르지 않으시며, 항상 제때에 역사하시는 분이라는 사실이다. 말씀이 회복됨과 동시에 성령의 역사가 일어나면 엄청난 불꽃이 일어나고, 교회와 세상은 이전과는 확연히 다르게 변화될 것이다. 그날이 오면, 세상은 순식간에 변화될 것이다.

하나님은 절대로 너무 늦거나 이르지 않으시며,

항상 제때에 역사하시는 분이다.

IT AIN'T OVER

인내는 성령의 열매이며, 그것은 시험 속에서 자라난다. 그러므로 인내를 위하여 기도하는 것은 무익한 일이다. 물론 인내를 위하여 기도하라고 격려할 수는 있지만, 그로 인해 시험을 받게 될 수 있음을 기억해야 한다.**4)**

— 조이스 마이어 —

TILL IT'S OVER

CHAPTER 2

하나님이 일부러
나와 거리를 두실 때

내가 가령 주려도 네게 이르지 아니할 것은 세계와 거기에 충만한 것이 내 것임이로다
(시 50:12)

마음을 쉽게 보여주지 않는 것은 무관심한 것처럼 보여서, 사람들이 당신에게 더 관심을 보이고 더 적극적으로 다가오도록 만들 수 있다.

신비로움을 소유하라. 사람들이 당신을 찾게 만들라. 정치인들도 이런 방식으로 대중의 관심과 마음을 얻으려 할 때가 있다. 그것은 당선되기 위한 일종의 전략으로, 처음에 그들은 그 자리에 조금도 관심이 없는 것처럼 행동한다. 일자리를 얻을 때도 마찬가지다. 영리한 사람은 그 자리에 별로 관심이 없는 것처럼 행동한다. 만일 당신이 너무 지나치게 관심을 보이면, 스스로 자신의 가치를 깎아내릴 수도 있다. 교회에 초빙되기를 원하는 목회자, 설교자들도 종종 그 자리에 관심 없는 듯 행동할 때가 있다. 초빙위

원회는 교회를 찾아와 이력서를 제출하는 후보자를 오히려 좋지 않은 시선으로 볼 수도 있다.

놀라우신 하나님

우리의 왕이시고 주권자 되시는 전능하신 창조주이자 구원자께서, 우주를 만드시고 수많은 무리의 천사들의 경배를 받으시는 하나님께서 우리를 위해 이 땅에 오셨다는 사실을 생각해보자. 이것이 다윗이 "사람이 무엇이기에 주께서 그를 생각하시나이까"(시 8:4)라고 물은 이유다.

이것이 전부가 아니다. 때때로 하나님께서는 원망의 소리가 들리는 그 순간에 마치 조금도 신경 쓰지 않는 것처럼 행동하신다. 관심이 없는 듯 보이시기 위해 때로는 자신의 모습을 위장하시거나 무엇에 관심이 있는지를 가리기도 하시는데, 이는 우리가 얼마나 하나님을 원하고 있는지 알아보시기 위함이다. 하나님이 우리의 관심을 얻기 위해 쓰시는 방법인 것이다. 놀랍지 않은가!

아마도 당신은 이렇게 말할지도 모른다. "위대하신 우주 만물의 하나님이 자신을 그렇게까지 낮추실 리가 없어. 사람들이 하나님의 진노와 존엄과 공의를 보고 나면 감히 서 있을 수조차 없어서 하나님께 간신히 다가가 긍휼을 간구할 거야."

하나님께서 그분의 위대함을 나타내시는 것은 우리의 관심을 끌 수 있는 확실한 방법이다. 그러나 하나님이 우리의 관심을 얻으시는 방법이 이

것 하나만 있는 것은 아니다. 어떤 사람은 아직도 의아하게 생각할 수도 있지만, 감사하게도 하나님은 우리의 관심을 얻기 위해 마치 우리에게 관심이 없으신 듯 행동하실 때가 있다.

때로는 새로운 기도제목이 기도를 시작한 첫날에 응답되기도 하고, 1년이 넘도록 매일같이 기도해도 응답받지 못할 때도 있다. 하나님께서 기도에 바로 응답하시는 때는 확실히 그분이 우리와 '밀고 당기기'를 하지 않으신다는 의미가 된다.

예수님이 하늘로 올라가신 직후, 하나님께서 제자들과 열흘 동안 밀고 당기기를 하신 것처럼 보인다. 예수님은 제자들에게 "예루살렘을 떠나지 말라"고 말씀하셨다. 그들은 예수님이 약속하신 성령님이 임하실 때까지 기다려야 했다. 예루살렘에서 기다리던 120명의 제자들은 얼마나 오랫동안 기다려야 하는지 알지 못했다. 예수님께서 승천하신 후부터 성령께서 임하신 날까지의 10일은 매우 긴 시간일 수도 있다. 그동안에는 별다른 일이 생기지 않았다. 그러나 성령께서 임하신 그때에는 하나님이 오랫동안 해오신 '밀고 당기기'를 멈추신 것처럼 보인다.

사도행전을 보면, 초대교회 성도들의 기도가 바로바로 응답을 받은 듯하다. 당시에는 기적과 치유가 흔하고, 기도 응답받는 일이 매우 평범한 일이었을지 모른다. 초대교회 시절의 하나님은 밀고 당기기를 하지 않으셨던 것처럼 보인다. 그러나 이후의 세대에서 몇 가지 예외를 제외하면, 하나님은 대부분 나타나지 않으시는 듯하다. 사람들은 하나님을 기다려야 했다. 모든 것이 사도행전에 나타난 것처럼 분명해 보이지도, 쉽게 이루어지지도 않았다. 하나님께서 무관심한 척하시며 밀고 당기기를 시작하신 것이다.

하나님은 우리의 관심을 얻기 위해 마치 우리에게 관심이 없으신 듯
행동하실 때가 있다.

우리가 하나님의 뜻을 쉽게 발견하지 못하는 것은 아마도 하나님이 우리와 밀고 당기기를 하고 계시기 때문일 것이다. 우리에게 무관심한 듯 보이시는 것은 하나님의 방식 중 하나다.

새로운 기도제목을 들고 하나님께 나아갈 때, 나도 내가 얼마나 오래도록 그것을 위해 기도해야 하는지 알지 못한다. 그렇다면 나는 무엇을 해야 하는가? 하나님의 응답을 받을 때까지 포기하지 않는 것이다. 끝날 때까지는 끝난 것이 아니다. 내가 확실히 아는 한 가지는 이것이다. 지존하신 하나님을 탓하며 그분이 내 뜻대로 움직이시길 기대한다면, 그런 일은 절대로 일어나지 않을 것이다. 우리는 그저 하나님께 무릎 꿇고 나아가야 한다.

때때로 하나님은 애타게 하신다

제자들이 풍랑을 만났을 때, 예수님께서 다가오셨지만 그들에게 관심이 없으신 듯하였다. 심지어 그들을 지나쳐서 가시려고 했다. 제자들은 자신들에게 다가오시는 예수님을 유령으로 착각했다. 그들은 겁에 질려 울부짖었다. 그때 예수님께서 말씀하셨다. "안심하라 내니 두려워하지 말라"(막 6:50). 제자들이 두려움에 부르짖을 때까지 주님은 그분이 제자들을 얼마나 아끼시는지 보여주지 않으셨다.

부활하신 그리스도께서 엠마오로 향하는 길에서 두 제자와 함께 걷고 계셨다. 그러나 두 제자는 어찌된 일인지 자신들과 동행하는 분이 예수님이라는 사실을 알아차리지 못했다. 한 마을에 들어섰을 때도 예수님은 마치 길을 더 가실 것처럼 행동하셨다. 그러자 두 제자가 예수님께 함께 마을에 머무시기를 간곡히 청했다(눅 24:28-29). 이것은 정확하게 예수님께서 제자들에게 바라신 행동이었다.

예수님은 과연 제자들이 주님께 배운 대로 낯선 사람을 대하는지, 길에서 만난 낯선 사람이 성경을 풀이하는 것을 보고 그분이 예수님이라는 것을 알아차릴 수 있는지 확인하고 싶으셨던 것이다. 예수님의 시험으로 제자들은 너무나 간절한 마음으로 그분이 머무시기를 바라고 청하였다. 이것이 바로 예수님이 제자들에게 바라셨던 결과다.

하나님의 말씀이 풀이되는 것을 들을 때 마음이 뜨거워진다면, 우리는 그 순간을 붙잡아야 한다. 그런 순간들은 매일 오는 것이 아니다. 그 순간이 온다면, 우리는 하나님의 임재를 그 어느 것보다 우선시해야 한다. "너희는 여호와를 만날 만한 때에 찾으라"(사 55:6).

수로보니게 출신의 헬라 여인이 자신의 딸에게서 귀신을 쫓아내달라고 간청했을 때, 주님은 그녀에게 다소 거칠게 말씀하셨다. "자녀의 떡을 취하여 개들에게 던짐이 마땅치 아니하니라." 예수님은 그 여인에게 왜 그렇게 말씀하셨을까? 주님은 그녀가 얼마나 정직한지를 알고 싶으셨다. 여인은 무례한 듯한 예수님의 말씀에 이렇게 반응했다. "주여 옳소이다마는 상 아래 개들도 아이들이 먹던 부스러기를 먹나이다." 예수님은 여인의 대답을 기쁘게 여기셨다. "이 말을 하였으니 돌아가라 귀신이 네 딸에게서 나갔느니라." 여인이 집으로 돌아가서 보니 정말 귀신이 나갔고, 딸은 침대에 누워 있었다(막 7:24-30).

왜 하나님은 밀고 당기기를 하실까?

하나님은 우리의 진심을 보기 위해 밀고 당기기를 하신다. 어느 날 저녁, 야곱은 홀로 있었다. 그런데 한 남자가 야곱에게 다가와 그와 씨름을 하였다. 그가 누구인지도 모른 채, 그와 씨름한다는 것이 무엇을 의미하는지도 모른 채 야곱은 동이 틀 때까지 씨름을 했다. 이 낯선 사람이 야곱과의 씨름에 승산이 없다고 여겨지자 그의 허벅지 관절을 쳤고, 그로 인해 야곱의 허벅지 관절이 어긋나게 되었다. 그리고는 야곱에게 말했다. "날이 새려 하니 나로 가게 하라"(창 32:26).

씨름을 하던 야곱은 한밤중에 자신에게 씨름을 걸어온 이 남자가 누구든, 그와 씨름하는 것이 과거와 현재를 통틀어 자신에게 매우 중요하다는 것을 깨달았다. 그래서 야곱은 그를 보내려고 하지 않았다. "당신이 내게 축복하지 아니하면 가게 하지 아니하겠나이다"(창 32:26). 바로 이때가 야곱이 이스라엘로 불리게 된 순간이다(창 32:38). 야곱에서 이스라엘로 이름이 바뀐 것은 그의 인생의 중심축이 되는 매우 중요한 사건이다.

마틴 루터는 하나님이 우리의 친구 되심을 깨달을 때까지, 우리가 하나님을 '우리를 대적하시는 분'으로 알고 있다고 말했다. 이를 통해 루터가 말하고자 한 것은 많은 사람들이 처음에는 하나님이 내 편이 아니신 것처럼 느낀다는 것이다.

하나님께서는 모세에게 제안을 하시며 매우 구체적으로 말씀하셨다. "네가 이끌어야 하는 이스라엘은 패역한 백성이다. 그들은 너의 말을 무시하고, 또 나의 말도 무시하고 있다. 모세야, 이 백성에 대한 나의 계획을 알려 주겠다. 나는 이 민족을 멸망시킬 것이다. 그리고 너를 통해 완전히 새로운 나라를 세울 것이다. 그것은 이 패역한 이스라엘 백성보다 더 크고 강한 나라가 될 것이다. 모세야, 너의 생각은 어떠하냐?"(민 14:11-12)

아마 많은 이들이 이렇게 답할 것이다. "예, 하나님! 당장 그렇게 해주세요!" 하나님은 모세의 속마음을 보고 싶으셨을 것이다. 모세가 하나님의 제안을 받아들였을까? 아니면 이스라엘 백성을 위해 하나님께 선처를 호소했을까? 모세는 하나님께 선처를 호소하기로 마음먹었다. "주여, 절대로 그렇게 하시면 안 됩니다. 그렇게 하시면 하나님의 명성에 큰 누가 됩니다. 애굽 사람들이 하나님의 크신 이름에 대해 뭐라고 말할지 너무도 뻔합니다. 그들은 이스라엘의 하나님이 자기 백성을 약속한 땅으로 인도할 능력이 없어서 광야에서 죽게 만들었다고 할 것입니다"(민 14:13-16).

모세의 대답은 하나님께서 원하셨던 것이었다. 이 일에 대해 후에 시편 기자는 이렇게 기록한다. "그러므로 여호와께서 그들을 멸하리라 하셨으나 그가 택하신 모세가 그 어려움 가운데에서 그의 앞에 서서 그의 노를 돌이켜 멸하시지 아니하게 하였도다"(시 106:23).

때때로 하나님께서는 우리의 중심, 속마음을 보시기 위해 우리의 길에 장애물을 두신다. 모세에게도 그렇게 하셨다. 그리고 이를 통해 모세가 어떤 사람인지를 볼 수 있다. 그는 "예 주님, 저도 참을 만큼 참았습니다. 이

악한 백성을 멸하세요"라고 말할 수도 있었지만, 그렇게 하지 않았다. 그는 이스라엘 백성을 위해 간구하였다.

하나님은 우리의 진심을 보기 위해 밀고 당기기를 하신다.

우리가 기도할 때마다 하나님이 응답해주신다면, 우리는 아마도 기도를 가벼이 여길 것이다. 그리고 하나님에 대해서도 가벼이 생각할 것이다. 하나님과의 '밀고 당기기'는 결국 우리를 위한 것이다.

하나님께서 얼굴을 숨기실 때

하나님께서 얼굴을 숨기시는 것도 우리를 위한 것이다. "구원자 이스라엘의 하나님이여 진실로 주는 스스로 숨어 계시는 하나님이시니이다"(사 45:15). 이사야 선지자도 그런 하나님을 알고 있었다. 모든 하나님의 자녀는 미리 배워 알고 있든지 그렇지 않든지, 조만간 하나님의 이런 모습, 즉 하나님이 '그분의 얼굴을 숨기신다는 것'을 알게 될 것이다.

'얼굴을 숨기신다는 것'은 비유적인 표현으로, 그 의미는 여러 가지다. 예를 들어 이전에 느꼈던 하나님의 실제적 임재가 더 이상 느껴지지 않을 때, 기도에 응답해주시던 하나님이 더 이상 응답하지 않으실 때, 이전처럼 하나님의 말씀을 이해하도록 도와주지 않으실 때를 의미한다.

하나님께서 얼굴을 가리시며 '밀고 당기기'를 하시는 이유 중 하나는 우리 자신을 너무 심각하게 대하는 성향을 둔화시키기 위해서다. 솔직하게 말해서, '자신을 너무 심각하게 대하는 것'은 나의 큰 약점 중 하나다.

이런 사람들은 자신이 언제나 완벽해야 한다고 생각한다. 또 그들 스스로가 옳다고 생각한다. 그래서 항상 올바른 이미지를 풍겨야 한다는 생각에 집착한다. 이런 성향은 자기중심적인 성향의 결과다. 따라서 그들은 다른 이들에 대해, 다른 사람들의 기분에 대해 둔감하고 무감각하다. 이런 성향을 가진 사람들은 스스로에게 관대하고 적당히 긴장을 푸는 법을 배울 필요가 있다.

하나님께서 얼굴을 숨기실 때는 우리가 영적으로 외톨이가 되는 때이며, 우리가 얼마나 무지한지를 깨닫는 시간이다. 우리에게는 늘 이런 깨달음이 필요하다. 매 순간 자신의 무지를 깨닫고 하나님의 얼굴을 구할 필요가 있다. 특히 엘리야처럼 '나만 혼자 남았다'고 여기기 쉬울 때, 우리는 당혹스러워한다.

하나님은 엘리야에게 교훈을 주고자 하셨다(왕상 19:10). 그 교훈은 "하나님이 스스로를 숨기실 수도 있으며, 다시 나타나실 수도 있다"는 것이다. 이러한 하나님의 각본은 우리의 속도를 늦추는 데 탁월하여 우리로 여유를 갖도록 만들고, 자의식을 약화시킬 수도 있다.

우리가 빠질 수 있는 또 다른 위험은 '스스로 하나님과 매우 친하다고 생각하는 것'이다. 물론 하나님과의 친밀한 관계는 참으로 사모할 만한 것이다. 그러나 이 친밀감이 지나치면, 그로 인해 '특권의식'에 빠질 수 있다.

하나님은 우리의 친구이시다. 그러나 지나치게 자신이 하나님과 친밀하다고 여기는 것과 특권의식이 생기는 것은 좋지 않다. 그것은 건전하지 못하며, 자칫 위험한 생각으로 빠질 수 있다.

하나님께서는 성육신 사건을 통해 스스로 인간의 수준까지 낮아지셨다. 그렇다고 해서 우리가 하나님이 어떤 분이신지를 망각한다면, 그것은 하나님께서 의도하신 것과는 매우 거리가 먼 것임을 알아야 한다. 하나님과의 친밀감에 대한 확신이 지나친 나머지 특권의식이 자라게 되는 것을 경계하지 않는다면, 우리는 '하나님이 우리에게 무엇인가를 빚지고 계시다'라고 생각할 수도 있다. 그래서 우리에게 무엇이든 하나님께 요구할 자격이 있다고 여길 수도 있다. 우리는 결코 그런 상황까지 가서는 안 된다. 우리가 속한 이 시대의 저주 가운데 하나는 사람들이 가지고 있는 이런 특권의식이다.

이러한 성향은 하나님이 그분의 얼굴을 숨기시고, 밀고 당기기를 하시는 몇 가지 이유를 보여준다. 그 이유들 가운데 하나는 우리가 하나님 앞에서 무례하지 않도록 하기 위함이다. 그래서 성경은 우리에게 하나님의 얼굴을 '구하라'고 가르친다. 왜 하나님의 얼굴을 구해야 하는가? 하나님이 그분의 얼굴을 숨기셨기 때문이다. 하나님께서 밀고 당기기를 하시기 때문이다.

> 너희는 내 얼굴을 찾으라 하실 때에 내가 마음으로 주께 말하되 여호와여 내가 주의 얼굴을 찾으리이다 하였나이다 주의 얼굴을 내게서 숨기지 마시고(시 27:8-9)

대부분 연단의 본질은 '얼굴을 숨기시는 하나님'과 관련이 있다. 예를 들어 연단은 재정적인 어려움, 육체적 시련, 친구의 오해, 어긋난 관계, 억울한 누명, 누군가 기분을 상하게 하는 것, 불면증 등 상황은 매우 다양하다.

"주님, 도대체 이유가 무엇인가요?" 우리는 이렇게 여쭤볼 것이다. 그리고 하나님이 너무 멀리 계셔서 우리의 형편을 전혀 상관하지 않으신다고 단정 짓게 된다. 설마 하나님이 밀고 당기기를 하시는 걸까? 그렇다. '내 얼굴을 구하라'는 말씀을 이런 방식으로 보여주시는 것이다.

> 하나님이 얼굴을 숨기실 때는 우리가 영적으로 외톨이가 되는 때이며,
> 우리가 얼마나 무지한지를 깨닫는 시간이다.

무언가를 구한다는 것은 우리가 원하는 것을 아직 찾지 못했다는 것이다. '구하다'의 의미는 '찾으려고 시도하다'이다. 잃어버린 것을 찾는 것이다. 찾으려고 노력하는 것이다. 하나님의 얼굴을 구하는 것도 마찬가지다. 하나님의 얼굴을 구할 때는 하나님이 우리가 얼마나 그분과의 친밀한 관계를 사모하는지를 아시고자 밀고 당기기를 하시는 것이다.

그러나 '하나님이 얼굴을 보이시도록 구하는 것'은 사실 우리가 그분께 당연하게 요구할 수 있는 것은 아니다. 만일 하나님이 우리 가운데 당연히 나타나셔야 한다고 여긴다면, 그것은 바로 특권의식이 싹트기 시작했다는 증거다. 오히려 우리는 그분께 간청해야 한다. "구하라 그리하면 너희에게 주실 것이요 찾으라 그리하면 찾아낼 것이요"(마 7:7).

하나님이 정말로 나와의 사귐을 갈망하시는가?

오래전에 우연히 시편 50편 12절 말씀을 보았다. "내가 가령 주려도 네게 이르지 아니할 것은 세계와 거기에 충만한 것이 내 것임이로다." 나는 순간 하나님께서 어떤 뜻을 품고 계시고, 이 말씀을 통해 '하나님이 나에게 말씀하시는 중이구나'라는 생각을 떨칠 수가 없었다. 하나님께서는 왜 나에게 "내가 가령 주려도 네게 이르지 아니하리라"는 구절을 보여주셨을까?

이 구절은 나에게 이렇게 다가왔다. '하나님은 정확하게 지금 당장이라고 말씀하신다. 육체적 배고픔이 아닌 영적 교제를 원하시는구나. 바로 지금 하나님은 나의 관심을 원하신다. 하나님은 내가 하나님과 함께 시간을 보내기를 너무나 원하신다. 이것을 나에게 속삭이고 계시는구나. 그분은 진정으로 나와의 교제를 원하신다.'

나는 다음날 기도와 금식을 하기로 결심했다. 하나님은 왜 나와 교제하고 싶은 마음을 알리지 않으시는 것일까? 만일 그분께서 직설적으로 "나는 너와 함께 시간을 보내고 싶다"고 말씀하셔서 스스로를 연약하게 만들지 않으신다면, 왜 나에게 '이르지 아니하실 것'이라며 스스로를 힘들게 하실까?

하나님이 밀고 당기기를 하시는 때는 그 어느 때보다도 그분이 얼마나 나를 사랑하시는지를 가장 단적으로 보여준다. 그 자체로 그분이 나를 돌보신다는 것을 증명하는 것이다.

며칠이 지나도 하나님이 나타나지 않으신다면, 나는 아마도 '하나님은 나를 신경 쓰지 않으셔', '그분은 나에게 거리를 두시는 분이구나' 혹은 '이것이 하나님이 나와 교제하기 원하신다는 신호일까?'라고 생각할지도 모른다.

만일 당신이 "며칠이 지나도 하나님이 나타나지 않으시는 것은 무슨 뜻입니까?"라고 묻는다면, 이렇게 답변하겠다. 그것은 성령께서 팔꿈치로 찌르시듯이 확실하게 나타내 보이실 때와는 달리 하나님이 자신을 나타내지 않으시는 때이거나 성경을 읽는 중 어떤 새로운 가르침을 얻지 못할 때이다. 또한 나의 설교가 듣는 이들을 주께로 나오도록 해야 하는데, 그렇지 못할 때이기도 하다.

그리스도의 복음을 전할 때, 나는 사람들이 회심하기를 기대한다. 기도할 때는 하나님의 임재를 느끼기 원한다. 성경을 읽을 때는 말씀이 풀어져 쉽게 이해되기를 기대한다. 그런데 이런 일들이 일어나지 않을 때, 나는 스스로에게 묻는다. "하나님이 나에게 바라시는 것은 무엇일까?" 그분의 뜻과 방식을 더 잘 알게 될 때, 하나님이 우리에게 말씀하시는 것이 무엇인지 더 잘 구별할 수 있음은 너무도 당연하다.

하나님의 방식은 셀 수 없이 많다. 그분이 일하시는 방식을 목록으로 만든다면, 그 목록은 끝이 없을 것이다. 하나님께서 연단을 허락하시는 것은 우리에게 인내심을 가르치시기 위함일 뿐 아니라, 우리의 속마음을 확인하시기 위함이기도 하다. 이것을 깨달으면, 우리는 위안을 얻게 된다. 왜냐하면 그것이 하나님께서 아직 우리를 포기하신 것이 아니라는 뜻이기 때문이다.

IT AIN'T OVER

우리가 기도하며 주께 아뢰는 것이 그분을 감화시켜서 상황들을 변화시킨다.5)

- 조니 에릭슨 타다 -

TILL IT'S OVER

CHAPTER

기도의 비밀

너희가 얻지 못함은 구하지 아니하기 때문이요
구하여도 받지 못함은 정욕으로 쓰려고 잘못 구하기 때문이라
(약 4:2-3)

그리스도인으로서 우리가 누리는 가장 큰 은혜는 기도라는 특별한 권리다. 그리고 가장 핵심적인 은혜는 우리가 죽으면 천국에 간다는 사실을 아는 것이다. 하나님께서는 이외에도 다양한 은혜를 베풀어주신다. 성경을 읽음으로써 그분을 알아가는 것, 그분의 인도하심을 확신하는 것, 그분이 우리 삶에 대한 모든 계획을 갖고 계심을 아는 것 등 무수히 많다. 나는 이 모든 은혜 가운데 가장 큰 혜택이 기도라고 생각한다.

차마 물어보기 어려운 질문들

기도에는 거대한 비밀이 있다. 또한 기도는 악과 고통의 문제와도 매우

밀접하게 연관이 있다. 하나님은 우리가 구하지 않아도 우리의 기도를 들어주실 수 있는데, 왜 기도하라고 하실까? 왜 이미 그분이 하시기로 결정된 사안들에 대해 기도하라고 하실까? 그리고 기도하라고 하셨으면서, 왜 우리가 기도할 때 응답하지 않으실까? 왜 항상 기도 응답을 받지 못하는 걸까?

기도가 정말 하나님께 영향을 미칠까? 하나님께서는 우리가 기도하기 전까지 가만히 기다리실까? 무엇이 우리로 하여금 기도하도록 만드는가? 어떤 일이 짐이 되어 기도하게 될 때, 하나님이 그 배후에 계신 걸까? 만일 하나님이 기도하도록 의도하신 것이라면, 그 일로 인해 기도하는데도 왜 응답을 받지 못하는 걸까?

왜 어떤 사람들은 다른 사람들보다도 응답을 더 잘 받는가? 내가 '엘리야'나 '사도 바울'에게 나를 위해 기도해달라고 부탁하면, 기도가 응답되어 일이 잘 풀릴까?

특정한 기도제목을 위해 기도하는 사람들의 숫자가 응답을 받는 데 영향을 주는 것일까? 한 사람의 기도보다 1000명의 기도가 더 하나님께 영향을 미칠까? 같은 기도제목이지만 다른 결과를 원하는 49명의 사람들과 51명의 사람들이 있다면, 하나님은 51명의 사람들의 기도에 응답하실까?

하나님은 어떤 문제에 대해 우리가 다른 이들에게 중보기도를 요청하여 그들이 우리를 위해 기도하기를 원하시는 걸까? 한 가지 기도제목을 위해 얼마나 많은 이들이 기도하는지를 중요하게 보시는 걸까? 위대한 사도 바울은 왜 평범한 성도들에게 기도해달라고 요청했을까? 예수님은 왜 기도하셨을까?

이러한 물음들은 기도라는 주제에 대해 누구나 할 수 있는 질문이다.

한마디로 기도는 풀리지 않는 수수께끼와 같다.

신약성경을 살펴보면 기도를 '은사'라고 표현한 구절이 없다. 당신은 이것을 알고 있는가? 고린도전서 12장 8-10절과 28-31절, 로마서 12장 3-8절을 살펴보라. 분명 이 본문들에서 언급된 성령의 은사에 기도는 포함되지 않는다. 게다가 갈라디아서 5장 22-23절에 열거된 성령의 열매에도 포함되지 않는다.

신약성경은 기도에 대해 200번 이상 언급한다. 대체적으로 기도는 헬라어로 '프로슈케'(proseuche)와 '디에시스'(deesis)로 표현되며, 때에 따라 이 두 단어를 같은 의미로 사용하기도 한다. 나는 성도들과 교회 지도자들이 더 많이 기도하도록 동기를 부여하기 위해 《기도하려고 생각했는가?》(Did You Think to Pray?)를 썼다.[6] 미국과 영국의 교회 지도자들은 하루 평균 4-5분 정도 기도한다. 이는 수많은 위대한 믿음의 거장들이 하루 평균 2시간씩 기도했다는 사실에 비춰볼 때 통탄할 일이다. 이것은 오늘날의 교회 지도자들이 왜 능력이 없는지를 부분적으로 설명해준다.

천국에는 기도가 없다

우리가 천국에 이를 때, 수많은 비밀이 풀리고 분명하게 드러날 것이다. 지금은 기도가 잘 이해되지 않지만, 천국에서는 잘될 것이다. 그러나 천국에서는 더 이상 기도할 이유가 없을 것이다. 시각장애인 설교자 윌리엄 월포드가 작사한 '내 기도하는 그 시간'이라는 찬송가의 마지막 절 가사에 흥미로운 구절이 있다.

> 귀한 기도의 시간! 귀한 기도의 시간!
> 비스가 산꼭대기에서 나의 본향을 바라보며
> 그곳에 이를 때까지 나로 주님의 위로를 얻게 하시네
> 이 육신의 옷을 벗고, 영원한 상을 얻기 위해 오르리라
> 그리고 저 하늘을 지나 본향에 이를 때, 외치리라
> "잘 있거라, 잘 있거라, 내 귀한 기도의 시간이여!"7)

그곳에는 기도가 없다. 기도는 천국에 이르는 여정 중 우리에게 주어진 가장 놀라운 특권이다. 우리의 기도가 은혜의 보좌에 상달될 때 천국에서 어떤 일이 일어나는지를 배우는 것은 매우 즐거운 일이 될 것이다. 우리는 계시록을 통해 어렴풋이 천국을 경험할 수 있다. 다양한 색들로 가득 찬 그곳에서는 하나님께 지음받은 피조물의 외침과 함께 예배와 찬양이 멈추지 않는다.

> 거룩하다 거룩하다 거룩하다 주 하나님 곧 전능하신 이여 전에도 계셨고
> 이제도 계시고 장차 오실 이시라(계 4:8)

이 찬양을 받으시는 가운데 하나님께서는 어떻게 우리의 모든 기도를 한 번에 하나씩, 그 순간에는 마치 기도하는 다른 이가 없는 것처럼 들어

주실 수 있을까? 성 어거스틴은 하나님이 마치 그 사람 외에는 사랑할 이가 없는 것처럼, 모든 이를 한 사람, 한 사람 사랑하신다고 했다. 그리고 우리의 기도도 마치 그 기도 외에 다른 기도가 없는 것처럼 대하고 들어주신다는 것이다.

> 또 다른 천사가 와서 제단 곁에 서서 금 향로를 가지고 많은 향을 받았으니 이는 모든 성도의 기도와 합하여 보좌 앞 금 제단에 드리고자 함이라 향연이 성도의 기도와 함께 천사의 손으로부터 하나님 앞으로 올라가는지라 (계 8:3-4)

이 말씀대로 천국에는 성도들의 기도를 담당하는 천사가 따로 있는 것일까? 그리고 모든 기도가 봉인되어 있어서, 그것이 이루어질 때까지 대기 중일까?

그것은 나도 잘 모르겠다. '성도들의 기도'와 관련된 구절을 통해 내가 이해한 것은 우리의 기도가 천국에서 매우 소중하게 다루어진다는 것이다. 우리의 기도 중 그 어느 것도 소외되거나 주목받지 못하는 것은 없다는 것이다. 하나님께서는 많은 기도들을 하나하나 다 알고 계신다. 누가 그 기도를 했는지, 언제 처음으로 그 기도제목으로 기도하기 시작했는지까지 다 아신다.

여전히 기도에 대해 내가 알지 못하거나 이해하지 못하는 것들이 많다. 기도는 깊이를 알 수 없는 신비로운 세계다.

기도에 대해 확신하는 것들

비록 기도에 대해 모든 것을 이해한다고 말할 수는 없지만, 내가 확실하게 알고 있는 몇 가지가 있다.

• 예수님은 기도하되 포기하지 말라고 하셨다.

우리가 기도할 수 있도록, 그리고 계속 기도하도록 만드는 가장 큰 격려는 예수님께서 말씀하신 불의한 재판장에 관한 비유다. "예수께서 그들에게 항상 기도하고 낙심하지 말아야 할 것을 비유로 말씀하여"(눅 18:1). 이어서 끈질긴 과부의 이야기가 나온다. 이 과부의 간청은 어떻게 보면 참으로 개인적이고 이기적인 간청이라 할 수 있다. "내 원수에 대한 나의 원한을 풀어 주소서"(눅 18:3).

이 비유에서 우리는 하나님께 올리는 간구가 꼭 경건하지 않아도 된다는 것을 알 수 있다. 때로는 우리 마음속에 있는 것을 구할 수도 있다. 이 과부는 날마다 자신을 무시하는 재판장을 찾아가 똑같은 부탁을 했다. 그러자 이 불의한 재판장도 결국에는 그녀의 요구를 들어주었다. 이 비유의 요점은 우리를 아끼고 사랑하시는 하늘 아버지께서 우리가 밤낮으로 부르짖는다면 어찌 도와주지 않으시겠냐는 것이다. 따라서 우리는 기도하는 것을 포기해서는 안 된다.

우리의 기도 중 그 어느 것도 소외되거나 주목받지 못하는 것은 없다.

- 기도는 우리가 생각하고 느끼는 방식에 엄청난 차이를 만든다.

이 부분은 매우 주관적일 수도 있다. 하지만 분명히 말할 수 있는 것은 기도할수록 마음이 나아지는 것을 느낄 수 있다는 것이다. 그것은 성령의 임재 때문이다. 어느 날은 성령의 임재 가운데 거하고, 어느 날은 경험하지 못하기도 한다. 모든 기도제목으로 기도를 하고, 이것을 매일 한다는 것이 심리적인 안정을 줄 수도 있다. 정확하게 무엇 때문이라고 단정 지어 말할 수는 없지만, 분명한 것은 기도를 하면 마음이 편해진다는 것이다. 그리고 기도를 하지 않으면 마음이 불안하다. 그래서 우리는 기도생활을 유지해야 한다.

- 기도는 재미로 하는 것이 아니라 일과 같다.

어떤 상황에서도 기도하는 것이 재미있다고 말하는 사람이 있을까? 나의 친구 제레미 제닝스가 그런 사람이다. 그에게는 합심기도를 재미있게 만드는 은사가 있다. 그래서 한 시간 정도의 기도모임이 마치 5분처럼 느껴지게 만든다. 그러나 기도모임을 이끄는 지도자에게 제레미와 같은 은사가 없다면 어떻게 되겠는가? 또는 당신이 홀로 기도할 때는 어떠한가?

사도 바울은 때를 얻든지, 못 얻든지 항상 준비되어 있어야 한다고 가르친다(딤후 4:2). 사실 이 구절은 말씀을 전하는 데 있어서 따로 정해진 때가 없다는 것을 이야기한 것이지만, 나는 기도에 대해서도 이 가르침을 적용한다.

어느 날 당신은 기도하고 싶은 마음이 들어서 기도를 한다. 그리고 어떤 날은 기도하고 싶은 마음이 생기지 않아 하지 않을 수도 있다. 그러면서 성령의 감동하심이 없어서라고 변명할 것이다. 그러나 나는 "성령께서 당신의 마음을 만지셔서 기도할 마음이 생길 때까지 기다리지 말라"고 이야기하고 싶다. 기도할 마음이 생기든, 그렇지 않든 우리는 매일 기도해야 한다. 기도란 재미가 있어서 한다기보다는 일과 같은 것이기 때문이다.

• 하나님께서 모든 기도를 들어주시는 것은 아니다.

'전부 다 들어주시는 것은 아니다'라는 말에 혹시 놀랐는가? 하나님께서는 왜 일부만 들어주실까? 이유는 다음과 같다. 첫째, 우리가 간구하는 것들 중 일부가 하나님의 뜻에 합당하지 않기 때문이다. 내 생각에는 합리적인 기도일 수 있지만, 하나님이 보시기에는 합당하지 못한 것이다. 둘째, 끝날 때까지는 끝난 것이 아니기 때문이다. 때때로 응답되지 않은 기도가 응답될 수 없는 기도로 보일 수도 있다. 그런데 하나님께서 그 기도를 내일 응답하시기로 결정하실 수도 있다. 그래서 나는 기도를 포기하지 않는다. 하나님께서 오랫동안 간구해온 기도에 응답하시는 순간이 올 때, 우리는 준비되어 있어야 한다.

• 하나님께 쓰임 받는 사람들 대부분은 기도를 많이 한 사람들이다.

이것은 내게 너무나 벅차고도 거대한 도전이다. 또한 내가 지난 60년 동안 강력하고 지속적인 기도생활을 하려고 애쓴 여러 가지 이유 중 하나다. 나는 웨스트민스터채플을 섬기면서 하루에 2시간씩 기도하였다. 그리고 설교준비를 위해 별도의 기도시간을 가졌다. 은퇴한 지금도 나는 이러한 기도생활을 유지하고 있다. 책을 쓸 때도, 말씀을 전하러 갈 때도 기도생활은 은퇴 이전과 똑같이 하고 있다.

나는 내 인생 최고의 날들이 앞으로 올 것이라고 믿고, 그날이 올 때까지 더 열정적으로 기도할 것이다. 그리고 나의 최고의 날이 이미 지나갔다는, 정신이 번쩍 들 만한 사실을 깨달을 때가 온다 해도 이전보다 더 많이 기도하고 싶다.

• 하나님의 뜻에 합당한 기도에 응답해주신다.

좋든 싫든, 기도 응답은 하나님의 뜻에 합당해야 이루어진다. 나는 이 사실을 인정한다. 하나님은 우리에게 가장 좋은 것을 베풀기 원하신다. 원하던 것을 얻지 못할 때, 우리는 마치 무언가를 빼앗겼다는 박탈감을 느끼고 하나님께 실망한다. 그러나 우리는 분명 우리를 향한 그분의 생각이 가장 좋은 것임을 알게 될 것이다. '하나님이 흡족하게 여기시는 기도가 응답을 받고 이루어진다'는 원리를 생각할 때, 다음과 같은 두려운 말씀을 잊을 수가 없다. "그러므로 여호와께서는 그들이 요구한 것을 그들에게 주셨을지라도 그들의 영혼은 쇠약하게 하셨도다"(시 106:15).

하나님 뜻에 합당하지 않은 것을 간구하는 것은 매우 어리석은 일이다. 이스라엘 백성이 하나님의 뜻과는 반대로 자신들의 왕을 세우고자 했을 때처럼(삼상 8:4-22) 우리가 간구하는 것이 하나님의 뜻과 명백하게 다를 때, 우리는 그것이 옳지 않음을 알아야 한다.

좋든 싫든, 기도 응답은 하나님의 뜻에 합당해야 이루어진다.

• 사탄은 우리가 기도하는 것을 싫어한다.

이것이 우리가 더욱 열심히 기도해야 할 이유다. 영국 성공회 주교였던 윌리엄 템플은 이런 말을 했다. "기도할 때는 마치 우연의 일치 같은 놀라운 일이 일어난다. 그러나 기도하지 않으면, 그런 일은 일어나지 않는다."[8]

폴 빌하이머가 기도와 관련해서 쓴 글도 내 마음을 사로잡는다. "만일 사탄이 우리가 기도하지 못하게 막을 수만 있다면, 우리가 기도에 대한 책을 아무리 많이 읽는다 해도 그 일에 전혀 관심을 갖지 않을 것이다."[9] 그의 말은 '사탄이 얼마나 우리가 기도하는 것을 싫어하는지'를 분명하게 알려준다.

하나님의 뜻을 분별할 수 있는 좋은 방법 중 하나는 사탄이 우리에게 원하는 것이 무엇인지를 깨닫고, 그와 반대로 행하는 것이다. 그러므로 기도할 때, 나는 적어도 내가 무엇인가 옳은 것 하나는 하고 있다고 생각한다.

아무리 연약한 성도라도 그가 무릎 꿇고 기도하는 모습에 사탄은 두려워 떤다.[10]
- 윌리엄 쿠퍼

기도에 시간을 투자해야 하는 강력하고 설득력 있는 이유를 테레사 자매(마더 테레사와 다른 인물이다)의 말을 빌려 전한다. 그녀는 나의 친구 J. 존이 인도에 있을 때 이런 이야기를 했다. "하나님께서는 당신과의 교제를 좋아하십니다." 이것은 하나님이 우리의 기도를 처음부터 다 이루어주시지 않는 이유다. 하나님은 우리가 그분께 집중하기를 원하신다. 그분은 우리와 교제하기 원하신다. 하나님이 우리의 기도를 즉각 그리고 모두 들어주신다면, 우리는 아마도 그분과 많은 시간을 함께하지 않을 것이다.

기도는 여전히 신비의 영역이다. 그러나 한 가지는 분명하다. 기도가 이해될 때까지 기다려야 한다면, 우리는 결코 기도하지 않을 것이다. 따라서 나는 당신이 기도가 이해될 때까지 기다리지 말고 지금 당장, 날마다 지속적으로 하기를 권면한다.

하나님의 뜻을 분별할 수 있는 좋은 방법 중 하나는
사탄이 우리에게 원하는 것이 무엇인지를 깨닫고, 그와 반대로 행하는 것이다.

IT AIN'T OVER

내가 간구한 몇 가지 일을 하나님이 허락하지 않으신 것에 대해서, 그리고 내 앞에 열린 몇 가지 문을 닫으신 것에 대해 나는 하나님께 진심으로 감사드린다.**11)**

— 마틴 로이드 존스 —

TILL IT'S OVER

CHAPTER

응답 없는 기도

아버지여 만일 아버지의 뜻이거든 이 잔을 내게서 옮기시옵소서
그러나 내 원대로 마시옵고 아버지의 원대로 되기를 원하나이다
(눅 22:42)

응답받은 기도와 응답받지 못한 기도 가운데 더 복된 것이 무엇이냐고 묻는다면, 그래서 어느 것이 나에게 가장 복된 일인가를 결정해야 한다면, 어떻게 대답할 수 있을까? 솔직히 어느 것이 더 소중한지 잘 모르겠다.

최근에는 젊은 시절에 드린 기도 가운데 얼마나 많은 기도가 응답을 받았는지 떠올리려고도 해봤다. 그런데 그 시절에 응답받았던 기도들이 잘 떠오르지 않는다. 반면에 응답받지 못한 기도들은 생생하게 기억난다. 그중에는 내가 열일곱 살 때 43세의 나이로 위중한 병에 걸린 어머니를 위해 했던 기도가 있다. 당시 어머니에게 많은 영향을 끼친 90세의 한 할머니가 계셨는데, 그분이 다음과 같은 인상적인 말씀을 하셨다. "내가 하나님을 아주 오래전부터 믿고 섬겨 왔지만, 복과 연단의 차이는 지금도 잘 모

르겠구나."

1953년 가을에 트레베카 나사렛신학교에 입학한 나는 그곳에서 처음으로 여자친구를 사귀었다. 나는 어머니가 병중에 계시는 동안, 특히 어머니가 소천하신 뒤에 큰 위로가 된 그녀를 하나님이 보내주셨다고 생각했다. 그래서 언젠가는 그녀가 내 아내가 될 것이라고 믿고 그것을 두고 기도하기 시작했다. 그런데 그녀가 나에게 이별을 고했다. 당시에는 그녀와의 이별이 마음 아픈 일이었지만, 루이스를 만나 결혼하게 된 것을 생각하면 감사한 일이기도 하다.

당신은 응답되지 않은 기도로 인해 하나님께 감사할 만큼 인생을 오래 살았는가? 당신이 너무도 절실하게 원했지만, 하나님이 허락하지 않으신 것들이 머릿속에 떠오르는가?

이번 장에서는 응답받지 못한 기도들의 예와 그 기도들이 하나님의 뜻 안에서 어떻게 멋지게 전략적으로 쓰였는지를 살펴볼 것이다.

이 책을 읽는 이들 가운데 개인적으로나 집회를 통해, 또는 책을 통해 나를 오랫동안 알고 지낸 분이 있다면, 내가 한때 생계를 위해 진공청소기 방문판매를 했었다는 사실을 알 것이다. 아내 루이스와 결혼하기 전까지, 나는 돈을 어떻게 관리해야 할지 몰랐다. 나는 비행기와 비싼 스테레오 시스템 등을 사는 데 돈을 낭비해 빚이 점점 늘어나 결혼을 미뤄야 하는 상황이었다. 그러나 결혼식은 대학도 졸업하지 못한 상태에서 예정대로 진행되었다.

나는 신혼 초에 사역을 시작하여 포트 로더데일 주변의 교회에서 주일마다 말씀을 전하고, 라디오 방송 설교도 했다. 이 라디오 방송은 잡지 발행을 통해 문서선교도 함께 했는데, 그 잡지의 편집 일도 맡았다. 그런데도 빚을 갚기 위해서는 더 열심히 일을 해야 했다. 당시 나는 국제적인 사역에 대한 약속을 받았다고 생각했는데, 그 모든 사역이 하루아침에 불가능한 일들이 되어버렸다.

그러던 중 플로리다 주 제일침례교회에서 협동목사로 섬기게 되었다. 시간이 지나 담임목사님이 다른 교회로 사역지를 옮기셨는데, 나는 내가 후임자로 임명될 것이라는 생각에 마음이 들떠 있었다. 나처럼 대학과 신학교 학위도 없는 사람이 어느 정도 규모 있는 교회의 담임목사가 된다는 것이 보통 일이 아니라고 생각했기 때문이다. 그것은 마치 그간의 기도에 대한 하나님의 응답처럼 보였다.

나는 이 놀라운 소식을 나의 오랜 스승인 존 로건 박사에게 전했다. 내가 교회의 담임이 될 것이라는 말에 그는 이렇게 말했다. "잔을 입으로 가져가는 사이에도 실수는 얼마든지 있을 수 있지." 그 말이 나의 흥분을 가라앉혔다. 며칠 후 어찌된 영문인지 교회 제직회에서 나를 담임목사로 임명하지 않기로 결정했다. 내가 받은 충격은 이루 말할 수 없을 정도였다. 그것은 내 삶에서 가장 실망스러운 일 중 하나였다.

그러나 시간이 지난 지금은 그때의 일들이 너무도 다행이라고 생각한다. 그리고 제일침례교회에서 내가 아닌 다른 분을 담임목사로 세운 것에 대해 하나님께 감사드린다. 그때 그 교회의 담임목사가 되었다면, 난 아마도 대학을 졸업하고 신학교에 갈 생각도 하지 않았을 것이다.

제일침례교회에서의 사역을 마친 후, 나는 로더데일매너스침례교회에서 사역을 시작했다. 사역지를 옮김으로써 나는 대학을 졸업할 수 있었고, 이어서 켄터키 주 루이빌에 있는 남침례신학교에서 공부를 시작했다. 그리고 이러한 일련의 과정들이 나와 아내를 영국으로 인도했다.

우리에게 가장 좋은 것

하나님은 우리에게 최선의 것을 주고 싶어 하신다. 특별히 내가 매주 묵상하는 말씀이 있는데, 바로 이 말씀이다. "여호와 하나님은 … 정직하게 행하는 자에게 좋은 것을 아끼지 아니하실 것임이니이다"(시 84:11). 감사하게도 이 말씀은 우리가 반드시 죄 없이 순전해야 함을 의미하는 것은 아니다. 그래야 한다면, 누구도 이 말씀의 약속을 누릴 수 없을 것이다. 이 말씀은 낮이나 밤이나 하나님을 기쁘게 해드리는 삶을 살고자 하는 사람들에 대한 것이다.

이 말씀 외에도 매주 묵상하는 구절들이 더 있다. "또 여호와를 기뻐하라 그가 네 마음의 소원을 네게 이루어 주시리로다"(시 37:4). "그는 자기를 경외하는 자들의 소원을 이루시며"(시 145:19).

우리 주 예수 그리스도께서는 지금 이 순간에도 아버지 우편에 앉아 계신다. 주님은 우리를 위해 탄원하고 계신다. 예수님이 하시는 일 가운데 하나는 하나님의 관심을 예수님 자신에게로 끌어 '하나님의 시선이 우리의 죄에서 멀어지게 하는 것'이다. 이외에도 예수님이 하시는 일은 많다. 예수님은 하나님의 뜻을 따라 우리를 위해 기도하신다. 또한 성령님도 하나님의 뜻을 따라 우리를 위해 기도하신다(롬 8:26-27). 그러므로 우리에게는 지금도 우리를 위해 기도하시는 성령님과 예수님이 계신다.

로버트 머레이 맥체인은 이렇게 고백했다. "만약 옆방에서 예수님이 기도하시는 소리가 들린다면, 나는 수백만의 적도 두렵지 않다. 그리고 예수님이 저 높은 하늘 보좌에 계셔도 전혀 문제가 되지 않는다. 그분이 지금도 나를 위해 기도하신다는 사실은 변치 않기 때문이다."[12]

그리고 한 가지 더 있다. 하나님은 분명 모든 것을 다 아시며, 모든 것을 다 듣고 계신다. 그러나 모든 기도가 다 응답되는 것은 아니다. 하나님께서 오직 그분의 뜻에 속한 기도만 들으시기 때문이다. 오직 하나님의 뜻에 속한 기도를 가려내는 일은 성부 하나님의 시선을 우리 죄에서 멀어지게 하시는 것과 함께 예수님이 하시는 일이다.

우리가 하나님의 뜻대로 구한다면, 주님은 들으신다(요일 5:14). 왜냐하면 '듣는다'에 해당하는 히브리어 '샤마르'에 복종한다는 의미가 내포되어 있기 때문이다. 하나님이 우리의 기도를 들으신다는 것은 히브리어의 의미처럼 우리의 간구를 따라주신다는 뜻이 된다. 그러므로 나는 예수님께서 보시기에 아버지 하나님을 기쁘시게 하는 기도들을 전해드린다고 생각한다.

당신과 내가 예수님의 이름으로 기도할 때, 하나님께 말씀을 드리는 것이다. 하나님이 우리의 간구를 모두 듣지는 않으신다는 것은 우리에게 매우 다행스러운 일이다. 이것이 예수님께서 하나님의 뜻에 합당한 기도만

(하나님께서) 들어주시도록 일하시는 이유다.

어떤 기도는 왜 하나님께 이르지 못하는가?

이 원리를 설명하기 위해, 종교개혁이 일어났던 시대의 이야기를 살펴보자. 그 당시에는 예수님이 제자들과 함께 빵과 포도주를 나눠 드셨던 성만찬의 의미에 대해 상당한 견해 차이가 있었다. 로마 천주교에서는 사제들이 "이것은 나의 몸이다"라고 선포하는 순간에 빵과 포도주가 문자 그대로 예수님의 피와 살이 된다고 주장했다. 이것이 천주교에서 말하는 '화체설' 또는 '실체 변화' 교리다. 마틴 루터는 사실상 천주교와 같은 '공체설'이라는 관점을 가지고 있었다. 츠빙글리는 극단적인 관점을 지녔었는데, 주의 만찬이 그저 최후의 만찬을 기념하기 위한 것이라고 보았다. 그는 이러한 견해를 피력하기 위해 고린도전서 11장 25절 말씀을 인용하였다. "식후에 또한 그와 같이 잔을 가지시고 이르시되 이 잔은 내 피로 세운 새 언약이니 이것을 행하여 마실 때마다 나를 기념하라 하셨으니"(고전 11:25).

존 칼빈도 다른 견해를 가진 사람 중 하나였다. 칼빈은 그리스도의 영적 임재가 믿음에 의해 성찬식의 빵과 포도주에 나타난다고 말했다. 칼빈은 이러한 견해를 강조하는 편지를 마틴 루터에게 보냈는데, 그 편지가 그를 충분히 설득할 수 있을 것이라고 생각했다. 그러나 칼빈의 편지를 루터의 가까운 친구이자 조력자인 필립 멜란히톤이 중간에서 가로챘다. 루터가 그 편지를 마음에 들어 하지 않을 것이라고 생각했기 때문이다. 그래서 루터는 칼빈이 편지를 보냈다는 사실을 전혀 알지 못했다.

그런데 이것이 바로 하나님 보좌 우편에 계신 우리 주 예수님께서 하시는 일이다. 우리의 간구 중 일부는 하나님 아버지께 이르지 못한다. "구하여도 받지 못함은 정욕으로 쓰려고 잘못 구하기 때문이라"(약 4:3). 예수님께서 아버지의 뜻을 아시기에 오직 아버지의 뜻에 따라 탄원하신다.

하나님이 우리의 기도에 "NO"라고 말씀하시는 까닭은 무엇이 우리에게 최선인가에 대해 우리보다 그분이 더 나은 생각을 가지고 계시기 때문이다. 이 부분은 예수님이 나사로의 병을 고쳐달라는 간청을 거절하신 이야기에 잘 나타나 있다. 마르다와 마리아가 사람을 보내 그들의 오빠이자 예수님의 친구인 나사로가 중병을 앓고 있음을 알렸을 때, 그들은 예수님이 한걸음에 달려오실 것이라고 기대했다. 그런데 예수님은 그들의 기대와는 반대로 계시던 곳에 계속 머무셨다. 이로 인해 제자들은 당혹스러워했다. 그러자 예수님은 베다니로 가지 않으신 이유를 말씀하셨다.

하나님이 우리의 기도에 응답하지 않으시는 이유

매년 백만 명의 어린아이들이 노동 착취와 성 학대를 당하는 것으로 추정된다.[13] 그 아이들이 하나님을 찾을 때, 그분은 어디에 계신 걸까?

이에 대한 예수님의 답변은 성경을 통틀어 가장 심오한 것들 중 하나다. 예수님의 답변은 거절당한 기도의 이유를 설명할 뿐 아니라, 하나님이 왜 악과 고통이 이 세상에 존재하도록 허락하시는지를 설명할 수 있는 강력한 단서가 되기도 한다. "고통이 사라지게 하는 것이 하나님께는 쉬운 일인데도, 왜 그렇게 하지 않으시는가?"

이 물음에 대한 답은 예수님이 하시던 일을 중단하지도 않고, 나사로를 고치기 위해 베다니로 바로 가지 않으신 이유와 비슷하다. 예수님이 그렇게 하실 수 없어서 그러신 것이 아니다. 충분히 하실 수 있는데도 하지 않으신 것이다. 제자들이 예수님의 행동을 이해하지 못한다는 것도 알고 계셨다. 그런데도 예수님은 단순히 "나사로가 죽었다"라고 말씀하셨다. 달리 말하면, 이미 나사로는 죽었는데 왜 귀찮게 하느냐는 것이다. 그런데 우리는 이후에 예수님께서 하신 말씀을 주목해야 한다. "내가 거기 있지 아니한 것을 너희를 위하여 기뻐하노니 이는 너희로 믿게 하려 함이라"(요 11:15).

하나님께서 우리에게 "네 기도가 이루어지리라"고 말씀하지 않으시는 이유, 세상의 악과 고통을 제거하지 않으시는 이유들 중 하나는 바로 우리로 하여금 믿음을 갖게 하시기 위함이다. 결국 당신이 왜 악이 존재하는지 그 이유를 알 수 없기 때문에, 믿음을 가져야 한다는 말이 된다. 게다가 하나님이 매사에 모든 기도를 들어주신다면, 당신에게는 믿음이 필요없을 것이다. 하나님의 뜻대로 우리가 그분의 말씀을 믿어야만 하는 세계를 만드신 것이다.

믿음이 하나님을 기쁘시게 한다는 것을 기억하자(히 11:6). 따라서 하나님이 우리에게 왜 악이 존재하도록 하셨는지 설명하지 않으시는 것을 그분에게 우리의 믿음을 보여드리는 기회로 봐야 한다. 그분을 신뢰하도록 만들기 위함인 것이다. 마찬가지로 하나님이 우리의 기도에 응답하지 않으시는 이유를 말씀해주지 않으시는 것도 우리로 그분을 믿게 만들기 위함이다.

하나님은 종종 우리의 간구에 "NO"라고 말씀하신다. 그래서 우리는 원하는 것을 얻지 못하는 상황에 이른다. 이것은 충분히 낙심될 만한 상황에서 우리에게 과연 믿음이 있는지 확인하시려는 것이다. 하나님이 기도를 들어주지 않으시는 또 다른 이유는 그분이 우리와의 교제를 원하시고, 우리가 바라고 요구하는 것보다 더 좋은 생각을 갖고 계시기 때문이다.

예수님은 제자들에게 자신의 속내를 다 드러내지 않으셨다. 예수님은 하나님의 계획이 나사로를 죽음에서 살리시는 것임을 알고 계셨다. 확실히 나사로를 죽음 가운데 두는 것보다 더 좋은 생각이지 않은가. 그러나 예수님은 제자들에게 이야기하지 않으셨다. 하나님 또한 우리에게 기도가 응답되지 않는 이유를 항상 알려주지는 않으신다. 우리가 어떻게 반응하는지를 보고 싶어 하시기 때문이다. 하나님은 즐거운 일이 없을 때에도 우리가 그분을 변함없이 사랑할 수 있는지를 알고 싶어 하신다.

> 하나님이 기도를 들어주지 않으시는 또 다른 이유는 그분이 우리와의 교제를 원하시고, 우리가 바라고 요구하는 것보다 더 좋은 생각을 갖고 계시기 때문이다.

예수님은 나사로의 장례식이 끝나고 4일 후에 베다니에 나타나셨다. 그때는 마르다와 마리아의 마음이 아주 괴로운 상태였다. "주께서 여기 계셨더라면 내 오라버니가 죽지 아니하였겠나이다"(요 11:21, 32). 마르다와 마리아의 고백은 예수님에 대한 그들의 믿음을 보여주고 있다. 예수님은 그들의 고백을 통해 마리아와 마르다의 믿음을 확인하셨다.

물론 이 믿음이 마르다와 마리아 자매가 전달하고자 했던 것은 아니다. 그들의 말은 예수님이 일찍 오실 수 있었을 텐데도 그렇게 하지 않으신 것을 간접적으로 탓하고 있는 것이다. 예수님이 늦게 오셨기 때문에, 그것이 예수님의 능력 밖의 일이 아님에도 불구하고 자신들의 오라버니가 죽게 되었다는 것을 말하는 것이다. 특히 마리아는 예수님이 늦게 오신 것을 탓할 때 슬피 울고 있었다. 어쩌면 그녀에게는 예수님을 원망하는 마음도 약간 있었을 것이다. 그러나 예수님은 마리아를 꾸짖지도, 정죄하지도 않으셨다.

"예수께서 눈물을 흘리시더라"(요 11:35). 이 구절은 영어성경에서는 단 두 단어로 쓰인, 성경의 모든 구절 가운데 가장 짧은 구절이다. "Jesus wept." 물론 예수님은 잠시 후 자신이 하실 일을 정확히 알고 계셨다. 어찌 보면 예수님은 우실 필요가 없으셨다. 그런데 그분은 마리아와 함께 울고 계셨다.

이 말씀은 우리에게도 똑같이 적용된다. 예수님은 내일이나 다음주에 무슨 일이 일어날지 다 알고 계신다. 더불어 우리로서는 내일이 어떻게 될지 알 수 없다는 것도 아신다. 그러니 그분이 어찌하시겠는가? 우리를 꾸짖으시겠는가? 우리가 죄책감이 들도록 만드시겠는가? 그렇지 않다. 예수님은 우리와 함께 애통해하신다. 지금 우리가 있는 바로 이곳에서 우리와 함께 계신다.

'응답되지 못한 기도의 각본' 속에서 마르다와 마리아 자매처럼 제자들도 하나님의 방식을 깊이 들여다볼 수 있게 되었다. 하나님은 옛 이스라엘 백성이 '하나님의 길'을 알지 못하는 것을 탄식하셨다(히 3:10). 모세가 하늘 아래 이 세상에서 그 어떤 것이든 구할 수 있었을 때, 그의 요구는 '주의 길'을 보여달라는 것이었다(출 33:13). 다른 어떤 것보다도 주의 길을 알고자 했던 모세의 마음은 큰 찬사를 받아 마땅하다.

> 하나님은 즐거운 일이 없을 때에도 우리가 그분을 변함없이 사랑할 수 있는지를 알고 싶어 하신다.

응답받지 못한 기도는 '하나님의 길'을 알게 되는 기회다. 응답받지 못한 기도는 우리의 관심을 얻으시려고 (특히 우리가 원하던 것을 얻지 못하게 된 상황 속에서 우리의 관심이 하나님께 향하도록) 하나님이 허락하신 상황이다. 따라서 우리가 해야 할 것은 무엇인가? 우리는 계속 그분 앞에서 기다려야 한다.

다시 아브라함의 상황을 생각해보자. 아브라함이 하나님께 아들을 약속받았을 때, 그는 85세의 노인이었다. 그 후로도 약속이 성취되지 않자 아브라함은 사라의 여종 하갈과 동침하였다. 아브라함이 하갈과 동침한 것은 오직 하나님이 약속하신 아들을 빨리 보기 위해서였다. 그리고 마침내 이스마엘이 태어났다. 13년 동안 아브라함은 이스마엘을 '하나님이 약속하신 아들'로 여겼다.

그런데 이 모든 일 후에 사라가 임신할 것이고 이삭이 태어날 것이라는 하나님의 말씀을 듣게 된다. 하나님의 약속에 대한 아브라함의 반응은 그리 기뻐 보이지 않았다. 그리고 그는 하나님이 전혀 들어주실 리 없는 부탁을 드렸다. "이스마엘이나 하나님 앞에 살기를 원하나이다"(창 17:18). 이스마엘이 아닌 이삭이 하나님께서 약속하시고 계획하신 자신의 후사라는 사실이 아브라함을 슬프게 만든 것이다.

    자신의 생각과 달랐던 하나님의 계획을 받아들이는 일은 아브라함에게 결코 쉽지 않았다. 그에게는 하루하루가 힘들었을 것이다. 그러나 이삭이 태어난 후 아브라함은 하나님의 뜻을 따랐다. 그리고 하나님은 이런 아브라함을 자신의 친구라 부르셨다. 그러나 그 후로도 아브라함을 향한 하나님의 계획이 항상 그를 즐겁게만 한 것은 아니었다.

    우리 역시도 하나님의 친구로 여김 받을 수 있다. 그러나 우리는 하나님의 친구로서 때때로 불행한 소식을 받아들여야 할 때도 있다. 이것은 하나님의 언약 백성의 미래이기도 했다.

기도가 응답되지 않는 이유가 항상 우리에게 있는 것은 아니다

    응답되지 않는 기도는 우리와 관련이 없을 수도 있다. 이런 경우는 하나님의 더 넓고 영원한 계획을 위한 그분의 비밀스런 뜻과 밀접한 관계가 있다. 그러므로 응답되지 못한 기도에는 더 높은 하나님의 목적이 있는 것이다.

    응답받지 못한 기도가 하나님의 영광을 위한 그분의 고차원적인 목적 때문이라는 점이 당신의 생각에 어떤 변화를 주는가? 우리의 기도가 응답받지 못한 이유가 우리에게 있는 경우도 있겠지만, 앞에서 설명한 것과 같은 이유 때문이라면 기도가 응답되지 않아도 괜찮겠는가?

    그러나 얼마나 많은 기도가 응답받지 못했는지는 천국에나 가야 알 수 있을 것이다.

나의 오랜 스승인 빌리 볼 목사는 이렇게 말하곤 했다. "거기에는 다 뜻이 있다." 실망스런 일이나 속상한 일이 생기면, 그는 늘 이렇게 말했다. "거기에는 다 뜻이 있다." 당신도 그렇게 생각하는가? 그런 이유라면 괜찮겠는가?

응답받지 못한 기도의 가장 대표적인 예는 바로 겟세마네 동산의 기도다. 예수님이 겟세마네 동산에서 기도하실 때는 그 누구도 짐작할 수 없는 가장 큰 시련과 고난을 겪기 직전이었다. 다가오는 십자가의 고통 앞에 예수님은 땀이 피가 되도록 하나님께 간구하셨다. 가능하다면 십자가를 피할 수 있게 해달라고 말이다. "이르시되 아버지여 만일 아버지의 뜻이거든 이 잔을 내게서 옮기시옵소서 그러나 내 원대로 마시옵고 아버지의 원대로 되기를 원하나이다 하시니"(눅 22:42).

만약 하나님께서 겟세마네의 기도를 들어주셨다면, 어떤 일이 벌어졌을까? 그 파장을 우리는 상상도 할 수 없을 것이다. 분명 우리의 예상을 뛰어넘는 일들이 벌어졌을 것이다.

아버지께 거절당한 예수님의 기도

어쨌든 하나님은 예수님의 기도를 들어주지 않으셨다. 예수님은 결국 십자가를 지셨고, 고난을 겪으셔야 했다. 예수님께 쏟아진 모든 비난과 그분께 내려진 모든 혐의는 다 거짓이었다. 그분은 육체적 고통도 감내하셔야 했다. 십자가에 달려 죽는 것은 가장 끔찍한 사형 방식이다. 예수님은 수치와 모욕도 당하셨다. 골고다 언덕에서 모든 이들이 보는 가운데 벌거 벗겨지셨다.

예수님을 괴롭히는 것 중에는 사람들의 오해도 있었다. 예수님을 따르던 제자들조차도 자신들의 스승이 십자가에 달려 죽게 된 사건에 왠지 모를 배신감을 느꼈다. 제자들은 예수님이 더 크고 위대한 일을 하시리라 착각했던 것이다. 얼마든지 십자가에서 내려와 능력을 보이고 자신을 모함하고 반대하던 자들을 굴복시킬 수 있는 하나님의 아들이 순순히 죽음을 받아들인 것에 대해 실망했을지도 모른다. 군중들의 조롱도 그분을 괴롭혔다. 그러나 예수님은 말도 안 되는 조롱에 대꾸조차 하지 않으셨다. 어떤 식으로든 반응하시면 죄가 될 수 있다는 것을 아셨기 때문이다. 그러므로 죄 없고 힘없는 대속 제물로 하나님께 온전히 드려지신 것이다.

그중에서도 최악은 전능하신 아버지 하나님의 전례 없는 진노를 몸소 담당하고 견디셔야 했다는 것이다. "나의 하나님, 나의 하나님, 어찌하여 나를 버리셨나이까"(마 27:46)라고 부르짖으신 장면은 아버지 하나님을 아버지라고 부르시지 않은 유일한 순간이다. 그때는 하나님이 우리의 모든 죄악을 예수님께 담당시키신 순간이다(사 53:6).

> 예수님께서 어떠한 고통들을 견디셔야 했는지 우리는 알 수도 없고, 말할 수도 없다. 그러나 우리는 예수님이 십자가에 달리시고 고통당하심이 바로 우리 때문임을 믿는다.[14)]
>
> – 세실 F. 알렉산더

우리는 응답되지 않는 기도에 대해 하나님께 감사해야 한다. "끝날 때까지 끝난 것이 아니다." 하나님께서 하시는 모든 일과 그분이 허락하신 모든 상황에는 분명 이유와 목적이 있다. 하나님께서는 때로 우리에게 이유를 일찍 알려주신다. 한편 어떤 일들은 천국에 이르러서야 그 이유를 알게 될 것이다. 나의 기도 중에도 여전히 응답받지 못한 제목들이 많다. 그리고 나 역시도 하나님이 응답해주지 않으신 이유를 알지 못한다. 끝날 때까지는 끝난 것이 아니다. 결국 하나님께서 모든 것을 다 밝히 알게 하실 그날이 끝이리라.

> 하나님께서 하시는 모든 일과 그분이 허락하신 모든 상황에는
> 분명 이유와 목적이 있다.

IT AIN'T OVER

절대로 굴하지 말라. 절대로, 절대로 무엇에도 굴복하지 말라. 그것이 크든 작든, 중하든 사소하든, 신념과 양식의 확신을 제외한 그 무엇에도 굴하지 말라. 강요에 굴하지 말라. 그 아무리 강력하고 압도적인 적이라 하더라도 굴하지 말라.15)

– 윈스턴 처칠 –

TILL IT'S OVER

CHAPTER 5

응답받은 기도

너의 간구함이 들린지라 네 아내 엘리사벳이 네게 아들을 낳아 주리니
그 이름을 요한이라 하라 … 사가랴가 천사에게 이르되
내가 이것을 어떻게 알리요 내가 늙고 아내도 나이가 많으니이다
(눅 1:13, 18)

여기 젊은 부부가 있다. 남편의 이름은 사가랴이고, 아내는 엘리사벳이다. 이 부부는 아이를 갖기 위해 기도했다. 특별히 아들을 달라고 기도했다. 처음에는 그들의 기도가 당장 응답되지 않아도 크게 걱정하지 않았을 것이다. 그렇게 2-3년이 지난 뒤에는 아마 더 간절히 기도했을 것이다.

그리고 수년이 지나도록 아들을 구하는 기도가 응답되지 않자 기도를 완전히 포기했을 것이다. 그들은 결국 부모가 되기에는 너무 늦은 나이가 되었다. 아마도 부부는 아들을 구하는 것이 하나님의 뜻이 아니라고 결론지었을지도 모른다.

그들이 깨닫지 못한 것은 자신들이 아들을 얻기 위해 기도를 시작했을

때부터 그들의 기도가 하나님의 뜻에 합당한 기도였다는 것이다. 하지만 사가랴와 엘리사벳은 그 점에 관하여 그 어떤 확신도 할 수 없었다. 자신들의 기도가 하나님의 뜻에 맞는 것인지 그들이 어찌 알 수 있었겠는가? 언제부턴가 그들은 아들을 구하는 기도를 포기했다. 그들의 꿈이 끝난 것이다.

그러던 어느 날, 성전에서 제사를 드리고 있는 사가랴에게 천사 가브리엘이 나타나 아들을 구하는 그의 기도를 하나님이 이미 오래전에 들으셨다고 전해주었다. 가브리엘이 전해준 이 소식은 그들이 기도한 지 어언 20-30년이 지나고서야 처음 들은 것이었다. 사가랴나 엘리사벳에게는 그들의 기도가 상달되었다는 성령님의 증거가 없었다.

성령께서 어떤 것도 알려주지 않으신 상태에서 가브리엘이 누군가의 기도가 응답되었다고 소식을 전하는 일은 처음 있는 일이 아니다. 다니엘은 하나님의 관심을 모른 채 3주 동안 금식을 했다. 3주 후에 하나님께서는 다니엘이 금식을 시작할 때부터 기도를 듣고 계셨다고 말씀하셨다. "그가 내게 이르되 다니엘아 두려워하지 말라 네가 깨달으려 하여 네 하나님 앞에 스스로 겸비하게 하기로 결심하던 첫날부터 네 말이 응답 받았으므로 내가 네 말로 말미암아 왔느니라"(단 10:12).

우리가 이 말씀에서 주목해야 할 부분은 바로 '응답받았다'는 말이다. 앞에서와 마찬가지로, 이 단어도 히브리어 원문에 '샤마르'로 기록되어 있다. 이는 하나님이 우리의 간구를 들으셨고 응답하신다는 의미다. 그러나 하나님은 성령의 증거(우리의 기도가 하나님의 뜻에 합당함을 알게 해주는 것)를 항상 주시지는 않는다.

보통 우리는 하나님이 처음부터 우리의 기도를 들으셨는지 알 수가 없다. 이를 확인할 수 있는 방법이 없기 때문이다. 그러나 그분의 뜻에 맞게 기도한다면, 하나님은 우리의 간구를 들으실 것이다. 당신은 이렇게 물을 수 있다. "그럼 우리의 기도가 하나님의 뜻에 합당한 것인지는 어떻게 알 수 있습니까?"

이 물음에 대한 답변에는 조건이 있다. 오직 성령께서 당신에게 그것을 증거하신다면 알 수 있다. 이것은 너무나 엄청난 조건이다. 그래서 사도 요한은 이렇게 말한다. "우리가 무엇이든지 구하는 바를 들으시는 줄을 안즉 우리가 그에게 구한 그것을 얻은 줄을 또한 아느니라"(요일 5:15).

당신의 간구가 타당한 것일지라도, 성령의 증거를 받지 못할 수도 있다. 이와 관련하여 우리가 하나님의 뜻대로 구하는 것과 하나님의 뜻에 따라 기도하고 있음을 아는 것, 이 두 가지 조건이 있다.

이 두 조건을 통해 우리는 '하나님의 뜻을 따라 기도하는 것'과 '우리가 그렇게 하고 있음을 아는 것'이 항상 같이 가는 것이 아님을 알 수 있다. 따라서 요한일서 5장 15절의 의미는 우리가 하나님의 뜻에 따라 기도를 해도, 그것을 모를 수 있다는 것이다. 바울도 이와 같은 것을 경험했다고 말한다.

> 이와 같이 성령도 우리의 연약함을 도우시나니 우리는 마땅히 기도할 바를 알지 못하나 오직 성령이 말할 수 없는 탄식으로 우리를 위하여 친히 간구하시느니라 마음을 살피시는 이가 성령의 생각을 아시나니 이는 성령이 하

하나님의 뜻대로 성도를 위하여 간구하심이니라(롬 8:26-27)

바울은 이 구절에서 기도할 때마다 자신이 하나님의 뜻을 따라 기도하고 있는지를 항상 알지는 못한다고 인정하고 있다. 그러나 바울이 성령 안에서 기도할 때, 그는 성령님의 중재를 의지하였다. 왜냐하면 성령께서 하나님의 뜻을 분명히, 확실하게 아시기 때문이다.

우리가 바울의 고백을 통해 알 수 있는 것은 요한일서 5장 14-15절에 나타난 두 번째 조건(하나님의 뜻을 따라 기도함을 아는 것)이 모든 이들이 누리는 것은 아니라는 것이다. 이것에 대해 사도 바울도 그렇지 못할 때가 있음을 고백하였다. 따라서 감히 결론을 내리자면 '정확하게 자신이 하나님의 뜻을 따라 기도하는지를 안다는 것'은 보편적으로 누구나 경험하는 일은 아닐 것이다.

그렇긴 해도 지혜를 구하는 기도를 한다면, 우리는 그것이 하나님의 뜻을 따라 기도하는 것임을 확신할 수 있다. 솔로몬이 다른 것을 구할 수 있었음에도 하나님께 지혜를 구한 사실은 그분을 기쁘시게 했다(왕상 3:9-10). 예수님의 동생 야고보도 만일 우리에게 지혜가 부족하면 지혜를 구하라고 분명하게 말한다(약 1:5). 따라서 우리가 지혜를 구하는 기도를 한다면, 그것이 하나님의 뜻에 합당한 기도임을 확신할 수 있다. "오직 믿음으로 구하고 조금도 의심하지 말라"(약 1:6)고 덧붙여 말할 때, 야고보는 절대적인 확신으로 기도할 것을 강조하면서 본질적으로 요한이 말한 것과 같은 내용을 전하고 있다.

또한 우리는 주님이 가르쳐주신 기도를 할 때, 우리가 하나님의 뜻을 따라 기도하고 있음을 알 수 있다. "그러므로 너희는 이렇게 기도하라 하늘에 계신 우리 아버지여." 주기도문은 예수님이 우리에게 친히 분부하신 것이므로 우리는 당연히 그렇게 해야 한다.

하나님께 쓰임받은 많은 사람들도 그들이 하나님의 뜻을 따라 기도하고 있다는 것을 알지 못한 채 기도했을 것이다. 어쩌면 우리는 하나님의 뜻에 따라 기도했다고 생각할 수도 있다. 우리의 간구가 성경적이지 않거나 합리적이지 못할 수도 있지만, 그 사실을 모르기 때문에 하나님의 뜻에 합당한 기도를 해왔다고 느낄지도 모른다. 우리는 이러한 실상 때문에 우리가 하나님의 뜻에 따라 기도했다는 점을 여전히 알지 못하고 있다.

하나님이 우리의 기도를 들으셨는지 어떻게 알 수 있는가?

우리가 하나님의 뜻을 따라 기도했는지 어떻게 알 수 있을까? 또한 하나님 아버지께서 우리의 기도를 들으셨는지를 어떻게 알 수 있을까? 하나님께서 우리가 하나님의 뜻을 따라 기도하고 있는지 확인할 수 있는 즉각적이고 직접적인 성령의 증거를 주시고자 하는 그때가 오면 알 수 있다. 하나님께서 들으시면, 그 기도가 응답되는 것은 시간문제다.

이러한 순간이 얼마나 자주 일어나는지는 나도 잘 모른다. 내 경험으로는, 대부분 기도할 때 아무것도 느끼지 못한다. 나의 기도를 하나님께서 바로 들으셨는지에 대해 그 어떤 것도 느끼지 못한다. 솔직히 나의 기도가 하나님의 뜻에 합당한 것인지 모를 때가 많다.

다시 사가랴와 엘리사벳의 이야기로 돌아가보자. 사가랴와 엘리사벳은 수십 년 전에 아들을 구하는 기도를 했고, 그 기도는 하나님의 뜻에 합당했다. 그런데 하나님이 이미 오래전에 자신들의 기도를 들으셨다는 소식을 들었을 때, 그들은 놀랄 수밖에 없었다. 왜냐하면 그들이 바라던 마음의 소원이 이루어지지 않은 채 끝났다고 생각했기 때문이다. 그러나 끝난 것이 아니었다.

천상에는 이 땅에서 일어나는 일들을 결정하는 영원의 영역이 있다. 기도가 응답되기를 기다리고 있는가, 아니면 포기했는가? 하나님이 육신의 눈으로 볼 수 없는 천국에서 우리의 기도를 들으시고, 일하고 계신 것은 아닐까? 우리가 바라봐야 할 곳은 분명하다. "우리가 주목하는 것은 보이는 것이 아니요 보이지 않는 것이니 보이는 것은 잠깐이요 보이지 않는 것은 영원함이라"(고후 4:18).

끝날 때까지는 끝난 것이 아니다. 우리에게는 끝을 결정할 수 있는 권한이 없다. 그 누구도 끝나는 때를 결정할 수 없고, 환경이 그것을 결정할 수도 없다. 오직 하나님만이 끝을 결정하신다.

당신이 하나님께 구했던 것들을 생각해보라

이전에 하나님께 구했던 것들을 떠올려 보자. 하나님께 기도했던 간구들 중 이루어주지 않으셔서 '이제는 끝이구나' 하며 포기한 것들에 대해 생각해보자. 나는 당신이 끝날 때까지는 끝난 것이 아님을 꼭 기억했으면 좋겠다. 기도가 이루어질 가능성이 완전히 사라질 때까지 아직은 시간이 남아 있음을 잊지 말라. 결코 너무 늦은 것은 없다. 사가랴와 엘리사벳에게도 시간이 있었던 것처럼 우리에게도 아직 시간이 있다.

이제부터라도 기도목록을 만들어보라. 기도목록에 제목과 상황, 또는 당신의 마음에 담아둔 것들을 적어보라. 나도 수년 동안 기도목록을 작성해왔다. 내 경우에는 가족, 친구, 관계가 불편한 사람들, 나라, 정치인, 교회 지도자, 박해받는 성도들, 건강, 구원받지 못한 친구들, 특정 성경구절에 대한 신학적 정리, 예언의 실현, 앞으로 설교할 교회, 설교 주제, 다음에 쓸 책, 그 외 마음속에 품고 있는 것들을 정리하고 있다. 그리고 때에 따라 기도제목을 추가하고, 목록에서 삭제하기도 한다. 나는 매일 이 제목들을 위해 기도하고, 기도할 때마다 마치 그 기도를 처음 하듯 드린다.

만일 누군가가 이 모든 기도가 하나님의 뜻과 일치하는지를 묻는다면, "나도 잘 모른다"라고 대답할 것이다. 그러나 하나님께서 의심 없이 그리고 부정할 수 없이 "NO"라고 말씀하실 때까지 (예를 들어 누가 사망하거나 또는 어떤 일들이 분명히 끝날 때까지) 나는 계속 기도할 것이다. 결국 그분이 "NO"라고 응답해주실 때까지 그분의 대답은 "YES"일 것이다. 끝날 때까지는 끝난 것이 아니기 때문이다.

> 결국 그분이 "NO"라고 응답해주실 때까지 그분의 대답은 "YES"일 것이다.

PART II
성급한 결론

IT AIN'T OVER TILL IT'S OVER

IT AIN'T
OVER

모든 삶에는 실수와 교훈, 기다림과 성장, 인내과 끈기가 있다.**16)**

- 빌리 그래함 -

TILL IT'S
OVER

CHAPTER 6

구원받지 못한 사람들

내 마음에 원하는 바와 하나님께 구하는 바는 이스라엘을 위함이니
곧 그들로 구원을 받게 함이라 …
구원이 이방인에게 이르러 이스라엘로 시기나게 함이니라
(롬 10:1, 11:11)

당신은 누군가의 구원을 위해 기도하고 있는가? 당신이 기도하는 사람들 중 아주 오랫동안 기도했음에도 여전히 예수님께 전혀 관심이 없는 사람들이 있는가?

하나님께서는 모든 일의 결국을 태초부터 알고 계셨다. 그리고 그분은 지난 모든 일을 완벽하게 다 아시는 것처럼 장래의 일도 완벽하게 알고 계신다(사 46:10). 이 사실이 우리가 구원받지 못한 사랑하는 이들을 위해 기도하지 않아도 된다는 핑계가 될 수 있을까? 절대로 그럴 수 없다.

하나님은 우리가 구하기도 전에 우리에게 필요한 것이 무엇인지를 다 아신다. 그럼에도 불구하고 우리는 필요한 것을 하나님께 기도로 구해야 한

다. 우리는 그렇게 기도하도록 명령받았다(마 6:8). 하나님께서는 그분이 택하신 이들을 다 아신다. 그러나 그분은 우리에게 '모든 민족을 제자로 삼아' 세상이 구원을 받도록 힘쓰라고 명하셨다(마 28:19). 따라서 나는 사람들에게 그리스도를 증거할 때, 마치 그들의 삶이 전적으로 '말씀을 듣는 그들 자신'과 '말씀을 전하는 나'에게 달린 것처럼 설교한다. 그들이 예수님을 영접하는 그리스도인이 되도록 기도할 때도 그 일이 나에게 달려 있는 것처럼 기도한다. 물론 그들을 회심하게 만드는 것은 오직 성령님만이 하실 수 있는 일이다.

야세르 아라파트

1982년 5월 어느 햇살 좋은 오후에 나는 아서 블레싯과 런던 레스터광장에서 산책을 하고 있었다. 그와 많은 이야기를 나누던 중 나는 아서에게 팔레스타인의 지도자 야세르 아라파트를 만났던 일화를 들려달라고 부탁했다. 그날 그의 이야기를 통해 이 팔레스타인 지도자에 대해 전혀 생각지 못한 것을 알게 되었다.

그 이야기를 여기에 다 적을 수는 없지만, 내가 말할 수 있는 한 가지는 그날 야세르 아라파트를 위해 기도해야겠다는 생각이 들었고, 그 즉시 실행에 옮겨 매일 그를 위해 기도하기 시작했다는 것이다. 당시 나는 그를 만난 적도 없었고, 앞으로도 그를 만나게 될 것이라고 생각하지 않았다. 그와 개인적인 친분이 전혀 없었지만, 그를 위해 기도해야 한다는 부담감을 느꼈던 것이다.

2002년 웨스트민스터채플에서 은퇴를 하고 몇 달이 흘렀을 때, 나는 평화를 위해 기도하는 250명의 영국 성도들의 이스라엘 성지순례를 맡아 그들을 인솔하고 있었다. 성공회 사제인 앤드류 화이트는 내가 이스라엘에 왔다는 소식을 듣고 야세르 아라파트를 만날 수 있는 자리를 마련해주었다. 당시 그는 전화로 이렇게 말했다. "아라파트 의장이 당신을 만나기 위해 내일 저녁 6시까지 라말라로 올 예정입니다."

나는 앤드류와 통화를 마친 후 곧장 아내에게 전화를 걸어 기도해달라고 부탁했다. 소식을 들은 린던 보우링과 앨런 벨이 이스라엘로 와주었다. 우리는 앤드류를 따라 라말라로 향했다. 당시에는 이스라엘이 팔레스타인의 모든 거주 지역을 불도저로 철거하는 바람에 그 누구도 그곳에 들어갈 수 없었고, 방송국 기자들조차도 취재가 허가되지 않았다. 그런데 다행히도 앤드류는 팔레스타인과 이스라엘 양측 모두에게 우호적인 유일한 사람이었다. 앤드류 덕분에 우리 일행은 중무장한 군사들이 보초를 서고 있는 초소를 여러 차례 통과하여 라말라에 들어갈 수 있었다.

아라파트 의장을 만났을 때, 나는 첫인사로 이렇게 말했다.

"나는 당신의 친구입니다."

"아니요, 당신은 친구 이상입니다." 그가 나에게 말했다.

나는 20년 전부터 그를 위해 기도했다고 말했다. 이 이야기를 들은 아라파트 의장의 눈가에 눈물이 맺혔다. 15분 정도로 예상한 접견시간은 1시간 45분가량 진행되었다. 그 자리에 나는 외교관이나 정치인이 아닌 신학자요, 복음전도자로 방문했다. 앤드류 화이트는 우리에게 아라파트 의장의

호칭을 '라이스'(Rais, 아랍어로 대통령이란 뜻)로 부르라고 알려주었다.

아라파트는 자신의 코란을 꺼내서 코란에서 언급된 유일한 여인이 동정녀 마리아라는 것을 보여주었다. 나는 그에게 말했다. "참으로 흥미롭네요. 마치 코란도 예수님이 육신의 아버지가 없으신, 하나님의 유일한 아들이심을 증거하는 듯 보입니다."

접견시간 내내 우리는 예수 그리스도에 대한 이야기를 나누었다. 그 자리에는 사에브 에레카트 박사도 함께 있었다. 팔레스타인의 정치인인 사에브 박사는 뛰어난 대(對)이스라엘 수석대표다. 나와 아라파트 의장이 예수님에 대해 이야기를 나눌 때, 그가 말했다. "예수는 선지자 중 한 명입니다." 나는 그에게 분명하게 말했다. "아니요. 예수님은 선지자보다 훨씬 더 뛰어나신 분입니다. 그분은 하나님의 독생자이십니다."

아라파트는 코란을 인용하고, 나는 성경을 인용하여 대화했다. 그는 예수님이 하늘로 승천하신 것에 대해 이야기했고, 나는 예수님이 먼저 십자가에 달려 죽으시고 3일 만에 부활하신 후에 하늘로 올라가신 것이라고 알려주었다.

아라파트는 팔레스타인들이 겪는 곤경에 대해서도 이야기했다. 나는 잠시 말을 멈추고 이스라엘과의 분쟁으로 너무나 많은 팔레스타인 사람들이 목숨을 잃은 것에 대해 진심으로 위로했다. 나는 잠시나마 그의 고통을 느낄 수 있었다. 나는 그에게 2000년 전 이스라엘 백성이 영적인 소경이었기에 메시아로 오신 예수님을 거부했음을 이야기했다. 그런데 이 사실을 그가 끄덕이며 인정했다는 것이 새삼 흥미로웠다.

나는 그에게 물었다. "앞으로 100년 후에 당신은 어디에 있을까요?" 나는 좀 더 구체적인 질문으로 바꾸어 물었다. "의장님, 가장 중요한 것은 팔레스타인과 이스라엘 중 누가 예루살렘을 차지하느냐가 아니라 과연 지금부터 100년이 지난 뒤에 의장님이 어디에 있을 것인가가 아닐까요?"

언제 다시 아라파트를 만날 수 있을지 모르기 때문에, 나는 그 자리에서 그를 구원하기 위해 모든 힘을 쏟아부었다. 순간 아그립바 왕이 사도 바울에게 한 말이 떠올랐다. "네가 적은 말로 나를 권하여 그리스도인이 되게 하려 하는도다"(행 26:28). 실제로 당시 사도 바울은 아그립바 왕의 회심을 시도했었다. 바울이 했던 것처럼 나 또한 아라파트를 설득하여 그가 예수님을 영접하고 믿기를 바랐으나 어느덧 접견이 끝났다.

아라파트는 우리를 차 타는 곳까지 안내해주었고, 우리가 차에 오르기까지 자리를 떠나지 않고 기다려주었다. 그는 우리를 태운 차가 출발하고 시야에서 사라질 때까지 손을 흔들며 그 자리에 있었다. 해는 지고 있었고, 이슬람교의 기도시간을 알리는 소리가 라말라에 울려 퍼지고 있었다. 그 순간은 내 삶에서 가장 인상 깊은 순간 중 하나가 되었다.

나는 아라파트가 예수님을 영접하길, 그가 예수님께로 나아오길 간절히 바랐다. 다른 이들에게는 아라파트가 예수님을 믿는 것이 불가능한 것처럼 보일지라도, 나에게는 불가능한 일로 여겨지지 않았다. 사도 바울 시대에 구원받은 이방인들이 이스라엘 백성들로 하여금 질투하고 부러워하도록 만들었다면, 오늘날에도 하나님께서 그러한 일을 행하실 수 있는 것 아닌가? 혹자는 말도 안 되는 상상이라 할 것이다. 그러나 아라파트의 회심이 팔레스타인을 주님께로 인도하고, 더 나아가 유대인들을 예수님께로 인도하는 계기가 된다면 어떻게 되겠는가? 이것이 아라파트를 예수님께로 인도하기 위해 내가 최선을 다한 이유다.

다행히도 그것이 마지막 접견은 아니었다. 다시 아라파트와 식사할 기회가 생겼고, 나는 또 그에게 복음을 전했다. 나는 기회가 있을 때마다 예수님의 보혈이 그 안에서 샘처럼 솟아나기를 그와 함께 기도했다. 그리고 아라파트의 이마에 십자가 표시를 그리며 기름을 바르며 안수했다. 나는 진심으로 그를 아꼈고, 그도 나를 아꼈다.

아내와 나는 2004년 10월에 아라파트를 만나기로 하였다. 아내의 생일을 맞이하여 아라파트와 함께 라말라에서 보낼 예정이었다. 그런데 갑작스레 그의 건강이 악화되었고, 우리 부부가 이스라엘에 도착했을 때에는 병세가 깊어져 만날 수가 없었다. 우리가 예루살렘에 머무는 동안 아라파트는 파리의 큰 병원으로 이송되었다. 그로부터 일주일 뒤, 아라파트는 세상을 떠났다. 나는 그의 사망 소식에 눈물을 흘렸다.

아라파트가 살아 있을 동안 나는 다섯 번에 걸쳐 그를 만났으며, 두 번이나 그와 점심을 함께했다. 첫 방문일로부터 1년 뒤, 그를 두 번째 보았을 때는 10여 명의 팔레스타인해방기구(PLO: Palestinian Libertaion Organization) 회원들도 함께 있었다. 그 자리에서 나는 공개적으로 아라파트에게 복음을 전했다.

이슬람교도들은 예수님이 십자가에 달려 돌아가신 것을 인정하지 않는다. 그들은 알라가 예수님을 구해주었다고 믿는다. 그런데도 나는 아라파트에게 예수님이 그의 죄를 대신해 십자가에서 돌아가신 것을 공개적으로 시인하도록 촉구했다. 그러자 나의 말을 옮기는 통역사가 두 번이나 나를 막아섰다. "그만하세요! 당신은 지금 아라파트를 기독교인으로 개종시키려고 하고 있습니다. 이것은 있을 수 없는 일입니다." 통역사가 나를 제지할 때마다 아라파트는 오히려 통역사를 말렸다. 그리고 내가 계속 말씀을 전하도록 허락해주었다. 아라파트에게 전한 말씀의 요지는 다음과 같다.

아라파트 의장님, 당신은 역사상 가장 용기 있는 사람 중 한 명입니다. 그러나 오늘 나는 당신이 그 어느 때보다 용기를 내서 예수님이 당신의 죄를 대신하여 십자가에서 죽으셨음을 공개적으로 시인하시기를 원합니다. 만일 그렇게 하신다면, 당신은 다음과 같은 일들을 경험할 것입니다. 첫째, 당신에게 그 무엇과도 비교할 수 없고, 누려본 적 없는 평화가 임할 것입니다. 둘째, 당신이 죽을 때, 천국에 들어갈 수 있다는 확신을 얻게 됩니다. 셋째, 지혜를 얻을 수 있습니다. 넷째, 당신을 통해 팔레스타인 내에 멸시와 천대를 받는 그리스도인들이 용기를 얻게 될 것입니다. 다섯째, 예수님에 대해 꿈꿔온, 그러나 그 꿈이 무엇을 의미하는지 몰랐던 많은 무슬림들이 당신을 통해 무엇을 해야 하는지 알게 됩니다. 만약 예수님이 당신을 위해 죽으셨다는 것을 공개적으로 인정한다면, 나는 당신과 함께할 것이며, 이 일로 당신과 함께 죽을 각오도 되어 있습니다.

말을 마치고 내가 너무 과격하게 복음을 전해서 그를 전도할 기회를 놓치는 건 아닌지 걱정이 되었다. 심지어 라말라에서 추방되어 다시는 아라파트를 만나지 못하게 되는 건 아닌지 염려가 되기도 했다. 마침 앤드류 화이트가 지혜롭게 화제를 바꿨고, 아라파트 의장도 모든 것이 다 괜찮다며 안심시켜 주었다. 아라파트의 가장 친한 친구이자 팔레스타인해방기구

집행위원회의 일원인 에밀 야르주이 박사가 다가와 말했다. "나는 우리 의장께서 저렇게 행복해하는 모습을 처음 봅니다." 그의 말을 듣고서야 정말로 모든 것이 괜찮아 보였다.

잠시 후 아라파트 의장이 밖으로 나갔고, 앤드류와 나도 그를 따라 함께 산책을 했다. 산책 도중 그는 우리를 취재하는 텔레비전 리포터의 인터뷰에 응하였다. 그가 인터뷰를 마치고 돌아왔을 때, 나는 아내에게 전화를 했다. "여보, 당신과 통화하고 싶어 하는 사람이 있는데 바꿔줄게요." 나는 전화기를 아라파트에게 건넸고, 그는 나의 아내에게 인사하며 이렇게 말했다. "안녕하세요! 우리는 당신의 남편을 환영합니다. 그리고 그가 앞으로도 자주 방문하기를 소망합니다."

세 번째 라말라를 방문했을 때는 앨런과 린던도 동행했다. 아라파트는 우리에게 점심을 대접했고, 사에브 에레카트 박사도 그 자리에 함께하였다. 아라파트는 나에게 중동식으로 손수 브로컬리를 건네곤 했다. 그는 자신이 그다지 육류를 즐기지 않으며, 채식주의자나 마찬가지라고 했다. 그에게 묻고 싶은 것이 있었다. "의장님은 담배도 피우지 않고, 술이나 차도 마시지 않는데, 그럼 무엇이 당신을 각성시키나요?"

"샤론이요!" 그가 고함 치듯 외쳤다(그는 이스라엘의 국무총리였던 아리엘 샤론을 말한 것이다).

네 번째 방문할 때는 멜 깁슨이 제작한 영화 〈패션 오브 크라이스트〉를 가지고 갔다. 아라파트 의장은 물론, 사에브 에레카트 박사를 비롯한 30여 명의 팔레스타인해방기구 회원들과 함께 영화를 처음부터 끝까지 관람했다.

아라파트는 영화를 보는 내내 어린아이처럼 울었다. 예수님이 고개를 떨구시고 마지막 숨을 거두시던 순간에 나는 아라파트에게 이렇게 속삭였다. "예수님이 저렇게 돌아가셨습니다." 영화가 끝나고, 나는 그와 함께 기도했다. "하나님, 감사합니다. 아라파트 의장과 함께 이 영화를 볼 수 있는 특별한 기회를 주셔서 감사합니다. 우리의 죄를 대신 지시고 십자가에서 고통받고 돌아가신 예수님께 감사하는 우리가 되게 하옵소서."

기도하는 내내 그는 나의 손을 꽉 쥐었다. 그가 왜 그런 행동을 했는지는 잘 모른다. 하지만 그 순간 말로 설명할 수 없는 무언가가 있었음은 분명하다.

그 후 애틀랜타 사도교회의 마이클 유세프 목사의 가족과 함께 다시 이스라엘을 방문했다. 그리고 이것이 야세르 아라파트 의장과의 마지막 만남이 되었다. 다섯 번의 방문은 모두 영상으로 기록해두었다. 앤드류 화이트도 아라파트 의장의 일흔다섯 번째 생일을 축하하기 위해 함께 자리했다.

당시 내가 과연 최선을 다했는지 확신할 수는 없다. 나는 앤드류 화이트와 캔터베리 성공회 대주교인 캐리 경이 설립한 알렉산드리아 평화협상에 참여하게 되었고, 그곳에서 이스라엘의 대통령인 시몬 페레스를 비롯하여 많은 주요 인사들을 만났다. 이들의 주된 목적은 평화협상을 종교적 차원으로 접근하여 해결하는 것이었다. 나는 그때나 지금이나 오직 예수 그리스도의 복음만이 중동과 이스라엘과 팔레스타인 모두의 유일한 희망이라고 생각한다. 중동의 평화를 위해, 무엇보다도 한 영혼의 구원을 위해 나는 내가 할 수 있는 모든 것을 다했다.

아라파트가 사망했을 때, 나는 나의 노력이 다 끝났다고 생각했다. 사에브 박사가 나를 아라파트가 묻힌 곳으로 데려가준 적이 있는데, 나는 그의 무덤 앞에서 하나님께 아라파트 의장과 팔레스타인 지도자들에게 복음을 전할 수 있는 기회를 주신 은혜에 감사를 드렸다. 그 후에도 나는 종종 라말라를 방문한다.

우리는 결코 복음의 능력을 과소평가해서는 안 된다. 아무리 짧은 말이라도 복음에는 한 영혼을 예수 그리스도께로 인도하는 힘이 있다. 이것이 내가 할 수 있는 한 모든 이들에게, 국가 수반에서 승무원에 이르기까지, 팔레스타인 주민들과 유대인들에 이르기까지 복음을 전하려고 애쓰는 이유다.

랍비 데이비드 로젠 경

나의 지인 중 한 명은 내가 야세르 아라파트와 친분이 있다는 사실을 걱정했다. 이 사실이 이스라엘 사람들에게 예수 그리스도의 복음을 전파하는 데 걸림돌이 될 수도 있기 때문이다. 그런데 놀랍게도 랍비 데이비드 로젠이 알렉산드리아 평화협상에 속해 있었다. 로젠은 학식이 높은 신학자로, 이스라엘에서 가장 뛰어난 랍비 중 한 사람이다. 알렉산드리아 평화협상 덕분에 나는 그와 좋은 친구가 될 수 있었다.

예루살렘에 머물던 어느 아침 묵상시간이었다. 그날은 정통 유대 랍비인 데이비드 로젠과 식사하기로 한 날이었는데, 나는 갑자기 그와 함께 책을 펴내고픈 마음이 생겼다. 그래서 그와 식사를 하면서 내가 그에게 편지를 쓰고 그가 답장을 하는 것에 대해 제안했다. 나는 편지를 통해 예수님이 이스라엘의 참된 메시아라는 사실을 말하고, 여기에 관해 로젠은 자신의 생각을 써서 보냈다. 그렇게 주고받은 편지들을 별다른 편집 없이 그대로 출간하기로 제안했고, 그가 수락해주었다. 우리가 주고받은 편지들은 2006년에 《기독교인과 바리새인》(The Christian and the Pharisee)이란 제목으로 웨스트민스터채플에서 출간되었다.17)

2005년에 데이비드 로젠은 베네딕트 교황에게 유대인으로는 처음으로 기사 작위를 받았다. 당시 로젠은 베네딕트 교황에게 우리가 함께 펴낸 《기독교인과 바리새인》을 선물했다. 또한 2010년에는 엘리자베스 2세 여왕에게서 기사 작위를 받아 랍비 데이비드 로젠 경이 되었다.

나는 매일 로젠 부부를 위해 기도한다. 우리는 지금까지 자주 연락을 주고받는다. 그러나 그는 아직 예수님이 하나님의 영생하는 아들이시며, 이스라엘에게 약속된 메시아이심을 인정하지 않고 있다. 그러나 나는 포기하지 않을 것이다. 만일 그가 예수 그리스도를 자신의 구주와 메시아로 받아들이기 전에 내가 죽는다면, 매일 그를 위해 기도하던 일을 다른 이에게 부탁할 것이다.

우리는 몇 번 텔레비전 방송에 같이 출연하기도 했다. 그럴 때에도 나는 그 자리에서 수백만의 사람들에게 예수 그리스도만이 구원자 되심을 선포했다. 감사하게도 그는 나에게 반박하거나 따지지 않았다. 그가 회심하고 예수 그리스도를 믿는다면, 21세기의 사도 바울이 될 수도 있을 것이다. 내가 이렇게 생각하고 있다는 것을 그도 잘 알고 있다. 아직 끝난 것이 아니다.

아무리 짧은 말이라도 복음에는 한 영혼을 예수 그리스도께로 인도하는 힘이 있다.

복음 전도 사역

웨스트민스터채플에서 사역하는 동안 나는 매주 성도들과 함께 거리에서 다양한 언어로 번역된 그리스도의 복음에 대한 전도지를 사람들에게 나눠주었다. 지나고 보니, 20년 동안 이 사역을 해오면서 특별한 회심의 순간들을 세세하게 기록해두지 않았다는 것이 아쉬움으로 남는다. 예수님을 믿지 않던 사람들이 예수님을 믿음으로 생긴 변화들을 글로 모아 두었다면, 그 책이 다른 이들이 길거리에서 복음을 전할 수 있도록 용기를 주는 자극제가 되지 않았을까 생각해본다.

거리 복음 전도가 당연히 해야 하는 유익한 일인 줄은 알았지만, 사실 열매가 있으리라고는 전혀 생각지 못했다. 왜냐하면 대부분의 사람들이 우리를 거절했기 때문이다. 대략 20명 중 한 명만이 우리가 나눠주는 전도지를 받았던 것 같다. 전도지를 받은 20명 중에서도 아마 한 명 정도만이 예수님의 복음을 전하는 우리의 이야기를 진지하게 들었을 것이다. 그리고 그 20명 중 한 명이 예수님을 영접하는 기도를 하지 않았을까 생각한다. 대략 계산해보면 60명의 행인 가운데 한 명만이 말씀을 경청하고 영접기도를 드린 것이다. 하지만 몇 명이 구원을 받았을지는 아무도 알 수 없다.

단 한 명이라도 예수님을 만나고 구원을 받는다면, 그것만으로도 거리 전도는 충분한 가치가 있다.

늦은 회심

웨스트민스터채플에서 사역을 마치고 미국으로 돌아온 지 몇 달 지났을 때, 독일에서 한 통의 편지가 왔다. 한 여성이 쓴 그 편지의 내용은 다음과 같다.

어느 주일에 그녀는 웨스트민스터채플 계단에서 내가 나눠주는 독일어로 된 전도지를 받았다. 당시 그녀와 그녀의 가족은 아버지의 구원을 위해 몇 년 동안 기도하고 있었다. 하지만 그녀의 아버지는 전혀 관심이 없었다.

독일로 돌아간 그녀는 그 전도지를 아버지에게 보여주었다. 그런데 놀랍게도 아버지가 그 전도지를 읽었다. 심지어 전도지 아래에 적혀 있는 기도문을 소리 내어 따라 읽고, 예수 그리스도를 유일하신 구세주와 주로 영접했다. 그리고 다음날, 아버지가 돌아가셨다. 그녀의 아버지가 예수님을 영접하기까지는 오랜 시간이 걸렸으나 끝날 때까지는 끝난 것이 아니었다.

내 장인어른도 아내가 어릴 때는 교회에 나가지 않으셨다. 장모님이 헌신적인 기독교인임에도 불구하고 장인어른은 신앙에 관심이 없으셨다. 그런 장인어른의 노년에 하나님이 찾아오셨다. 언제부턴가 장인어른이 잠을 이루지 못하는 밤이 이어졌고, 그럴 때마다 텔레비전을 보곤 하셨다. 어느 날 이리저리 채널을 돌리다가 우연히 기독교 방송을 보게 되었다. 한번은 한밤중에 지미 스웨거트 목사의 방송을 보다가 설교를 마칠 즈음 예수님을 구주로 영접하는 기도를 드리셨다. 그리고 바로 그날 장인어른은 숨을 거두셨다.

로스앤젤레스에서 사업을 하는 한 유대인 남자가 모스크바로 가는 도중에 웨스트민스터채플에 들렀다. 그런데 놀랍게도 그날 기독교로 개종을 했다. 얼마 뒤, 그는 자신의 아내 라일라와 함께 런던을 방문했다. 그때 나는 그의 아내에게도 복음을 전했다. 그런데 그녀는 예수님을 그리스도로 영접하기를 거부했다. 그녀가 회심하면 예수님을 믿지 않은 그녀의 어머니가 지옥에 갔다고 인정하는 것이기 때문이다. 나는 그녀를 설득했다. 사실 자신의 어머니가 어떤 신앙을 가지고 있었는지는 그녀도 알 수 없었을 것이다. 만약 그녀의 어머니가 성경책을 읽었다면, 혹은 기독교 방송을 통해 예수님을 영접했다면 어떻게 하겠는가?

나는 그녀에게 물었다. "만약 당신의 어머니가 죽기 직전에 주 앞에 나왔다면, 그래도 당신은 여전히 구원받지 못한 상태로 있을 건가요?" 이러한 나의 노력에도 불구하고, 그녀는 끝까지 예수님을 영접하지 않았다.

우리는 한 사람이 죽는 날까지 혹은 마지막 시간까지 무슨 일이 일어날지 장담할 수 없다. 사람은 죽기 전 마지막 순간에도 구원받을 수 있다. 왜냐하면 하나님은 은혜가 풍성하신 분이기 때문이다. 성령께서 역사하시면, 우리가 전하는 말이 임종을 앞둔 그 사람을 영원한 사망에서 영원한 생명으로 옮길 수도 있다. 이 땅에서 살고 있는 우리는 잘 모르지만, 천국에는 죽음 직전 마지막 순간에 구원받은 이들이 많을 것이다.

그러니 사랑하고 아끼는 이들을 위한 기도를 멈추지 말라. 그들의 영혼을 포기하지 말라. 그들의 생명을 포기하지 말라. 그들의 구원을 포기하지 말라. 절대로, 절대로 포기하지 말라!

천국의 세 가지 놀라운 것

마틴 루터는 천국의 세 가지 놀라운 것을 기대한다고 말했다. 첫째는 그가 천국에 있을 것이라 생각지 못한 이들이 그곳에 있는 것이요, 둘째는 그가 천국에 있을 것이라고 기대했던 사람들이 그곳에 없는 것이며, 셋째는 자신이 천국에 있다는 것이다. 이는 그가 자신의 구원을 심각할 정도로 의심했다는 것을 의미하는 것은 아니다. 마틴 로이드 존스 목사는 항상 말하길, 그리스도인은 자신이 그리스도인이라는 점을 경이롭게 여기는 이들이라고 했다. 우리 스스로가 구원받기에 마땅한 존재가 아니라는 것을 알기 때문이다.

사랑받을 자격이 없는 비천한 우리가 구원을 받게 된 것은 순전히 하나님의 은혜다. 그분의 은혜가 자격 없는 우리에게 주어진 것이다.

어려서 예수님을 믿고 영접한 사람이나 죽음 직전에 예수님께로 돌아온 사람이나 다 같이 천국에 들어간다. 70년 이상 그리스도인으로 살았다고 해서 그에게 구원받을 기회가 더 많은 것은 아니다. 우리는 전적인 하나님의 은혜로 구원에 이르게 된다.

나에게 가장 실망스러운 시간은 1962년부터 1963년까지 18개월 동안 오하이오 주 칼라일의 한 교회에서 사역했을 때다. 당시 나는 끔찍한 나날을 보냈다. 교회 성도 절반이 나에게 등을 돌려 나를 쫓아내기 위한 청원서를 냈다. 교회는 사임안건을 투표에 붙였는데, 나는 간신히 단 한 표 차로 목사직을 유지할 수 있었다. 그러나 나는 교회를 위해 사임하는 것이 옳다고 생각했다. 목사직을 사임한 나는 플로리다로 돌아가 예전에 하던 진공청소기 방문 판매를 다시 시작했다.

칼라일에서 목회할 때, 나의 설교를 들으러 정기적으로 방문하는 부부가 있었다. 남편의 이름은 RE(그는 나처럼 이니셜로 알려져 있다)이고 부인은 아리엔이다. RE는 아직 회심하지 않았지만, 주일마다 성실하게 교회에 와서 설교를 들었다. 그때마다 나는 '누군가 예수님을 영접해야 한다면, 이번 주일이 바로 그의 차례일 거야'라고 생각했다. 그는 나의 설교를 경청하였고 늘 다정했지만, 여전히 구원과는 거리가 먼 사람이었다. 결국 나는 그가 예수님을 영접하는 것을 보지 못한 채 칼라일에서의 사역을 마치게 되었다.

지금도 매년 이들 부부에게서 성탄절 카드가 온다. 그리고 매번 답장을 보낼 때마다 나는 RE가 주님께로 나아왔는지 묻는다. 어쩌면 그에게 시간이 얼마 남지 않았음을 경고했다는 표현이 더 정확할 것이다. 이제 그는 80대 초반이다. 내가 더 이상 그에게 기대하지 않고 있을 때, 놀라운 일이 벌어졌다. 아리엔이 최근에 보낸 성탄절 카드에 마침내 그가 주님을 영접했다고 쓰여 있었다.

사랑하고 아끼는 이들을 위한 기도를 멈추지 말라. 그들의 영혼을 포기하지 말라. 그들의 생명을 포기하지 말라. 그들의 구원을 포기하지 말라.

임종 직전에 이루어지는 개종

놀라운 일은 여기서 끝나지 않았다. RE와 아리엔 부부에게는 아들 론이 있었다. 내가 칼라일에서 사역할 때, 론은 십대 소년이었다. 당시 론도 부모를 따라 교회에 나오기는 했지만, 내가 아는 한 그도 회심한 적이 없었다. 그런데 몇 해 전 론은 급속도로 퍼지는 암에 걸렸다. 그때부터 그는 하나님을 의지하기 시작했다. 아마도 하나님이 암을 통해 론의 관심을 얻고자 하셨는지도 모른다. 론은 예수님께로 나아왔고 구원을 받았다. 내가 이 책을 쓰고 있을 때, 그가 이 세상을 떠났다. 숨을 거두기 직전에 그는 이렇게 말했다고 한다. "어머니, 걱정 마세요. 우리는 천국에서 다시 볼 수 있잖아요." 그는 임종 직전에 구원받은 것이다.

웨스트민스터채플 교인 중에 엘리자베스 캠벨이라는 여성이 있었는데, 모든 교인이 그녀를 좋아했다. 그런데 엘리자베스에게는 믿지 않는 남편 샘이 있었다. 교인들은 샘의 구원을 위해 오랫동안 엘리자베스와 함께 기도했다. 그러나 샘은 자신의 영적 상태에 대해 전혀 관심이 없었다. 그는 교회에 나오지도 않았다.

그러던 어느 날 샘이 심각한 병에 걸렸다. 이 소식을 듣고 웨스트민스터채플의 집사였던 벤자민 챈이 병원으로 심방을 갔다. 그리고 3일 후에 샘은 생을 마감했다. 벤자민이 심방을 갔을 때, 그는 샘에게 복음을 전한 후 함께 기도했다. 샘이 예수님을 믿기로 했을 때, 엘리자베스의 마음은 기쁨으로 충만했다.

샘이 세상을 떠나고 몇 주 지났을 무렵, 갑자기 엘리자베스의 마음이 무거워졌다. 남편이 진심으로 회심했는지 확신할 수 없었기 때문이다. 어쩌면 극심한 고통을 줄이기 위해 복용한 진통제가 남편의 의식을 흐리게 만들어 자신이 회심한 것을 기억하지도 못할 것이라는 생각이 들었다. 그래서 그녀는 하나님께 남편이 정말로 구원받은 것인지 확신할 수 있는 증표를 보여달라고 구했다. 그러면 그녀의 불안한 마음에 위안이 될 것 같았다.

그때 마침 책상에 어린이 성경이 놓여 있었다. 엘리자베스는 기도한 후 성경을 펼쳤다. 그러자 그녀의 눈에 "여호와께서 여호와의 말씀을 통해 사무엘에게 자기를 나타내시니라"(삼상 3:21)라는 구절이 들어왔다. 이 말씀을 본 그녀는 흥분했다. 그러나 며칠이 지나자 그녀의 마음속에 다시 의심이 자라기 시작했다. '이 책은 그저 아이들이 보는 성경일 뿐이야. 제대로 된 성경은 아니잖아.'

그로부터 일주일 뒤, 웨스트민스터채플에 외부 강사가 설교하러 왔는데, 그에게는 놀라운 예언의 은사가 있었다. 그런데 설교를 하던 그가 잠시 멈추더니, 앞에서 네 번째 줄에 앉아 있는 엘리자베스를 바라보며 이렇게 말했다. "엘리자베스, 당신은 방에서 기도하고 있었군요. 하나님께서 이미 당신에게 말씀해주셨습니다. 그런데 당신은 하나님이 주신 말씀이 아니라고 생각했지요. 제가 분명히 말씀드리지만, 그것은 분명 하나님께서 주신 말씀입니다. 당신은 그 말씀을 확신하게 될 것입니다."

그 강사는 엘리자베스의 상황에 대해 전혀 아는 바가 없었다. 다만 그녀가 의심하고 있는 내용이 하나님께서 주신 말씀임을 전했을 뿐이다. 그날 이후로 엘리자베스는 남편의 구원을 조금도 의심하지 않았다. 끝날 때까지는 끝난 것이 아니기 때문이다.

성경에서도 임종 직전의 개종 또는 회심에 대한 선례를 찾을 수 있는데, 바로 예수님 오른편 십자가에 달린 강도다. 예수님은 두 강도 사이에 달리셨다. 한 강도는 무례하고 뻔뻔했으며, 심지어 예수님을 모욕하기까지 했다. 그러나 다른 강도는 예수님께 이렇게 말했다. "예수여, 당신의 나라에 임하실 때에 나를 기억하소서." 예수님은 "내가 진실로 네게 이르노니 오늘 네가 나와 함께 낙원에 있으리라"(눅 23:42-43)고 말씀하셨다. 이 강도는 마지막 순간에 구원을 받았다.

십자가에서 회심한 강도는 누구든지 죽음 직전에라도 주님께로 나아오면 구원받을 수 있다는 증거다. 이 말씀은 누구도 절망할 필요가 없다는 유일한 사례이기도 하나 모두가 마지막 순간에 구원받을 기회가 있다고 여길 수 없는 유일한 예이기도 하다.

"보라 지금은 은혜 받을 만한 때요, 보라 지금은 구원의 날이로다"(고후 6:2). 이 구절을 읽는 동안 성령님의 감동을 느꼈다면, 지체하지 말라. 이 책을 다 읽을 때까지 기다릴 필요도 없다. 지금 당장 머리를 숙여 이렇게 기도하라.

나의 주인 되신 예수님, 나에게는 주님이 필요합니다. 나는 주님을 원합니다. 이제 내가 죄인 됨을 깨달았습니다. 부끄러운 나의 죄를 용서해주소서. 나의 죄를 주님의 보혈로 씻어주소서. 그리고 성령님을 내 마음 가운데 모시길 원합니다. 나의 모든 것, 나의 생명도 주님께 드립니다. 예수님의 이름으로 기도드립니다. 아멘.

야세르 아라파트도 구원받았을까?

사역을 하면서 많은 이들이 주님께 돌아올 때마다 나는 그들과 이 기도문으로 함께 기도한다. 야세르 아라파트가 죽음을 앞두고 있을 때에도 그에게 이 기도문을 전해주었다.

아라파트가 숨을 거둔 다음날, 나는 예루살렘에 사는 코니라는 여성에게서 한 통의 전화를 받았다. 그녀는 친구에게 특별한 이야기를 들었다고 했다. 코니의 친구는 아라파트가 죽던 날 새벽 4시경에 환상을 보았는데, 그녀의 말을 그대로 옮기면 "야세르 아라파트는 R. T. 켄달 목사의 도움으로 예수님을 영접해서 천국에 들어갔다"는 음성을 들었다는 것이다. 그녀는 바로 텔레비전을 켰는데, 아라파트 의장이 프랑스 파리의 한 병원에서 현지 시간으로 새벽 2시에 숨을 거두었다는 속보가 나왔다.

그리고 같은 날 나는 친구 테리 아크릴의 전화를 받았다. 영국 요크에 사는 그는 이렇게 말했다. "어제 새벽 1시에 잠에서 깨었는데, 꼭 주님이 내가 침대에서 내려와 야세르 아라파트를 위해 기도하기를 원하시는 것처럼 느꼈다네. 자네도 알다시피, 난 그를 위해 기도해본 적이 없잖나. 그런데도 어제 새벽에는 그를 위해 기도했다네. 그리고 잠시 후 주님이 '이제 침대로 가서 자도 된다'라고 말씀하시는 듯했어. 순간 무슨 일이 있는 듯해서 기도를 마치고 텔레비전을 켰는데, 야세르가 바로 그 시간에 숨을 거두었다는 것을 알았다네"(영국 시간으로 새벽 1시가 프랑스에서는 새벽 2시다).

나는 아라파트 의장이 내가 건넨 영접기도를 드렸다고 믿는다. 그리고 그를 천국에서 다시 만날 것이라고 생각한다. 우리의 하늘 아버지는 참으로 은혜로우신 하나님이시지 않는가. 끝날 때까지는 끝난 것이 아니다.

IT AIN'T OVER

모든 것이 속죄 안에 있다. 예수님께서는 모든 것 곧 만유의 화해, 몸의 부활, 새 하늘과 새 땅을 위하여 죽으셨다. 그런데 몇몇 사람들이 "그러므로 나는 치유의 스위치를 켤 수 있고, 지금 당장 치유를 요구할 수 있다"고 잘못된 결론을 추론하는 실수를 범한다. 모든 것이 속죄 안에 있다는 말은 우리 마음대로 재림으로 말미암은 축복의 스위치를 켤 수 있다는 뜻이 아니다. 그런 사람들은 자신들의 종말론을 과하게 실현시키고 있으며, 우리가 여전히 로마서 8장 23절에서 말하는 구원의 육체적 측면(몸의 부활)을 기다리고 있다는 사실을 무시한다. 기적은 영광의 섬광이며, 하나님의 주권 안에서만 베풀어진다.**18)**

– 마이클 이튼 –

TILL IT'S OVER

CHAPTER 7

치유

믿음의 기도는 병든 자를 구원하리니
주께서 그를 일으키시리라
(약 5:15)

나는 오랄 로버츠를 그의 말년에라도 알게 되어 감사하다. 어느 날 그와 친분이 있는 스티브 스트랭이 캘리포니아에 있는 로버츠 박사의 집에 나를 데려갔다. 이때가 내가 로버츠 박사를 처음 만난 날이다. 내가 그를 두 번째 방문했을 때는 아내 루이스와 함께 갔다. 그리고 세 번째 방문에는 복음전도자 J. 존을 로버츠 박사에게 소개시켜 주었다.

처음에 그를 만나고자 했던 이유는 그가 나의 책 《완전한 용서》(Total Forgiveness)[19]를 홍보해주었기 때문이다. 그는 또한 이 책의 속편 격인 《자기 용서》(How to Forgive Ourselves – Totally)의 서문을 써주었다.[20] 그가 기꺼이 서문을 써준 이유는 그에게도 자신을 용서해야 할 일들이 있었기 때문이다. 세 번의 방문을 통해 나는 그의 생각을 어느 정도 이해할 수 있다고 느꼈다.

내가 오랄 로버츠에게 배운 가장 중요한 것들 중 하나는 우리가 방문하기 전에 그가 성령님을 체험한 일과 관련된 것이다. 그는 자신의 집 복도에서 성령님을 체험했다고 말하면서 나를 성령님을 체험한 곳으로 데려가 이렇게 말했다. "그 체험은 오래전에 내게 임했던 성령의 기름부음과 동일한 것이었다네." 로버츠 박사는 예수님의 재림 이전에 아주 특별한 성령의 역사가 있을 것이라는 환상을 보았다고 했다. "이번에는 이스라엘이 이것을 놓치지 않을 것이네." 그는 이 말을 하면서 눈물을 흘렸다.

나는 그의 말 중에 특히 "오래전에 내게 임했던 성령의 기름부음과 동일한 것"이라는 표현에 주목했다. 그는 자신의 집 복도에서 경험한 하나님의 만지심이 그가 과거에 경험했던 것과 같은 것임을 알았다. 그는 오랫동안 그것을 잊고 있었다고 했다. 성령님의 임재는 그로 하여금 기적이 자주 일어났던 1950년대 초반을 떠올리게 했다. 휠체어에 앉아 있던 사람이 일어나서 걷고, 어린아이들이 고침을 받고, 암이 치유되던 기적들이 분명한 사실이라는 것을 나는 의심하지 않는다. 그것은 누군가가 꾸며낼 수 있는 것들이 아니었다.

그런데 이 기름부음이 어찌된 영문인지 오래 지속되지 않았다. 마치 오랄 로버츠에게서 떠나 다시 하늘로 올라간 것처럼 사라져버린 것이다. 왜일까? 나는 그 이유를 모른다. 그저 내가 아는 것은 하나님만이 자비를 베푸시며, 그분이 원하시면 다시 거두어가실 수도 있다는 것이다. 그리고 그분이 거두어가신 은사를 다시 달라고 그분의 팔을 비틀 수도 없는 노릇이다. 치유의 은사는 마치 전등 스위치처럼 우리가 자유자재로 켜고 끌 수 있는 것이 아니다.

나는 하나님의 치유하심을 믿는다. 그것도 절대적으로 믿는다. 또한 하나님이 일으키시는 기적들도 믿는다. 하나님이 하실 수 없는 일은 없다. 나의 책 《거룩한 불》(Holy Fire, 순전한나드)21)에서 나는 '은사중지론'(cessationism), 즉 모든 기적들이 이미 오래전에 멈추었다는 가르침이 완전히 잘못되었다는 점을 피력하고, 신학적으로는 건강한 몇몇 선한 사람들이 기적이 끝났다는 이 신학적 이론을 교리 또는 신조로 만들고 있음을 지적하였다. 그러나 우리 주 예수님은 어제나 오늘이나 영원히 동일하신 분이다(히 13:8). 그리고 성령 하나님도 어제나 오늘이나 영원토록 동일하시다.

어떤 이들은 병 고침을 받으나 어떤 이들은 그렇지 못하나니

모든 이들이 중보기도를 받았다고 해서 병 고침을 받는 것은 아니다. 오랄 로버츠 역시 1950년대에 그의 사역이 한참 전성기였을 때도 기도할 때마다 치유의 은사가 나타나지는 않았다. 심지어는 사도 바울 시대에도 그러했다. 바울은 위장 문제로 고생하는 디모데에게 병 고침을 위해 기도하거나 하나님을 믿으라고 하지 않고 "이제부터는 물만 마시지 말고 네 위장과 자주 나는 병을 위하여는 포도주를 조금씩 쓰라"(딤전 5:23)고 말했다.

지금도 여전히 기도해도 병이 낫지 않는 사람들이 있다. 나는 이것에 관해 《거룩한 불》과 아내 루이스의 병이 기적적으로 치유된 내용이 포함된 《내일의 기름부음》(The Anointing, 순전한나드)22)에서 언급했기 때문에 반복하지는 않겠다.

병 고침에 관하여 내가 깨달은 한 가지는 우리가 그것에 대해 반드시 하나님께 감사해야 한다는 것이다. 그것이 설령 가벼운, 아주 사소한 질병일지라도 꼭 감사해야 한다. 우리에게 있는 많은 문제 가운데 하나는 우리가 아주 작은 기적을 남들에게 알리는 것을 부끄러워 한다는 것이다. 사소한 기적에 대해 남들에게 이야기하면, 듣는 이들이 비웃을 거라고 생각하기 때문이다. 그래서 우리는 의심이 많은 사람들도 절대로 부인할 수 없는, 껌벅 넘어갈 엄청난 기적을 기다린다.

그런데 사람들에게 놀림거리가 될까 봐 기적이라 말하기도 창피하다고 생각하는, 그러나 하나님께서 역사하신 것이 분명한 아주 작고 사소한 기적이 당신에게 일어난다면 어떻게 할 것인가? 그것이 분명히 하나님께서 역사하신 것임을 알고 있지 않는가? 마가복음에 기록된 예수님의 첫 번째 기적이 베드로의 장모의 '열병'을 고치신 작은 기적이라는 점은 매우 흥미롭다(막 1:30-31).

최근에 부쩍 나의 오른쪽 무릎이 좋지 않았다. 처음에는 어떤 병인지도 몰랐다. 어느 날 갑자기 절뚝거리고 있었다. 대략 1년 정도 증세가 지속되어 결국 병원에 갔다. 의사는 내게 진통주사를 처방해주었다. 무릎 통증 때문에 비행기를 탈 일이 있을 때는 휠체어로 이동해야 했고, 설교할 때도 앉아서 해야 했으며, 걸을 때는 누군가의 도움이 필요했다. 몇 주 동안 물리치료를 받자 다시 정상적으로 걸을 수 있을 만큼 증세가 호전되었다. 매일 아침 30분 정도 아내와 함께 산책도 할 수 있게 되었다.

문제는 테네시 주로 돌아오고 2개월 뒤에 생겼다. 또 오른쪽 무릎을 절기 시작한 것이다. 무슨 이유로 그렇게 되었는지는 모른다. 그런데 이번에는 처음보다 더 악화되었다. 통증이 재발한 다음날에는 다리를 심하게 절뚝거렸다. 통증도 더욱 심했다. 나는 다시 휠체어를 타고 이동하고 앉아서 설교해야 하는 것은 아닌가 싶어 걱정되었다. 아내는 나에게 통증을 위해 기도하라고 했다. 기도를 하고 몇 시간이 흘렀을 즈음, 무릎 통증이 완화되었다. 그리고 그날이 다 가기 전에 왼쪽 무릎만큼 호전되었고, 통증이나 절뚝거림이 재발하지 않았다. 이것은 작은 기적이다. 나는 분명히 하나님께서 고쳐주신 것이라고 확신한다.

> 병 고침에 관하여 내가 깨달은 한 가지는 우리가 그것에 대해 반드시 하나님께 감사해야 한다는 것이다.

몇몇 독자들, 특히 구원이 속량 안에 있는 것처럼 치유가 똑같은 목적을 가지고 속량 안에 있다고 생각하는 이들은 이번 장을 읽으면서 실망할지도 모른다. 그러나 미안하게도, 그 가르침은 틀린 것이다. 그것은 우리를 잘못 인도하고 있다.

영국 트리니티 방송사에서 특집으로 다룬 적 있는 《육체의 가시》(The Thorn in The Flesh)[23]를 집필한 후, 나는 이 책과 관련하여 나를 책망하는 놀랄 만큼의 많은 편지를 받았다. 어떤 이들은 모두가 구원을 받아야 하는 것처럼 모든 사람이 치유받아야 한다고 믿으며, 이러한 믿음을 굳게 붙들고 있어야 한다고 생각한다. 심지어 어떤 이는 편지에 "이봐요, 당신의 책은 사탄이나 좋아할 만하네요"라고 써서 보냈다. 그는 번영신학을 가르치기로 유명한 목사의 설교를 듣는 사람이었다. 그 목사는 이런 말을 했다. "만약 사도 바울이 나만큼 믿음이 좋았다면, 절대로 육체의 가시로 고통받지 않았을 것이다."

처음에는 주님과 함께 시작했다가 그분이 방향을 바꾸신 것을 모르거나 주님이 그분의 임재를 거두어가신 것을 깨닫지 못하는 것은 너무도 흔한 일이다.

요셉과 마리아가 예루살렘을 방문한 후 갈릴리로 돌아가고 있을 때, 그들은 아들 예수님이 함께 동행하고 있는 줄 알았다. 예루살렘에서 하룻길을 걸어가서야 예수님이 자신들과 함께 있지 않다는 것을 알았다(눅 2:43-46). 요셉과 마리아는 다시 예루살렘으로 되돌아가서 예수님을 찾았다. 그들이 예수님을 찾는 데 걸린 시간은 그분을 잃어버렸다는 것을 깨닫는 데 걸린 시간의 세 배나 되었다.

나는 기적을 경험한 유명한 사람들 가운데 그들에게 임했던 기름부음이 들려올라간 순간, 과연 몇 명이나 더 이상 그들에게 능력이 없다는 사실을 솔직하게 인정할지 궁금하다. 그들은 대부분 주님을 찾으러 가기보다는 자신이 여전히 전과 같은 기름부음을 가지고 있고, 모든 사람의 병이 고쳐져야 한다며 설득하려고 시도한다.

오늘날 치유사역은 매우 타락하여 큰 사업처럼 변질되었다. 몇몇 사역자들은 치유사역을 순진한 사람들의 돈을 갈취하고 그들의 영적 상태는 악화시켜 버리는, 그저 돈을 벌기 위한 수단으로 전락시켰다. 지금 바로 이 장을 쓰면서 잠시 휴식을 취하며 커피를 마시는 동안 텔레비전을 켰는데, 유명한 사역자가 자신의 사역을 후원해달라며 모금하는 장면이 나왔다. "이번 달은 여러분이 적에게 승리하는 달입니다. 만일 여러분이 제 사역에 229달

러의 씨앗을 심는다면, 여러분의 적으로부터 승리를 얻을 것입니다." 이 사역자는 "당신을 위해 기도하겠다"는 말은 하지 않는다. 그저 원수로부터 승리를 얻으라는 것이 전부였다. 나는 바로 텔레비전을 껐다.

그러나 절망하지 말자. "끝날 때까지는 끝난 것이 아니다." 우리 시대에 일어날 몇 가지 일이 있다. 첫째, 하나님께서 이러한 사람들 중 일부를 다루실 것이다. 하나님은 다양한 방법으로 그렇게 하실 것이다. 둘째, 하나님께서 그들에게 회개를 허락하실 수도 있다. 그들은 교만의 자리에서 내려와 겸손하게 자신들의 어리석은 행동을 인정할 것이다. 셋째, 하나님은 병든 사람들을 치유하는 사역을 어느 곳에서든지, 어느 순간이든지 재개하실 수 있다.

나는 하나님의 역사하심을 기대하며 아픈 이들을 위해 계속 기도할 것이다. 나는 항상 치유의 은사를 간구해왔다. 그리고 때로는 정말로 병 고침을 받는 이들이 있다는 것을 경험한다. 북부 런던의 한 성공회 교회에서 듣지 못하는 사람의 한쪽 귀가 치유되었다. 작년에는 한 여성이 나를 찾아와 말했다. "2년 전에 목사님이 이곳에서 '완전한 용서'에 대한 설교를 하셨는데, 그때 저의 질병이 고침을 받았어요. 바로 목사님의 설교 중에요!"

나는 그녀에게 되물었다. "무슨 일이 있었던 건가요?" 그러자 그녀는 이렇게 대답했다. "목사님이 어떻게 사람들을 용서하는지에 대해 설교하실 때, 목사님의 말씀대로 한 사람을 용서하기로 했어요. 그러자 그 즉시 제 몸에서 병이 떠나갔어요." 그녀는 나에게 이 이야기를 전하기 위해 2년이나 기다렸다고 했다.

하나님은 언제든지 병을 고치실 수 있다. 그분은 전능하신 하나님이시다. 그분은 시간이나 신학적 편견들에 제약을 받지 않으신다. 하나님은 모든 사람을 사용하실 수 있다. 심지어는 무자비한 위선자를 사용하실 수도 있다. 그들 중 일부는 하나님의 주권 아래 특정한 은사를 얻기도 한다. 그러한 은사들은 누군가에 의해 번복될 수 없는 것이기도 하다. 그래서 여전히 회개하지 않는 이에게 은사가 머물러 있을 수도 있다.

나는 이런 점이 도저히 이해되지 않지만, 분명 사실이라는 것을 알고 있다(롬 11:29). 예수님이 왜 가룟 유다를 열두 제자 중 하나로 부르셨는지 이해되지 않지만, 주님은 그를 제자로 부르셨다. 그리고 그도 분명 사람들의 병을 고치는 일에 동참했다.

어쩌면 '가룟 유다 같은 사람'은 그런 은사를 받을 자격이 없다고 말하는 사람도 있을 것이다. 나는 그에게 이렇게 묻고 싶다. "그렇다면 당신에게는 자격이 있는가?" 우리 중 누가 그 자격을 운운할 수 있겠는가?

육체의 가시를 지닌 사도 바울

우리는 바울이 '육체의 가시'에 대해 언급한 것은 알지만, 그것이 정확히 어떤 것인지는 모른다. 바울은 하나님께 세 번이나 그것이 떠나게 해달라고 기도했다. 그러나 여전히 그 가시는 바울에게 머물러 있었다. 그는 가시가 떠나지 않고 남아 있는 것도 결국은 자신을 위한 것이라고 했다. 이것이 바울을 겸손하게 만들었다.

바울은 그 가시를 하나님께서 고쳐주시거나 파렴치하고 부도덕한 유대주의자들이 더 이상 자신에 대해 거짓말을 퍼뜨리지 못하도록 간구했을 것이다. 그러나 그가 하나님으로부터 받은 응답은 자신을 향한 그분의 은혜가 충분하니 묵묵히 사역을 감당하라는 것이었다(고후 12:1-9). 사실 우리 모두에게는 육체의 가시 또는 그와 비슷한 것이 필요하다.

당신에게도 육체의 가시가 있는가? 그 가시가 앞으로도 계속 있기를 원하는가? 하나님은 나에게도 1963년 12월 28일에 육체의 가시를 허락하셨다. 나에게 육체의 가시가 있다는 것을 아는 사람은 극히 적다. 나는 이것을 웨스트민스터채플의 사역자들과 공유했다. 마틴 로이드 존스 목사에게도 그 가시가 어떠한지, 언제 생겨났고, 왜 생겼는지 등 모든 것을 다 말씀드렸다.

어느 토요일 오후 로이드 존스 목사가 내 몸에 손을 얹고 이 가시가 사라지기를 매우 간절하게 기도했다. 그러나 육체의 가시는 사라지지 않았고, 그 후로 50년이 지난 지금까지도 여전히 있다. 이 가시가 영원히 머문다면 어떻게 될까? 나는 그러지 않기를 바란다. 끝날 때까지는 끝난 것이 아니다.

당신은 병이 치유되기를 원하는가? 당신의 질병이 언젠가는 낫게 될까? 포기하지 말라. 하나님은 깜짝 이벤트를 좋아하신다. 그러니 절대로, 절대로 포기하지 말라. 누가복음 18장 1-8절에서 끊임없이 간구하던 과부를 잊지 말라. 또한 예수님께 자신의 딸에게서 귀신을 쫓아내주시기를 간구한 수로보니게 여인을 기억하라. 예수님께서는 이상하리만치 이 여인에게 무례하게 대하셨다. 그러나 그녀는 포기하지 않고 끝까지 주님께 매달려 결국 딸이 고침을 받게 되었다(막 7:24-30).

당신의 질병이 무엇이든, 어떤 심각한 문제가 있든, 포기하지 말라. 당신의 길에 자꾸만 장애물이 생기는 것처럼 느껴져서 무엇을 해야 할지 모르겠는가? 하나님이 불공평하다는 생각이 들 때, 당신은 어떻게 할 것인가? 포기하지 말라. 지금 당장 하나님께 병을 치유해달라고 기도하라.

지체되는 치유

제니퍼 리스 라르콤은 신체 마비로 휠체어에 의존해야 했다. 그녀는 영국 전역에서 인기 있는 사역을 하고 있었다. 나는 그녀에게 브리스톨을 방문해 나의 설교를 한 번 들어보라고 했다. 나는 맨 앞줄에서 휠체어에 앉아 설교를 듣던 그녀를 잊을 수가 없다. 그날 예배를 드리러 온 많은 성도들이 그녀를 위해 기도했다. 그러나 그녀의 병은 낫지 않았고, 여전히 휠체어에 앉아 사역을 했다.

어느 날 이제 막 개종한 여인이 제니퍼를 위해 기도했다. 그리고 8년간의 휠체어 생활 끝에 마침내 그녀의 질병이 치유되었다. 제니퍼는 이제 어느 곳에서든 멀쩡하게 서서 사역을 감당하고 있다. 제니퍼가 다시 걷기까지 8년이라는 시간이 걸렸다. "끝날 때까지는 끝난 것이 아니다."

마지막 날에 영화로움을 옷 입고 나면, 우리는 모두 치유의 은혜를 누릴 것이다. 그 어떤 고통도 없을 것이다. 슬픔도, 질병도, 더 이상의 가시도 없다. 더 이상 휠체어도 필요 없다.

오직 하나님만이 마지막 날을 앞당기실 수 있다. 그러나 전적으로 하나님이 원하실 때에만 그러하다. 혹시 '하나님이 원하실 때에만'이란 표현이 당신을 불편하게 만드는가? 이 표현을 사용한 까닭은 '한 나병환자가 예수님께 다가간 방식'을 설명하기 위해서다.

"주여 원하시면 저를 깨끗하게 하실 수 있나이다"(마 8:2). 이 나병환자가 예수님께 나왔을 때는 주님의 사역을 통해 도처에서 기적들이 일어나고 있었다. 쉽게 말해, 병 고침이 흔하던 시기였다. 그러나 나병환자는 "만일 주님께서 원하신다면"이라고 말함으로써 공손하게 하나님의 주권에 대한 경의를 표했다. 기적이 자주 일어나던 시기에도 나병환자가 예수님께 이런 태도를 보였을진대, 우리는 "주여, 원하시면 저를 치료하실 수 있나이다"라고 하며 주님 앞에 더 적극적으로 무릎을 꿇고 나아가야 하지 않겠는가? 그러면 주님은 나병환자에게 그러셨듯이 우리에게 이렇게 말씀하실 것이다. "그래, 내가 원하노라"(마 8:3).

내 육체의 가시를 위해 중보하는 사람들은 적어도 20명은 될 것이다. 그중 몇몇 독실한 은사주의 성도들은 내 가시가 마귀 때문이라고 생각하고 마귀를 쫓아내야 한다고 했다. 원인이 무엇이든, 그것은 여전히 내 안에 있다. 내가 고침받을 수는 있을까? 가시가 생긴 지 50년이나 지나자 이 문제를 내려놓았다고 인정할 수밖에 없다. 아마도 나에게 이 가시가 더 필요해서 사라지지 않을 수도 있다. 그러나 나는 아직도 이 가시가 사라질 것을 기대한다. 이 가시가 내게서 떠나갈 것이라고 말이다.

오직 하나님만이 치료자이시다

"치유의 역사가 예수 그리스도의 속량하심으로 보장되었다고 생각하기 때문에 모든 사람이 다 치료되어야 한다"는 견해에는 여러 가지 문제점이 있다. 우선은 사람들의 병이 낫지 않을 때, 그 이유를 아픈 사람의 믿음이 부족해서라고 보기 때문이다. 믿음의 기도는 아픈 사람을 고쳐줄 것이다. 이런 유의 기도는 하나님이 맹세 수준의 믿음을 주실 때, 즉 하나님이 우리를 대신하여 맹세하실 때와 당신이 기도하는 그 사람이 나을 것이라는 것을 알게 될 때 나타난다.

하나님께서는 우리에게 그런 믿음을 주실 수 있다. 그러나 만일 하나님이 그런 믿음을 주지 않으신다면, 우리는 다른 이들의 기도에도 불구하고 병이 낫지 않는 이유가 환자 자신의 믿음이 부족하기 때문이라고 생각한다. 우리의 잘못된 생각으로 아픈 사람들을 죄책감에 빠지게 해서는 안 된다. 또한 중보기도자들이 여전히 병으로 고통당하는 환자를 보며 자신들의 믿음이 연약해서라고 생각하고 죄책감을 느끼는 경우가 있는데, 이것은 매우 안타까운 일이다.

"하나님은 모든 이들이 치유받기를 원하신다"는 가르침만을 주장하는 이들의 진짜 문제는 그들이 하나님의 주권을 확신하지 못한다는 것이다. 하나님은 모세에게 말씀하셨다. "나는 은혜 베풀 자에게 은혜를 베풀고 긍휼히 여길 자에게 긍휼을 베푸느니라"(출 33:19, 롬 9:15). 좋든 싫든 간에, 이 것은 하나님께서 결정하실 일이다. 좋든 싫든 간에, 하나님은 '그분이 주시고자 하는 이'에게 믿음의 기도를 허락하신다.

치유의 은사는 우리의 의지대로 할 수 있는 것이 아니다. 병 고침은 하나님께서 그분이 원하시는 때에 하시는 일이다. 아마도 당신은 "그러면 우리는 무엇을 해야 하느냐?"라고 묻고 싶을 것이다. 그것은 무릎을 꿇고 하나님께 여쭤보라. 하나님께서 "내가 원하노라"고 말씀하실 수도 있지 않은가? 끝날 때까지는 끝난 것이 아니다.

예수 그리스도의 재림 이전에 성령의 거대한 역사가 있을 것이라는 오랄 로버츠의 계시 이후로, 나도 한동안 성령의 거대한 역사에 대해 전했다. 이 부분에 대해서는 《거룩한 불》의 마지막 장에서 이삭 이야기를 통해 언급했다. 나는 진심으로 이 강력한 하나님의 역사가 머지않아 나타날 것이라고 믿는다. 놀라운 복음의 능력이 나타나고, 이적과 기사들도 나타날 것이다. 그 끝은 초대교회가 권능을 받았던 때보다 더 위대할 것이다. 진실로 그때가 다가오고 있다. 끝날 때까지는 끝난 것이 아니다. 그러니 아직 끝이 아니다.

> 치유의 은사는 우리의 의지대로 할 수 있는 것이 아니다.
> 병 고침은 하나님께서 그분이 원하시는 때에 하시는 일이다.

IT AIN'T OVER

모든 부모는 자녀가 탕자처럼 집을 나가 돌아오지 않는 시기를 경험한다. 그럴 때 부모는 그저 자식이 돌아오기를 바라면서 대문을 열어 두는 것 이외에는 달리 할 수 있는 것이 없다.[24)]

- 존 치아디 -

TILL IT'S OVER

CHAPTER

돌아온 탕자

아버지는 종들에게 이르되
제일 좋은 옷을 내어다가 입히고 손에 가락지를 끼우고 발에 신을 신기라
그리고 살진 송아지를 끌어다가 잡으라 우리가 먹고 즐기자
이 내 아들은 죽었다가 다시 살아났으며 내가 잃었다가 다시 얻었노라 하니
그들이 즐거워하더라

(눅 15:22-24)

돌아온 탕자의 이야기는 예수님께서 하신 유명한 예화 중 하나로, 믿지 않는 사람들에게도 잘 알려져 있다. 이 이야기는 서둘러 부모에게 재산을 상속받은 둘째 아들이 집을 떠나 다 탕진한 뒤 잘못을 깨닫고 집으로 돌아온 이야기다. 집으로 돌아가기로 결심했을 때 그에게 가장 두려운 일은 아버지에게 거절당할 수도 있다는 것이었다. 모든 재산을 탕진하고 형편없는 모습으로 집에 돌아온 자녀를 기쁨으로 맞을 부모가 얼마나 있을까? 아버지가 실망할 것은 불 보듯 **뻔**한 일이었다.

그는 완전히 실패하여 집으로 돌아왔다. 그러나 이 탕자를 기다리고

있던 것은 극적이고도 매우 신나는, 상상할 수도 없는 환영이었다. 이 이야기는 하나님의 용서를 말한다. 하나님이 어떻게 죄인들을 용납하시는지를 보여준다. 또한 이 이야기는 우리의 하늘 아버지께서 어떻게 타락한 이들을 기꺼이 받아주시는지를 보여준다.

당신은 혹시 탕자와 같은 아들 또는 딸이 집으로 돌아오기를 기다리고 있는가? 이것과 관련하여 나의 동료 찰스 캐린의 이야기를 들어보자.

애틀랜타에서 목회를 할 때, 조지아 주 어거스타 시에 사는 어느 부모에게서 전화가 왔다. 그들에게는 딸이 있었는데, 당시 이 딸이 가출한 상태였다. 부모는 딸이 어디서 지내고 있는지 알지 못했지만, 아마도 애틀랜타에 있을 것이라고 생각했다. 그리고 누군가에게 내 이름을 듣고 나에게 연락한 것이다. 그들은 나에게 자신들의 사정을 설명한 뒤 도움을 요청했다. 우리는 함께 기도했다.

통화를 마친 후 나는 하나님께 '지식의 말씀'을 구했다. 애틀랜타는 약 200만 명 규모의 도시다. 따라서 우연으로라도 그녀를 찾는다는 것은 불가능한 일이었다. 그런데 그때 갑자기 시내에서 인기가 좋은 한 술집이 떠올랐다. 나는 바로 그곳에 전화를 걸어 직원에게 가게 게시판에 메모 하나를 붙여달라고 부탁했다. "집에 돌아오지 않아도 좋으니 전화만이라도 다오." 메모 밑에는 부모의 이름을 적어놓았다. 이것이 내가 할 수 있는 전부였다.

그로부터 2주 후에 한 가정이 우리 교회를 방문했다. 바로 그 부모와 딸이었다. 그 사이 가정이 회복되어 기쁜 소식을 알려주기 위해 찾아온 것이다. 그들이 설명하기를 내가 그 술집에 전화했던 그날, 딸이 들러 부모가 남긴

메모를 보고 하나님이 자신을 찾고 계시다는 것을 깨닫고 놀라워했다고 한다. 그 사실이 그녀의 반항기를 무너뜨려 집으로 돌려보낸 것이다. 하나님이 주신 '지식의 말씀'이 그녀의 삶을 변화시켰다.

깊도다 하나님의 지혜와 지식의 풍성함이여, 그의 판단은 헤아리지 못할 것이며 그의 길은 찾지 못할 것이로다(롬 11:33)

지도자의 자녀들

공동체 안에서 부모는 사회적으로 인정받는 유능한 사람들인데, 자녀들은 부모가 물려준 신앙을 거부하거나 방황하는 모습을 본 적이 있는가? 가장 많이 알려진 반항아 중 한 명은 빌리 그래함 목사의 아들인 프랭클린 그래함이다. 프랭클린은 신앙에 등을 돌리고 세상길로 빠졌다. 그러나 그는 결국 주님께 돌아왔을 뿐만 아니라 아버지의 뒤를 이어 많은 이들에게 칭찬받는 놀라운 설교자가 되어, 세계를 다니며 복음을 전하는 강력한 사역을 하고 있다.

목회자 가정이나 교회 지도자의 가정에서 태어나고 자라는 것이 어떤 것인지 모르는 사람들은 목회자와 지도자들의 자녀가 믿음의 길에서 어긋나거나 세상적으로 빠지고, 타락하는 것에 대해 쉽게 비난한다. 그들 중 일부는 이렇게 말할 수도 있다. "어떻게 목사의 자녀들이 저럴 수 있지? 어떻게 저렇게 배은망덕하고 감사할 줄 모를까?"

당신은 목회자나 성직자의 집안, 교회 지도자의 가정에서 성장하는 것이 자녀에게 얼마나 어려운 일인지 생각해본 적이 있는가? 여기에는 많은 이유가 있다. 그중에서 가장 공통적인 이유는 이런 가정의 자녀들이 주변 사람들의 시선에서 자유롭지 못하다는 것이다. 교인들은 물론이고, 믿지 않는 동네 주민들도 이들을 주시하고 있다. 사람들은 이들이 더 예의바르게 행동하고, 더 경건하며 모범이 되어야 한다고 생각한다.

이런 생각을 가진 사람들이 놓치고 있는 사실이 있다. 그것은 경건하고 거룩한 가정에서 태어났다고 해서 반드시 그 가정의 모든 자녀들까지 경건하고 거룩한 것은 아니라는 것이다. 목회자 가정에서 태어난 것이 그리스도인이 되는 데 있어서 반드시 유리한 것만은 아니다.

목회자와 부흥강사라고 다 완전한 것은 아니다. 그리고 목회자나 신학교 교수, 선교사 가정에서 태어난 아이들도 다른 아이들처럼 평범하다. 이런 아이들이 실수를 하거나 예수 그리스도 중심적인 삶을 살지 못하면, 그 즉시 어른들에게 꾸중을 듣거나 비난받는 경우가 많다. 이런 비난은 아이들이 감당하기에는 너무나 무자비한 것들이다. 그들은 회복이 불가능할 정도로 상처를 입고 무너진다.

나는 교회 지도자들의 자녀들이 이런 일 때문에 괴로워하고 힘들어하는 것을 많이 보았다. 그들이 겪는 고통의 일부는 몰지각한 어른들 때문이며, 일부는 시기하는 또래 친구들 때문이기도 하다. 우리 아이들도 끔찍한 시간을 보낸 적이 있다. 한 아이는 깊은 상처 때문에 매우 힘들어했다. 그래서 온전히 회복되기까지 오랜 시간이 걸렸다. 원수를 용서하는 것은 결코 쉬운 일이 아니다. 그런데 나의 자녀에게 상처준 이들을 완전히 용서하는 것은 더욱 어려운 일이었다.

  몇 해 전에 재미있는 일이 있었다. 미국에서 존경받는 심리학자인 제임스 돕슨 박사 부부가 웨스트민스터채플에 방문하여 우리 부부와 함께 식사를 하게 되었다. 나는 속으로 생각했다. '오! 정말 다행이야. 돕슨 박사에게 조언을 구할 수 있겠구나. 돕슨 박사라면 우리 부부에게 아이들을 어떻게 다뤄야 할지에 대한 방법도 가르쳐주고, 자녀 양육에 대한 도움도 받을 수 있겠지.' 이 소중한 기회가 때마침 우리 아이들이 방황하는 시기에 찾아온 것이다.

  내가 이것을 재미있다고 표현한 것은 실은 돕슨 부부도 자녀 문제로 나를 찾아온 것이었기 때문이다. 돕슨 부부는 그들의 자녀가 내 설교를 듣고 변화되기를 바라고 있었다. 그래서 나에게 큰 기대를 갖고 온 것이다. 우리 부부는 이들과의 만남으로 자녀 양육의 문제에서 자유로운 부모는 직업과 지위와 믿음과 상관없이 아무도 없다는 것을 알게 되었다.

최고의 부모도 자신의 자녀에 대해서는 답이 없을 수 있다

  내가 아는 한 최고라고 할 수 있는 부모들이 있는데, 그들 역시 자녀 양육의 문제로 어려움을 겪고 있다. 부모는 자신들의 기대에 부응하지 못하는 자녀들 때문에 실망하고, 자녀들은 부모가 물려주는 믿음의 유산을 거부한다. 한편 부모들은 부모답지 못하거나 정신적·영적으로 엉망이지만, 자녀들은 아주 뛰어난 경우도 있다.

처음으로 나를 지도해준 목사님은 켄터키 주 애슐랜드에서 목회를 하신 분으로, 나에게 많은 도움을 주셨다. 그분을 통해 설교 스타일이 형성되었고, 기도의 삶을 살도록 깊은 동기부여를 받았다. 그리고 경건한 삶을 살도록 많은 영향을 받았다. 특히 그분은 '예배 안에서의 하나님에 대한 참된 경외심'을 매우 강조하셨다. 그분은 훌륭한 기도의 사람이며, 내가 기름부음 받은 목회자의 길을 가도록 절대적인 영향을 주신 분이다. 이 경건한 목사님은 내 아버지가 존경하는 분이기도 하다.

그런데 불행히도 목사님의 두 자녀는 아버지가 목회하는 교회를 거부했다. 심지어 한 아들은 몰몬교도가 되었다. 이 경건한 목사님은 지금 천국에 계신다. 만일 방황하던 두 아들이 주님께로 돌아온다면, 얼마나 놀라게 될까.

교인들이 목회자의 자녀들에게 더 기대를 갖는 것은 일상적인 일이다. 현실적이지 않은 기준에 맞춰야 한다는 불공평한 기대들이 사역자의 자녀들에게는 꽤 무거운 부담감으로 작용한다. 이는 몇몇 또래 아이들이 때때로 사역자들의 자녀들에게 갖는 시기심에 대해 말하는 것이 아니다. 사람은 사람일 뿐이다. 나의 자녀들은 자신들에게 상처를 준 사람들을 결국 용서하였다. 내가 《완전한 용서》를 쓴 이유 중 하나는 나의 딸 멜리사 때문이기도 하다.

자녀 양육의 문제에서 자유로운 부모는
직업과 지위와 믿음과 상관없이 아무도 없다.

되돌아갈 수 없는 과거

아내와 나, 아들 TR과 딸 멜리사, 우리 네 식구는 1973년 9월에 영국 옥스퍼드 해딩턴으로 이사했다. 지도교수인 B. R. 화이트 박사를 처음 만난 날, 그는 이런 말을 했다. "자녀를 돌보는 것을 잊지 말게. 옥스퍼드에서 지내는 기간은 아주 빨리 지나갈 것이네. 그러나 그 시간으로 다시 돌아가는 것은 불가능한 일이지. 그러니 바쁘다는 이유로 자녀를 소홀히 대하지 말게나."

그러나 나는 그의 당부를 지키지 못했다. 나는 논문을 마무리하느라 다른 곳에 신경 쓸 여력이 없었다. 조금이라도 여유가 생기면 논문을 작성하는 데 집중했다. 학위를 받아 미국으로 돌아가면, 얼마든지 아이들과 시간을 보낼 수 있을 것이라고 생각했기 때문이다.

그러던 어느 날 식사기도 중에 아들 TR이 이렇게 기도했다. "하나님 감사합니다. 일용할 양식을 주셔서 감사합니다. 그리고 아빠가 얼른 박사학위를 받아서 우리 식구가 다시 미국으로 돌아갈 수 있게 해주세요."

아들 TR의 이름은 사실 나의 이름을 따온 것이다. 아들의 원래 이름은 로버트 틸맨 2세다. 그런데 한 친구가 아들을 TR로 부를 것을 제안했고, 그때부터 TR이라고 부르게 되었다. 아들은 어렸을 때 주님을 영접했고, 열 살 되던 해에 옥스퍼드 키들링턴침례교회에서 내가 직접 아들에게 세례를 집례했다. 그 순간을 나는 절대 잊지 못한다. 가정공동체로서 우리는 매일 집에서 가정예배를 드렸다. 성경을 함께 읽고, 한 명씩 돌아가면서 기도하고, 주님이 가르쳐주신 기도를 함께 드림으로 예배를 마쳤다.

그러다가 1977년 2월에 우리 가족이 런던으로 이사했다. 그 시절 TR은 네 번이나 전학을 했다. 그 가운데 두 곳은 영국 학교이고, 나머지 두 곳은 미국 학교였다. 전학을 자주 다니는 것은 아들에게 매우 힘든 일이었다. 아들은 또래 영국 남자아이들보다 덩치가 큰 편이었는데, 이것이 오히려 아들의 미국식 발음과 함께 놀림거리가 되었다. 내가 웨스트민스터채플의 담임목사로 초빙받은 후 며칠 뒤에 TR이 이렇게 말했다. "아빠, 우리 미국으로 갈 거라고 하지 않았어요? 그런데 왜 아직도 여기서 살아요?" 나는 이렇게 묻는 아들의 눈을 똑바로 쳐다볼 수가 없었다. 아들이 원하는 답을 해줄 수 없었던 나는 마음이 아팠다.

그로부터 25년 후 빌리 그래함 재단에서 내가 런던에서 지내던 시절에 대한 영상을 제작하는 문제로 연락이 왔다. 재단 관계자는 "목사님의 가정과 가정에서 아버지로서의 역할에 대해 이야기 좀 해주세요"라고 말했다. 나는 그에게 이렇게 말했다. "가정에 관한 한 저는 실패한 아버지입니다. 저는 교회를 가정보다 우선시했습니다. 그것이 하나님을 우선시하는 것이라 생각했기 때문입니다. 저는 설교 준비를 다른 것보다 우선순위에 두었습니다. 그것이 하나님을 우선시하는 것이라고 생각했기 때문입니다. 아마도 제가 가정을 우선시했어도 설교에는 지장이 없었을 겁니다. 그러나 이제 와서 그 시절을 다시 되돌릴 수는 없습니다."

아들은 20대 중반에 런던을 떠나 미국에서 혼자 살기로 결정했다. 그는 우리가 휴가차 자주 방문했던 플로리다 키스에 정착하였다. 그리고 그때부터 교회를 멀리하게 되었고, 하나님을 떠난 것처럼 보였다.

존 폴 잭슨의 예언

이 시기에 런던에 있던 존 폴 잭슨이 찾아왔다. 나는 그에게 TR에 관해 상의했다. 존 폴은 예언의 은사로 잘 알려진 사역자였기 때문에 내심 그가 TR에 대해 어떤 이야기를 해줄 수 있으리라 기대했다. 역시나 존 폴은 즉시 예언을 하였다. "목사님의 아들은 웨스트민스터채플에 임할 성령사역 운동의 주역이 될 것입니다."

그 말은 들은 나는 속으로 생각했다. '정말로 그런 일이 일어날까? 어떻게 우리 아들이 그렇게 변할 수 있을까? 지금 내 아들은 주님을 위해 살고 있지도 않는데? 심지어 이 녀석은 영국에 있지도 않잖아!' 그러나 존 폴은 자신의 예언에 확신을 갖고 있었다.

아들이 플로리다에서 지내는 동안, 아내는 로드니 하워드 브라운의 사역에 큰 감동을 받았다. 로드니는 아내가 미국에서 열리는 집회에 참석할 수 있도록 초대해주었다. 그때가 1995년 2월이었는데, 집회 장소는 아들이 살고 있던 키 라르고에서 차로 5시간가량 떨어진 플로리다 레이크랜드였다.

아내는 레이크랜드 집회에 참석하는 동안 아들에게 자신을 데리러 오라고 했다. 런던으로 돌아올 때까지 며칠 여유가 있었고, 그 기회에 아들과 함께 시간을 보내고 싶었던 것이다. 아내의 제안에 아들도 동의했다. 그런데 아들은 예배에 참석하는 것을 단호하게 거절하며 집회가 끝나는 시간에 맞춰서 데리러 오겠다고 했다. 아내는 아들에게 간청하다시피 말했다. "제발 한 시간만이라도 같이 예배를 드리고 가자꾸나." 아내의 간절한 부탁에 마침내 아들이 고집을 꺾었다.

저녁 7시 즈음에 시작된 집회에 아들이 왔다. 그리고 한 시간이 아니라 4시간 내내 앞자리에 앉아 돌아갈 생각도 하지 않고 예배에 집중하였다. 아들은 집회에 사로잡혀 버렸다. 결국 그날 자정이 넘어서야 집으로 출발했고, 키 라르고에 도착했을 때는 새벽 5시가 다 되어 있었다.

그러나 여기서 끝이 아니었다. 아들은 로드니의 다음 집회 장소가 어디인지 궁금해했다. 로드니의 다음 일정은 뉴올리언스였다. 아들은 로드니의 설교를 듣기 위해 800마일을 운전해서 뉴올리언스로 갔다. 아들이 뉴올리언스에서 머문 지 이틀째 되던 날, 나의 친한 벗인 밥 퍼거슨이 나에게 이메일을 보내왔다. 뉴올리언스에 사는 밥은 로드니의 집회에서 내 아들 옆에 앉았다고 했다. "TR이 어제 집회에서 은혜를 많이 받았어. 로드니가 그를 위해 기도를 한 뒤에는 녹초가 되어 바닥에 누워 있었지." 그 뒤로 아들은 완전히 달라졌다.

뉴올리언스의 집회가 있은 지 몇 주가 지나서 우리 교회의 성도인 벤자민 챈이 나에게 전화를 걸어 TR이 다시 런던으로 돌아올 것인지 물었다. 사업을 하는 그는 아들에게 컴퓨터와 관련된 일자리를 마련해주고 싶어 했다. 그의 제안을 아들도 마음에 들어 했고, 결국 2-3주 뒤에 다시 웨스트민스터채플로 돌아왔다.

집으로 돌아온 아들의 마음은 기쁨과 흥분으로 가득했다. 그리고 우리 가족이 지내고 있는 사택에서 10여 명의 젊은 청년들과 함께 기도하고 예배하는 모임을 가졌다. 그들은 매주 화요일마다 모였으며, 아들이 모임을 인도했다.

어느 주일 밤, 나는 그 모임에 참여하는 몇몇 청년에게 예배가 마칠 즈음에 간증을 해달라고 부탁했다. 청년들의 간증이 끝난 후 나는 성도들에게 물었다. "성도님들 가운데 이 청년들에게 기도를 받기 원하시는 분 계신가요?" 나는 기도를 받고 싶은 성도들은 앞으로 나오라고 말했다. 그런데 놀랍게도 모든 성도들이 기도를 받으러 앞으로 나왔다.

그날 모든 사람이 기도를 받았고, 많은 이들이 기도를 받고 바닥에 쓰러졌다. 마침내 웨스트민스터채플에도 성령의 기름부음이 임한 것이다. 매주 모임에 나온 청년 중 키어런 그로건은 후에 웨스트민스터채플의 찬양인도자가 되었다. 그는 지금까지도 찬양인도자로 사역하고 있다.

다음 주일에 우리는 저녁 예배를 마치고 성도들을 위해 기도하였다. 또한 아픈 사람에게는 병 고침을 위해 기름으로 안수하며 기도했다. 이 사역에는 우리 교회의 집사들이 함께했다. 아들이 웨스트민스터채플로 돌아온 후 몇 년 동안 놀랄 정도로 많은 이들이 병 고침을 받았다. 존 폴의 예언이 맞았던 것이다. 역사는 2002년 2월, 내가 사역을 마치는 바로 그날까지 계속되었다.

TR은 2000년 10월에 웨스트민스터채플에서 만난 어네트와 결혼했다. 어네트는 런던 무어필드 안과병원에서 근무하는 간호사로, 결혼하기 2년 전부터 교회에 나왔다. 아들 내외는 슬하에 사랑스러운 아들 둘을 두었다.

아들 내외처럼 딸 멜리사도 렉스와 행복한 결혼생활을 하고 있다. 현재 아들과 딸 모두 우리 부부가 사는 테네시 주 화이트 하우스 근처에 살고 있다. 기회가 된다면, 나는 딸 멜리사와 함께 그녀에 관한 이야기를 책으로 내고 싶다.

TR은 현재 나를 도와서 홈페이지 관리와 책을 쓰는 일을 전업으로 하고 있다. 또한 내가 아메리카 전역과 남아프리카, 인도, 카타르, 영국, 중국 등으로 말씀을 전하러 갈 때마다 동행한다. 나의 모든 실패와 무지에도 불구하고, 하나님께서는 메뚜기떼가 휩쓸고 간 것 같은 지난 시간들(욜 2:25)을 회복시켜 주셨다. 나는 특별히 이번 장이 영적으로 또는 실제로 집을 떠나 방황하는 자녀를 기다리는 부모들에게 격려가 되기를 바란다.

"끝날 때까지는 끝난 것이 아니다."

IT AIN'T OVER

현 시대의 개신교에게 부흥보다 더 시급하고 중요한 주제는 없다. 교회의 부흥은 우리의 지속적인 묵상과 설교와 기도의 주제가 되어야 한다.**25)** … 부흥이 없었다면 개신교는 이미 수세기 전에 사라졌거나 몇 번이고 끝이 났을 것이다. … 생명이 사라지면, 하나님께서 다시 생명을 불어넣어 주셨다. 능력이 사라지면, 하나님께서 다시 능력을 회복시켜 주셨다. 이것이 초대교회 시대부터 지금까지의 개신교의 역사다.**26)**

– 마틴 로이드 존스 –

TILL IT'S OVER

CHAPTER 9

부흥

여호와여 내가 주께 대한 소문을 듣고 놀랐나이다
여호와여 주는 주의 일을 이 수년 내에 부흥하게 하옵소서
이 수년 내에 나타내시옵소서 진노 중에라도 긍휼을 잊지 마옵소서

(합 3:2)

오래전 예수님께서 걸으셨던 길을 직접 걸어보기 위해 이스라엘로 성지순례를 떠나는 사람들이 있다. 나도 성지순례를 여러 번 다녀왔다. 그리고 나는 성지순례만큼 성령께서 권능 가운데 임하셨던 역사적인 장소들을 방문하는 것을 좋아한다. 아내와 나는 은퇴 후 미국에서 지내면서 코네티컷 주 엔필드에 있는, 건물이 아직 세워지지 않은 땅을 네 번이나 방문했다. 슬프게도 그곳은 동네 주민들에게 수치스러운 장소가 되어버렸다. 이곳을 방문할 때마다 나는 무릎을 꿇고 이렇게 기도한다. "주님, 다시 한 번 역사해 주옵소서."

그 터에는 글이 새겨진 돌이 하나 놓여 있다. 그 글귀는 교회 역사상

가장 유명한 설교 중 하나를 기념하기 위한 것이다. 1741년 7월 8일에 조나단 에드워즈는 신명기 32장 35절을 본문으로 설교를 전했다. 돌에는 그날 설교 제목이었던 '진노하시는 하나님의 손 안에 있는 죄인들'이라는 문구가 새겨져 있다.

이 설교는 사람들에게 많은 영향을 주어 그 소식이 며칠 만에 뉴잉글랜드 전역으로 퍼졌고, 몇 달이 지나자 영국에까지 전해졌다. 설교의 주된 내용은 영원한 형벌에 대한 것이었다. 설교의 영향력은 매우 강력해서 조나단 에드워즈가 설교를 마쳤을 때, 교회 안에서 말씀을 듣던 성도들은 몸이 굳어 의자에서 일어날 수가 없었고, 바깥에서 말씀을 듣던 이들은 지옥으로 떨어질까 두려운 나머지 주변의 나무를 붙잡았다고 한다. 이 일로 미국의 영적 대각성운동이 정점에 이르게 되었다.

조나단 에드워즈는 모든 세대가 해야 할 일이 우리의 주권자 되시며 구원자 되시는 분이 어느 방향으로 가시는지를 제대로 깨닫고 그분이 가시는 길을 따라가는 것이라고 하였다. 하나님이 항상 예전과 똑같은 방식으로 나타나시지 않는다는 것은 교회 역사 속에서 확인할 수 있는 분명한 사실이다.

예를 들어 하나님께서 18세기 영국의 조지 휫필드와 존 웨슬리를 통해 하신 일이나 미국에서 조나단 에드워즈를 통해 하신 일들은 전례가 없는 역사였다. 그런데 16세기에 마틴 루터와 존 칼빈 등 그 시대의 하나님의 일꾼들을 통해 하신 일과 비교해 보았을 때 서로 비슷한 점이 거의 없다는 것을 알 수 있다. 그러니 오늘 하나님이 어제와 다르게 역사하신다는 이유로, 그 누가 이를 하나님의 역사가 아니라고 의심할 수 있겠는가?

16세기에 하나님의 역사는 주로 '오직 믿음으로 의롭게 됨'과 같은 교리를 중심으로 일어났다. 18세기에는 들판에 모인 군중이 존 웨슬리와 조지 휫필드의 설교를 듣고 회심하는 역사가 일어났고, 설교를 듣는 가운데 거부할 수 없는 강한 하나님의 임재에 사로잡히기도 했다.

웨스트민스터채플에서 사역할 때, 우리는 이 예배 처소가 날마다 하나님의 영광이 나타나는 장소가 되기를, 그리고 하나님이 자신을 나타내시는 방법들에 대해 제한을 두지 않기를 기도했다. 우리는 신중해야 한다. 그렇지 않으면 우리가 하나님의 역사하심을 제한하고, 분명한 전례가 없거나 하나님의 역사가 우리를 불편하게 만들 때 그것을 인정하지 않을 수도 있기 때문이다.

지금도 일하고 계시는 하나님을 인정하는가?

당신은 지금도 역사하시는 하나님을 인정하는가? 여기서 한 가지 주의해야 할 것이 있다. 하나님께서는 그분의 방식으로 자신을 나타내신다. 따라서 우리가 그분의 방식에 민감하게 깨어 있지 않으면, 하나님이 일하시는 방식이 낯설게 느껴질 수 있고, 하나님의 역사하심을 깨닫지 못하는 문제가 생길 수도 있다.

이런 문제가 유대인들에게 생겼다. 바리새인들과 사두개인들은 모두 메시아가 오시기만 하면 단번에 알아볼 수 있다고 자신하던 사람들이다. 그러나 그들은 예수님을 알아보지 못했다. 예수님은 예루살렘을 바라보시며 이렇게 말씀하셨다. "예루살렘아 예루살렘아 선지자들을 죽이고 네게 파송된 자들을 돌로 치는 자여 암탉이 그 새끼를 날개 아래에 모음 같이 내가 네 자녀를 모으려 한 일이 몇 번이더냐 그러나 너희가 원하지 아니하였도다"(마 23:37). "이르시되 너도 오늘 평화에 관한 일을 알았더라면 좋을 뻔하였거니와 지금 네 눈에 숨겨졌도다"(눅 19:42).

> 우리가 그분의 방식에 민감하게 깨어 있지 않으면, 하나님이 일하시는 방식이 낯설게 느껴질 수 있고, 하나님의 역사하심을 깨닫지 못하는 문제가 생길 수 있다.

스위스에 있을 때, 제네바에 있는 성베드로교회를 방문한 적이 있다. 그곳 관계자의 허락으로 나는 존 칼빈의 의자에 앉아 보았다. 나는 머리를 숙이고 하나님이 칼빈을 사용하셨던 것처럼, 이 시대에 내가 쓰임받는 것을 흡족하게 여겨주시기를 기도했다. 또 코네티컷을 방문했을 때도 마찬가지였다. 지금은 아무것도 남지 않은 엔필드의 옛 교회 터에서 나는 무릎을 꿇고, 에드워즈가 자신의 시대를 위해 하나님의 일을 감당했듯 나 역시 내가 속한 이 시대에 하나님의 일을 감당할 수 있게 해달라고 기도했다. 내 기도를 하나님께서 응답해주실까? 누가 알겠는가?

영국에서 해외로 파송된 최초의 근대 선교사인 윌리엄 캐리는 "하나님께 큰 일을 구하라. 그리고 하나님께서 행하실 위대한 일들을 기대하라"는 말을 했다.27) 끝날 때까지는 끝난 것이 아니다.

1956년 어느 늦은 주일 저녁에 나는 거대한 부흥, 곧 전 세계를 덮을 정도의 큰 부흥에 관한 환상을 보았다. 그 부흥의 주제는 '곧 오실 예수님'이었다. 놀랍게도 환상 속에서 각처에 있는 사람들이 곧 다시 오실 예수님을 믿었다. 그들은 너무 놀라 움직일 수 없을 정도였다.

그러나 지금 이 시대는 예수님이 곧 오신다는 사실에 그다지 놀라지도 않고, 이것을 아는 이들이 소수에 불과하다. 심지어 예수님이 곧 오신다는 사실을 믿지 않는 사람들도 있다. 그러나 만일 내가 받은 그 비전이 진정으로 하나님께로부터 온 것이라면, 재림의 날은 반드시 올 것이다. 그날에는 911테러 당시처럼 아주 실제적이고 충격적인 비명이 있을 것이다. 그날은 한밤중에 올 수도 있다. 비유적으로 말하면, 우리가 아무것도 기대하지 않는 영적으로 깊은 잠에 빠져 있을 때일 수도 있다.

나는 주님이 다시 오실 날을 날마다 기다린다. 그때에 모든 교회가 영적으로 깨어날 것이다. 참된 복음이 다시 회복될 것이다. 그리고 교회 안에서 행해지는 많은 일과 기독교 방송에서 방영되는 것이 하나님을 높여드리는 것이 아님이 밝히 드러나고, 사람들은 그것들이 헛된 것임을 깨닫게 될 것이다. 또한 이슬람교도들을 포함한 셀 수 없이 많은 사람들이 그들의 마음을 돌이켜 주님을 믿게 될 것이다. 사회는 매우 짧은 시간 안에 뒤집힐 것이다. 그리고 마침내 끝이 이르기 직전, 이스라엘을 덮고 있는 영적 무지가 걷히고 수많은 유대인들이 구원받을 것이다.

사실 나는 오래전에 예수님의 재림이 지금쯤이면 도래할 것이라고 생각했었다. 그러나 아직 주님은 오지 않으셨다. 어쩌면 내가 하늘나라에 간 다음에나 오실지도 모른다. 그러나 분명한 것은 예수님이 다시 오신다는 것이다. 지금 내가 생각할 수 있는 가장 큰 격려가 되는 것은 존 웨슬리가 뉴캐슬의 상황을 보고 그의 일기장에 쓴 글이다. 그는 당시 뉴캐슬에 만연한 사악함 때문에 마음이 슬프고 괴로웠다. 그리고 살아오면서 그토록 용납할 수 없는 말을 들어본 적이 없다고 하였다. 그리고는 마지막에 이렇게 적었다. "부흥의 시기가 무르익었다."

현 시대의 암울한 상황

지금의 대서양 양쪽 대륙의 상황을 보면서 나는 이렇게 묻는다. "여기서 더 악화될 수도 있을까?" 부끄러운 줄 모르는 사악함과 죄악은 곳곳에 넘쳐나고 있다. 이슬람교는 나날이 세력을 확장해가고 있다. 그들의 과격함 때문에 죄 없는 이들이 목숨을 잃고 있다. 이제껏 본 적 없는 부도덕함이 세상에 가득하다. 정부도, 정치도, 경제도, 금융시스템도, 교육도 부패하였다.

가정의 붕괴는 그 어느 때보다도 급속도로 확산되고 있다. 너무나 많은 이들이 낙태를 자행하고, 이에 대한 죄의식이나 양심의 가책조차 느끼지 못한다. 무분별한 성적 타락도 갈수록 심해지고 있다. 그리고 많은 사람들이 동성애자들과 성적으로 타락한 이들의 주장을 아무렇지도 않게 수용하고 있다. 또한 결혼의 개념이 반성경적으로 재정의되어 전통적인 결혼관을 가진 이들을 압박하고 있다.

이런 심각한 위기의 때에 교회는 잠에 빠져 있다. 잠이 무서운 이유는 깨어나기 전까지는 자신이 잠들어 있었다는 사실을 모른다는 것이다. 또한 깨어 있을 때에는 하지 않았을 일들을 자는 동안에 한다는 것이다. 이 시대의 교회는 여러 가지 일을, 그것이 거짓된 가르침이나 행위일지라도 용납하고 있다. 그것이 성령님을 슬프게 하고 근심하게 만드는데도 말이다. 우리가 진정으로 깨어 있다면, 이러한 일들을 받아들이면 안 된다.

부흥의 때가 무르익었다. 무엇보다도 부흥은 확실히 일어날 것이다. 여러 사람들이 본 환상과 전 세계의 많은 사람들이 예언한 것처럼 물이 바다를 덮음 같이 여호와의 영광을 인정하는 것이 온 세상에 가득할 것이다 (합 2:14). 그날은 반드시 올 것이다.

그런데 문제는 '그날이 예수님의 재림 이후에 올 것인가 아니면 재림 이전에 올 것인가?'이다. 내 생각에 그날은 예수님의 재림 이전이 될 것 같다. 나는 여기서 종말론에 관한 논쟁을 벌이고 싶지는 않다. 이 부분에 대해서는 앞으로 펴낼 책에서 다룰 계획이다. 지금은 단지 나의 신념을 밝히는 것으로 그칠 것이다. 즉, 성령님의 중대한 움직임이 가까이 이르렀다는 것이다. 그것은 교회의 역사 가운데 있었던 부흥들과 영적 각성을 능가하는, 오순절 다음으로 가장 강력한 성령의 운동이 될 것이다.

하나님은 우리가 얼마나 견딜 수 있는지 아신다

과연 어느 때일까? 곧이다. 얼마나 오래 기다려야 하는가? 금방이다. 아마도 당신은 나에게 "그것을 어떻게 아느냐?"라고 묻고 싶을 것이다. 물론 나도 확실히는 모른다. 단지 성경에 약속된 것을 아는 것뿐이다. 먼저 성령의 이 엄청난 운동, 전 세계에서 나타날 성령의 역사하심은 재림 이전에 일어날 것이다.

나는 '시대의 징조'(마 24장, 막 13장, 눅 17·21장)가 특정한 방식으로 우리 앞에 놓여 있음을 깨달았다. 그 방식은 250년 전 조나단 에드워즈를 비롯한 여러 사람들이 그 시대의 부흥을 생각했던 것과 비슷한 방식이다. 조나단 에드워즈는 당시의 영적 대각성운동이 오늘날 우리가 여전히 기다리고 있는 '마지막 날에 나타날 교회의 영광'이라고 여겼다.

성령님의 중대한 움직임이 가까이 이르렀다.

확실히 현재의 상황은 인류 역사상 그 어느 시대보다 최악이라고 말할 수 있다. 하나님께서는 우리가 얼마나 견딜 수 있는지를 알고 계신다. 하나님은 끔찍하고 고통스러운 상황들이 기약도 없이 계속되도록 두지 않으실 것이다. 그분의 백성이 끊임없이 고통받도록 내버려두실 분도 아니다. "내가 지은 그의 영과 혼이 내 앞에서 피곤할까 함이라"(사 57:16).

게다가 예수님은 상황들이 무시무시할 정도로 끔찍하게 변할 것이기 때문에, "그 날들을 감하지 아니하면 모든 육체가 구원을 얻지 못할 것이나 그러나 택하신 자들을 위하여 그 날들을 감하시리라"(마 24:22)고 말씀하셨다. 확실히 우리는 마지막 때를 살고 있다. 나는 이제 곧 하나님이 직접 나서서 도와주실 것을 확신한다.

또한 나의 개인적인 비전들 역시 엄청난 하나님의 역사가 가까이 와 있다는 것을 믿도록 힘을 실어준다. 하나님의 역사는 큰 환난과 함께 올 것이다. 물론, 큰 능력도 있을 것이다. 많은 기적과 치유의 이적들이 나타날 것이다. 그와 동시에 이집트, 시리아, 이라크 등에서 일어나던 박해들이 이제 이곳에서도 일어날 것이다. 당신은 이러한 일들에 준비가 되었는가?

내가 웨스트민스터채플에서 사역할 당시, 그곳에 이러한 부흥이 임할 것이라고 생각했다. 당시 나는 이 거대한 부흥의 시작을 볼 수 있으리라고 확신했다. 그래서 웨스트민스터채플에서 은퇴를 발표하는 것은 큰 아쉬움이 남는 일이었다. 나는 은퇴할 수밖에 없음을 스스로 합리화하려고 노력했다. 웨스트민스터채플에서 부흥을 기대했다면 내게 주어진 25년은 충분한 시간이었다고 말이다. 은퇴하기 13개월 전에 나의 뜻을 교회에 알릴 때도 여전히 부흥이 일어나기를 기대했다. 마지막 설교를 하는 주일에라도 부흥이 일어나 한동안 웨스트민스터채플에 더 머물고 싶었다.

그러나 적어도 웨스트민스터채플에 있는 동안 경험하길 원했던 부흥에 대해서는 결국 마지막이 왔다. 마지막 주일 아침 예배를 마치면서 우리는 '이 때문에 예수님이 나와 함께 계시네'를 불렀다.

은퇴 이후의 삶은 매우 불확실했다. 내가 오랫동안 영국에서 사역을 했기 때문에 미국으로 돌아가도 나를 아는 사람이 많지 않았다. 부흥을 보지 못한 채 런던을 떠나는 것이 달갑지 않았다. 마지막 주일예배가 끝나갈 때, 내 눈에서 눈물이 흘러나왔다.

그토록 간절히 바라던 것이 내가 기대했던 것과 정반대로 끝이 났다는 현실을 인정하고 받아들이는 것은 매우 힘든 일이다. 그러나 나는 성령님이 일으키실 부흥의 시작을 보는 것을 포기하지 않았다. 성령께서 일으키실 부흥은 웨스트민스터채플이 아니더라도, 어느 곳에서든지 때가 되면 시작될 것이다.

내가 기대하는 것은 그저 또 하나의 부흥이 아닌, 마태복음 25장 6절에 예견된 것처럼 미련한 처녀들과 슬기로운 처녀들이 모두 다 깨어나는 진정한 영적 각성이다. 나는 이 영적 각성이 성령님이 일으키실 대부흥을 촉발시킬 것이라고 생각한다.

거짓 환상들

앞으로 올 성령의 '부어주심'에 관해 우리가 종종 경험하는 것들 가운데 하나는 성령의 '부어주심'이 모두 자신의 지역에서 일어날 것이라고 생각하는 것이다. 미국 사람들은 성령의 역사가 미국에서 일어날 것이라고 생각하고, 영국 사람들은 그것이 영국에서 일어날 것이라고 믿는다. 아마도 많은 이들이 자신이 살고 있는 곳에서 성령의 역사가 일어날 것이라고 생각할 것이다. 주님을 구하고 찾는 이들은 대부분 자신들이 사는 곳에 주님이 오실 것을 보여주셨다고 믿는다.

한번은 이런 이메일을 받았다. 그는 환상을 통해 장차 하나님의 큰 역사가 켄터키 주 러쉬의 작은 마을에서 일어날 것을 보았다고 했다. 1956년에도 한 여인의 예언을 들었는데, 그녀는 교회 역사상 가장 큰 부흥이 켄터키 주 애슈빌에 있는 한 예배 처소에서 일어날 것이라고 말했다. 나는 그녀가 언급한 그 작은 교회를 인터넷으로 찾아보았는데, 그 교회는 지금도 그 동네에 있다. 그러나 그녀가 예언한 부흥은 아직 일어나지 않았다. 예언의 성취를 아직 더 기다려야 하는 것일까?

환상과 계시와 예언의 세계는 수많은 기이한 개념들과 생소한 생각들,

그리고 우리가 간절히 소망하는 것들에 바탕을 둔 개인적인 바람들이 포함되어 있다. 이 때문에 사람들은 예언과 환상과 계시에 대해 냉소적이고, 그것이 끝났다고 주장하는 이들의 견해에 동조하기도 한다. 그리고 단번에 이 모든 것이 완전한 거짓이라고 묵살한다. 나는 거짓 예언, 거짓 환상, 거짓 계시에 관한 충분한 정보를 가지고 있는데, 아마도 이것들이 예언과 계시와 환상이 끝났다고 말하는 이들의 주장을 지지할 수도 있을 것이다.

내가 전에 섬기던 교회에 믿음이 좋은 여신도가 있었다. 그녀에게는 어린 자녀가 있었는데, 태어날 때부터 입술이 갈라져 말을 제대로 할 수 없는 선천성 기형을 갖고 있었다. 그녀는 아이의 기형이 치유되는 환상을 보았다. 그래서 아이의 기형을 고칠 수 있는 수술이 있음에도 병원에 가지 않았다. 그러나 치유의 기적은 일어나지 않았고, 가여운 아이는 불편하고 심각한 기형을 지닌 채 살아야 했다.

착하고, 신실하고, 하나님을 경외하며, 성경을 사모하는 사람들이 하나님으로부터 온 것이 아닌 가짜 환상, 가짜 예언, 가짜 계시를 볼 때도 있다. 그러나 교회 역사 속에는 분명 하나님으로부터 온 기이한 현상들이 나타난 적이 있다. 영국의 조지 휫필드가 들판에서 말씀을 전할 때, 특별한 성령의 역사가 있었다. 당시 수백 명의 사람들이 회심했고, 이 일로 영국은 변화되었다. 심지어 믿지 않는 사람들도 이를 인정할 정도였다.

그러나 성령의 '역사'에는 이상한 현상들도 있었다. 기괴한 소리를 지르고, 쓰러지고, 짖기도 하며, 울거나 웃는 사람들도 있었다. 이런 일로 인해 존 웨슬리는 휫필드를 책망했다. 그리고 당장 거짓 현상들을 근절시키라고 말했다. 휫필드도 웨슬리의 말에 동의했다. 그러나 휫필드는 거짓된 현상을 근절시킬 때 참된 것도 함께 근절될 것 같아 내버려두었다. 결국 웨슬리가 휫필드처럼 들판에서 말씀을 전하게 되었고, 그도 똑같은 현상들을 경험하게 되었다.

아무리 신실한 사람들도 하나님이 보여주신 것이 아닌 거짓 환상을 보게 된다면, 우리 중 과연 누가 이 문제에서 예외가 된다고 단언할 수 있을까? 전 세계에 임할 부흥이 하나님이 보여주신 것이라고 주장하는 나는 어떨까? 나도 지극히 개인적인 영감에 바탕을 둔 예언이나 환상을 볼 가능성이 있지 않을까? 확실히 나도 그럴 수 있다.

그런데 나는 왜 내가 본 환상에 대해 이야기해야 하는 것일까? 나의 생각은 이렇다. 나는 기꺼이 내가 본 것을 전파하고, 가만히 기다려 볼 것이다. 바울은 이렇게 말했다. "때가 이르기 전 곧 주께서 오시기까지 아무 것도 판단하지 말라 그가 어둠에 감추인 것들을 드러내고 마음의 뜻을 나타내시리니 그 때에 각 사람에게 하나님으로부터 칭찬이 있으리라"(고전 4:5).

"주께서 오실 때까지 기다리라"는 바울의 말은 예수님의 재림을 확신하는 말이다. 나는 주님이 나타나시는 방식에 대하여, 그리고 주님이 직접 나서시고 모든 것을 밝히시는 그때에 대해 바울의 말을 적용하는 것, 즉 주님이 오실 때까지 판단하지 않고 기다리는 것을 주저하지 않을 것이다.

이 세상을 휩쓰는 부흥에 대한 나의 환상은 성령님으로부터 온 것인가, 아니면 나의 개인적인 소망인가? 나는 이것과 관련해서 물이 바다를 덮음 같이 온 땅을 덮는 하나님의 영광에 대한 구약의 예언들과 열 처녀 비유에 대한 나의 주해, 이 두 가지를 붙들 것이다.

그러나 이 두 가지 범주를 적용하는 방식이 올바른 것일지라도, 내가 기대하는 부흥은 내가 죽은 후에 올 수도 있다. 얼마든지 하나님이 나에게 다가올 일들을 보여주셨을 수도 있다. 그런데 그것이 나하고 전혀 상관없는 일이 될 수도 있다. 나는 이미 웨스트민스터채플에서 사역하는 동안 부흥이 일어나리라는 희망은 내려놓았다. 그리고 마지막 날 교회의 영광에 대해서도 똑같은 입장을 취할 준비가 되어 있다.

우리는 우리가 소망하는 것의 일부가 되고자 하는 의지가 분명히 있어야만, 하나님의 영광에 헌신할 준비가 되었다고 말할 수 있다. 우리는 그분의 영광을 추구해야 한다. 나의 스승이며, 나의 목사 안수식 때 설교를 하신 매그루더 목사는 완전히 나를 흔들어 놓는 글을 남기셨다. "하나님에 대한 주장을 저버리려는 나의 의지는 내가 거룩한 영광을 보았다는 유일한 증거다."

이것은 매우 심오하며 스스로를 돌아보게 하는, 그리고 하나님을 높이는 선포다. 그리고 하나님의 영광을 추구하는 것이 언제나 우리에 대한 것이 아닐 수도 있음을 반드시 기억해야 한다.

> 우리는 우리가 소망하는 것의 일부가 되고자 하는 의지가 분명히 있어야만,
> 하나님의 영광에 헌신할 준비가 되었다고 말할 수 있다.

IT AIN'T OVER

그것은 최고의 때이기도 하지만, 최악의 때이기도 하다.**28)**

− 찰스 디킨스 −

TILL IT'S OVER

자정이 되기 10초 전

내 아들의 옷이라 악한 짐승이 그를 잡아 먹었도다 요셉이 분명히 찢겼도다 하고 …
내가 슬퍼하며 스올로 내려가 아들에게로 가리라 하고
그의 아버지가 그를 위하여 울었더라

(창 37:33, 35)

하루는 플로리다 중심부에서 플로리다 키스로 이어지는 유일한 도로를 따라 운전하고 있었다. 이 도로는 거리가 18마일가량 되는 2차선 고속도로로, 미국에서 가장 위험한 고속도로 중 한 곳으로 유명하다.[29] 내 아들도 나보다 한참 앞쪽에서 자신의 은색 혼다 해치백을 몰고 가고 있었다. 그런데 갑자기 도로의 차들이 멈춰 섰고, 15분 뒤에 구급차의 사이렌 소리가 들려왔다. 그 구급차는 나를 지나서 키 라르고 방향으로 향했다.

그 순간 나는 끔찍한 생각이 들었다. '아들에게 무슨 일이 생겼구나!' 그런데 그 어떤 소식도 들려오지 않았다. 그러다가 통화를 하고 있는 한 사람의 소리가 들렸다. 그는 도로 앞쪽에서 한 젊은이가 사고로 죽었다고 했다. 그 말을 듣자마자 극심한 불안감이 엄습했다. 잠시 후에 더 자세한 소식이 들렸다. 그 젊은이가 몰았던 차가 은색 혼다 해치백이라는 것이었다. 분명 아들의 차와 똑같은 것이었다. 그 도로에서 은색 혼다 해치백을 운전하는 젊은 남성 운전자가 몇 명이나 되겠는가?

나는 서둘러 경찰에게 다가가서 혹시 다른 소식을 더 알고 있는지 물었다. 그러나 경찰이 알고 있는 사고 내용도 은색 혼다 해치백을 운전하던 젊은이가 사고로 숨졌다는 것이 전부였다. 그 순간 나는 당장이라도 그 자리에서 쓰러질 것만 같았다. 심장은 마치 몸 밖으로 튀어나올 것처럼 격하게 뛰기 시작했다. 나는 죽은 청년이 내 아들이라고 확신했고, 경찰에게도 그렇게 말했다. 그러자 경찰이 아들의 이름을 물었고, 죽은 사람이 내 아들이 아님을 확인해주었다.

그제야 내가 세상에서 가장 큰 위로를 받고, 가장 감사해야 할 사람이 된 것처럼 느껴졌다. 나는 그때만큼 내 아들이 세상을 떠났다고 확신했던 적이 없다. 그런데 그것은 착각이었다. 설득력 있는 몇 가지 증거를 토대로 너무 성급하게 결론을 내린 것이다.

우리는 너무 쉽게 잘못된 결론을 내리는 우를 범한다. 유능한 변호사가 재판이 시작되자마자 반박할 수 없는 증거처럼 보이는 것들을 제시해서 배심원들을 자신이 원하는 방향으로 설득하는 일은 매우 빈번하게 일어난다. 그러나 때때로 이런 일은 최종 판결에서 처음과는 전혀 다른 결과가 나오기도 한다.

의학적 증거들이 불충분한 상태에서는 의사들도 오진을 한다. 20여 년 전, 아내가 웨스트민스터병원에서 큰 수술을 받기로 되어 있었다. 그런데 가깝게 지내는 의사 친구가 한 번 다른 병원에서도 검사를 받아보라고 권했다. 그의 말대로 우리는 다른 병원에서 검사를 받았고, 그곳에서 아내에게 아무런 문제가 없다는 결과를 받았다.

은행 직원들도 고객의 자산 가치를 잘못 판단하여 조건만 보고 대출을 승인하는 실수를 범한다. 출판업계에서도 종종 이와 같은 일이 일어난다. 경제적 손실이 예상되어 출간을 포기한 책이 다른 출판사에서 출간되어 베스트셀러가 되는 것이다.

우리가 오해로 인해 비난을 받고, 모든 사람이 그 오해의 씨앗이 된 거짓말을 믿을 때, 살아갈 이유가 없다고 느낄 수도 있다. 만약 당신이 자신에게 주어진 시간이 얼마 남지 않았다는 의사의 말을 듣는다면, 삶에 대한 의욕이 사라질 것이다. 직장에서 해고되고, 집은 경매에 넘어가고, 빚을 감당할 수 없어 파산신청을 해야 할 때, 그리고 모두가 당신에게 등을 돌릴 때, 당신은 더 이상 살아야 할 이유가 없다고 생각할 수도 있다.

우리에게는 살아갈 이유가 필요하다

우리에게는 살아가기 위한 어떤 것, 기대하는 무엇인가가 필요하다. 그리고 우리에 대해 잘 알고, 이해해주고, 어떤 상황에서도 우리를 아껴주는 친구가 필요하다. 물론 암울하고 절망적인 상황은 하나님의 은혜로 얼마든지 보상될 수 있다. 그러나 우리는 행복을 누리기 위해 하나님과 동행하는 것 이상의 것이 필요하다. 시편의 말씀을 보라. "이는 그가 우리의 체질을 아시며 우리가 단지 먼지뿐임을 기억하심이로다"(시 103:14).

하나님께서는 아담과 하와가 타락하기 전에도 사람이 홀로 지내는 것이 좋지 못하다고 말씀하셨다(창 2:18). 그러니 우리가 죄된 본성을 가지고 홀로 지낸다는 것은 얼마나 괴로운 일이겠는가? '어찌 외로울 수 있겠는가'라는 찬양을 들은 적이 있는데, 우리에게 예수님이 계시기 때문에 외로울 수가 없다는 내용이었다. 이 찬양의 가사가 비현실적이라는 것을 나도 안다. 현실은 예수님이 계셔도 종종 외로움을 느끼는 순간이 있다는 것이다.

몇 년간 웨스트민스터채플에 예배를 드리러 오는 선한 미국 여성이 있었다. 40대 후반이었던 그녀는 성실하게 교회를 섬겼다. 그리고 모든 성도들에게 엄청난 사랑과 친절을 베풀었다. 그러던 어느 날 영국에서의 생활을 정리해야 할 시기가 되었다. 그녀는 아칸소로 돌아가기 전날 우리 부부를 집으로 초대해서 함께 식사를 했다.

식사를 마친 후 그녀가 나에게 기도 부탁을 했다. 그녀가 기도제목을 이야기하기 전에 나는 내가 아는 한 가장 민감한 질문을 그녀에게 조심스럽게 했다. "메리, 당신은 결혼하고 싶은가요?" 사실 결혼에 대해 체념한 상태이긴 했지만, 그녀는 "예, 하고 싶습니다"라고 대답했다. 그녀의 대답을 들은 나는 그녀가 하나님이 예비하신 남편을 만나게 되기를 기도했다. 다음날 메리는 공항에서 한 남성을 만났다. 누군가를 마중 나왔다가 그곳에서 메리를 만난 것이다. 둘은 첫눈에 서로를 알아보았고, 6개월 뒤에 결혼식을 올렸다.

하나님은 우리가 살아갈 이유를 발견하기 원하신다

하나님은 당신이 살아갈 이유를 발견하기 원하신다. 미혼인 당신에게 예수님만으로 충분하니 혼자도 괜찮다고 말하는 나는 무엇인가? 기혼자는 예수님이 계시지 않거나 그분으로 충분치 않아서 결혼한 것인가? 물론 독신으로 지내도 괜찮은 사람들이 있다. 그러나 독신 중에는 결혼을 원하는 이들도 있다. 오랜 기간 결혼생활을 해온 나로서는 오히려 이렇게 말하는 것이 더 쉬울 것이다. 그럼에도 불구하고 애정 어린 마음으로, 그것이 여전히 사실이라고 말할 것이다.

하나님은 그분을 기쁘게 해드리는 이에게 좋은 것을 아끼지 않으실 것이다(시 84:11). 어떤 방식으로든 하나님께서 보상해주실 것이다. 우리가 얼마나 버틸 수 있는지 하나님은 다 아신다(고전 10:13). 끝날 때까지는 끝난 것이 아니다. 당신을 향한 하나님의 생각이 무엇인지 누가 알겠는가?

성경은 성급하게 잘못된 결론을 내리는 사람들의 이야기를 보여준다. 그렇다고 그들이 아무런 증거도 없이 그런 결론을 내린 것은 아니다. 그들에게는 반박의 여지없이 확실한 증거처럼 보이는 것이 있었다.

다윗은 20여 년 동안 도망자 신세로 살았다. 이때 그가 할 수 있는 일은 살기 위해 사울 왕으로부터 도망 다니는 것이 전부였다. 그리고 결국에는 막다른 곳에 이르게 되었다.

상황은 갈수록 점점 더 절망적으로 변해갔다. 오래전에 사무엘에게 기름부음을 받은 다윗은 사울의 위협 속에서 무사히 살아남을 수 있을지 걱정되었다. "다윗이 그 마음에 생각하기를 내가 후일에는 사울의 손에 붙잡히리니"(삼상 27:1). 이후로도 얼마간 다윗의 도피 생활은 계속되었고, 그 와중에 가장 가까운 지지자마저 그에게 등을 돌렸다. 모든 것이 최악이었다. 그의 부하 중 몇몇은 다윗을 돌로 쳐 죽이려고 모의했다.

다윗은 철저하게 혼자였지만, 여호와 하나님을 힘입어 용기를 얻었다(삼상 30:6). 다윗에게는 아직 끝난 것이 아니었다. 그가 경험한 하나님과 그분의 성실하심을 의지하여, 하나님의 도우심으로 인생의 가장 어두운 시간에서 벗어날 수 있었다. 다윗은 다시금 자신에게 살아갈 이유가 있음을 깨달았다.

엘리야도 마찬가지다. 그는 갈멜산에서 바알과 아세라를 섬기는 제사장들을 상대로 큰 승리를 거두었음에도 불구하고 탈진하였다. 이세벨이 죽이겠다고 협박하자 그는 목숨을 부지하기 위해 도망가야 했다. 엘리야는 모든 것이 끝났다고, 더 이상 살 이유가 없다고 생각했다. "자기가 죽기를 원하여 이르되 여호와여 넉넉하오니 지금 내 생명을 거두시옵소서 나는 내 조상들보다 낫지 못하나이다 하고"(왕상 19:4). 그러나 그때 하나님께서 개입하셨다. 엘리야는 다 끝났다고 생각했지만, 하나님은 그렇지 않았다. 엘리야에게는 할 일이 아직 많이 남아 있었다.

예레미야는 너무 낙심한 나머지 자신이 태어난 날을 저주하기까지 했다(렘 20:14). 그는 하나님께 "여호와여 주께서 나를 권유하시므로 내가 그 권유를 받았사오며"(렘 20:7)라고 하였다. 그러나 하나님이 예레미야를 구하러 오셨다. 모든 이스라엘 백성이 그를 배신자라고 비난했지만, 하나님께서 그의 예언이 틀리지 않았음을 확인시켜 주셨다.

하나님의 마음에 합하다고 인정받은 다윗도 감정적으로 매우 깊이 가라앉았고, 구약의 가장 위대한 예언자인 엘리야도 하나님께 자신의 생명을 거두어달라고 간청했으며, 어머니의 태에서부터 예언자로 부름받은 예레미야조차도 낙심하여 자신이 태어난 날을 저주했다. 그러니 우리가 아주 혹독한 시련을 겪는다고 한들 그것이 새삼 놀라운 일이겠는가.

위대한 하나님의 종들도 좌절한다

하나님을 잘 믿는 사람들도 아주 크게 낙담할 때가 있다. 19세기의 가장 위대한 설교자 중 한 명인 찰스 스펄전 목사는 우울증 때문에 자주 힘들어했다. 윌리엄 쿠퍼는 조울증으로 고통받았다. 그는 조울증을 앓는 중에도 '하나님의 역사는 신비롭다네'와 '샘물과 같은 보혈은'과 같은 찬양을 썼다.

내가 웨스트민스터채플에서 섬긴 25년은 고통과 희열, 근심과 기쁨, 기대와 절망으로 가득하였다. 그 기간은 찰스 디킨스의 표현을 빌리자면, "가장 좋았던 시기이면서 동시에 가장 힘들었던 시기다." 내가 고백할 수 있는 것은 그때에도 하나님이 우리와 함께하셨다는 것이다.

하나님은 모든 상황 속에서 우리와 함께하신다. 한참 힘든 시간을 보낼 때, 유명한 프랭크 보그스가 웨스트민스터채플의 저녁 집회에 찬양을 하러 왔다. 나와 아내는 그 순간 그의 찬양에 담긴 가사의 은혜가 너무나도 절실했다. 우리 부부에게도 살아갈 이유가 보이지 않던 시기가 있었다. 당시에는 그 정도로 상황이 안 좋았다.

실제로 '끝이구나!'라고 생각했던 적도 여러 번 있었다. 그 가운데 하나를 나누고자 한다. 1986년 1월 16일 밤은 내 인생에서 가장 어두운 시간이었다. 그날은 웨스트민스터채플에서 중요한 회의가 열렸다. 아마도 웨스트민스터채플 역사상 가장 기억에 남는 순간일 것이다.

발단은 내가 아서 블레싯을 초청한 일에서 시작되었다. 1982년 4월에서 6월까지 6주 동안 아서 블레싯이 우리 교회에서 말씀을 전했다. 그를 초청한 일은 웨스트민스터채플에서 사역하는 25년 동안 가장 잘한 결정이었다. 그러나 이 일로 우리는 생애에 가장 큰 시련을 겪게 되었다. 아서는 우리 교회의 집사들 중 몇몇을 혼란스럽게 했다. 처음에는 집사 한 명이었는데, 3년 뒤에는 여섯 명으로 늘었다.

아서가 떠난 후에 다시 예전처럼 사역을 했더라면, 그를 초청한 일은 어느 정도 용납되었을 것이다. 그러나 문제는 아서가 시작한 대부분의 사역들을 계속 유지했다는 것이다. 나는 계속해서 공공장소에 나가 사람들에게 복음을 전했다. 버킹검 궁전과 빅토리아역 사이의 웨스트민스터 거리에서 전도지를 나눠주고 복음을 증거하는 사역을 이때부터 시작한 것이다.

아서 블레싯에게 설교를 부탁하지 않았더라면, 성도들 중 누구도 기독교 잡지에 실린 나의 책 《한 번 구원은 영원하다》(Once Saved, Always Saved)[30]에 대한 비평을 알아보지 못했을 것이다. 그러나 나의 사역을 반대하던 집사들은 내가 교회를 떠나야 한다고 생각했다. 그들은 나를 한 개혁주의 잡지에서 규정한 율법폐기론을 주장하는 이단이라고 비난하기 시작했다. 율법폐기론은 성도가 구원받은 후에는 더 이상 율법의 행위를 지킬 필요가 없다고 주장한다.

1984년 성탄절 전 주일에 한 통의 편지를 받았다. 나뿐만 아니라 교회의 모든 성도들이 똑같은 편지를 받았다. 그것은 나를 반대하는 집사들이 보낸 편지였다. 그 편지에는 《한 번 받은 구원은 영원하다》에 대한 비평도 동봉되어 있었다.

사역이 끝났다고 생각하다

나는 아이들이 크리스마스 선물을 열어보는 모습을 마음 편히 볼 수 없었다. 아내는 늘 하던 대로 칠면조 요리를 준비했지만, 우리는 여유롭게 식사를 즐길 수 없었다. 그날 밤 잠들기 전에 나를 반대하는 집사들이 뜻을 굽히지 않는다면, 웨스트민스터채플을 사임할 뿐만 아니라 다른 곳에서도 사역을 할 수 없을 것 같다는 생각이 들었다. 앞날은 불투명했고, 명예롭지 못하게 미국으로 돌아가야 할 것 같았다.

정말이지 하나님께서 중재하지 않으셨다면, 우리는 끝을 보았을 것이다. 정통주의로 명성이 자자한 웨스트민스터채플에서 누군가를 이단이라고 하면, 그것은 실로 매우 심각한 이단 규정이 된다. 어떤 사역자가 그런 상황에서 회복될 수 있을까? 누가 우리를 믿어줄까? 과연 누가 나서서 우리를 옹호해줄까? 그때부터 나는 불안한 마음에 매일 밤 집집마다 다니며 진공청소기를 판매하는 꿈을 꾸었다.

1985년 1월 16일, 나는 비서관 존 부시에게 회의를 주재해달라고 부탁했다. 어느새 회의 장소는 교인들로 가득 메워졌다. 그중에는 교인 자격은 있지만, 내 설교를 전혀 들어본 적이 없는 성도들도 있었다.

먼저 충실한 후원자인 어니스트 패든 집사가 나를 반대하는 집사들에게 나에 대한 비난을 철회하거나 그들의 집사 직분을 내려놓을 것을 제안했다. 어니스트 집사의 제안에 다른 성도들도 힘을 보탰다. 교회의 원로인 M. J. 미클라이트도 나의 사역을 지지했다. 그는 특별히 다음과 같은 마틴 로이드 존스 목사의 말을 인용했다. "만일 우리가 율법폐지론자라는 비난을 듣지 않는다면, 이는 아마도 우리가 참된 복음을 전하지 않아서이기 때문일 것이다."

그러나 미클라이트 원로가 자리에 앉은 후 나를 지지하는 사람들은 대체로 조용히 있었다. 대신 나를 반대하는 이들이 한 명씩 차례로 나와 그들의 주장을 이야기했다. 그러던 중 한 여신도가 큰소리로 주기도문을 외우기 시작했다. 그녀의 기도는 양측의 긴장을 다소 완화시켜 주었고, 그녀를 따라 주기도문을 외우는 이들도 있었다. 이어서 누군가가 휴식을 제안했다. 회의는 20분간 중단되었다.

그 순간 모든 것이 끝난 것처럼 보였다. 모두가 그렇게 생각했다. 나를 반대하는 이들이 모든 사람들을 설득해 그들을 지지하는 것처럼 보였다. 나는 다음날 우리 네 식구가 비행기를 타고 미국으로 돌아가는 모습을 상상했다. 은색 혼다 해치백을 운전했던 젊은이가 내 아들이라고 단정 지었던 것처럼 나는 너무 성급하게 결론을 내렸다. 나는 내 뒤에 앉아 있는 아내를 바라보았다. 바로 그 옆에는 아들이 앉아 있었다. 나는 아내에게서 확신을 찾았고, 모든 것이 끝난 것처럼 어깨를 움츠린 아내는 나에게서 확신을 찾고 있었다. 웨스트민스터채플에서의 사역이 다 끝났다는 생각에 나는 그저 바닥만 쳐다보았다.

그런데 생각지 못한 일이 벌어졌다. 갑자기 환상을 본 것이다. 내 오른편으로 약간 떨어진 곳에서 불기둥이 보였다. 그리고 이런 음성이 들려왔다. "네 자신의 명철을 의지하지 말고, 오직 전심으로 주님만을 의지하라!" 그와 동시에 한없이 무겁게 느껴졌던 그 순간 갑자기 내 속에서 소망이 생겼다. 하나님께서 왜 그렇게 하셨는지 사실 지금도 궁금하다. 하나님은 몇 분 후에 일어날 일을 분명히 알고 계셨다. 그것은 매우 놀라웠다.

쉬는 시간이 끝나자 여섯 명의 집사들이 돌아왔다. 존 부시가 그들에게 뜻을 바꾸었는지 물었다. 예상대로 그들은 생각을 바꾸지 않았다. 그때 한 교인이 일어나 말했다. "투표를 제안합니다." 그 투표는 여섯 명의 집사가 내게 씌운 혐의를 철회하거나 그들의 집사 직분을 사임하는 건으로, 그 제안이 받아들여졌다. 그렇게 해서 무기명 투표가 실시되었고, 네 명의 참관인이 표를 확인했다. 약 30분 정도 지나자 참관인들이 결과를 갖고 들어왔다. 압도적인 다수가 이단 시비를 붙인 여섯 명의 집사가 사퇴해야 한다는 쪽에 투표했다. 그렇게 모든 악몽이 끝났다.

지금은 천국에 있는 테리 아크릴은 매우 겸손한 사람이다. 그는 내가 만난 이들 중에서 가장 초자연적인 사람이었다. 그런데 무슨 이유 때문인지 테리는 시간에 관한 생각에 사로잡혀 있었다.

테리는 종종 나에게 이렇게 말했다. "시간은 하나님의 영역입니다." 이 말은 하나님께서 우리 모두에게 우리가 해야 하는 일을 할 수 있는 충분한 시간을 주신다는 의미다. 또한 하나님은 그분이 원하시면 언제든지 나타나실 수 있다는 것이기도 하다. 그러므로 마지막 순간에 이르렀을 때 직접 나서서 일을 해결해주시는 것도 전적인 하나님의 주권이다. 한번은 그가 나에게 이렇게 말했다. "때로 하나님은 자정이 되기 10초 전에 해결하시는 것을 좋아하십니다."

내가 아는 한, 웨스트민스터채플의 역사적인 회의에서 하나님은 '자정이 되기 10초 전'에 나타나셨다. 따라서 진짜 자정이 되기 전까지는 포기하면 안 된다. 끝날 때까지는 끝난 것이 아니다.

때로 하나님은 자정이 되기 10초 전에 해결하시는 것을 좋아하신다.

요셉이 죽었다고 생각한 야곱

피범벅이 된 요셉의 겉옷을 본 야곱은 "요셉이 분명히 찢겼도다"(창 37:33)라고 속단하였다. 야곱은 자기 옷을 찢고 굵은 베를 허리에 두른 채 아들을 위해 슬피 울었다. "그의 모든 자녀가 위로하되 그가 그 위로를 받지 아니하여 이르되 내가 슬퍼하며 스올로 내려가 아들에게로 가리라 하고 그의 아버지가 그를 위하여 울었더라"(창 37:35). 그러나 요셉은 죽은 것이 아니라 다른 형제들에 의해 이스마엘 사람들에게 팔려갔다. 요셉의 형제들은 다시는 요셉을 보지 못할 것이라고 생각했다. 그러나 하나님은 요셉과 함께하셨다. 그는 거짓 모함에서도 살아남았고, 결국은 애굽의 총리가 되었다. 그리고 아버지 야곱과 모든 가족을 불러 애굽에 와서 살도록 하였다.

히브리서 11장은 '믿음장'으로 잘 알려져 있다. 구약의 수많은 충성된 일꾼들이 그들의 믿음을 인정받았다. 그러나 야곱에 대해서는 단 한 구절만이 그의 믿음에 대해 기록하고 있다. "믿음으로 야곱은 죽을 때에 요셉의 각 아들에게 축복하고 그 지팡이 머리에 의지하여 경배하였으며"(히 11:21). 야곱은 매우 운이 좋은 사람이었다. 그는 자신의 아들 요셉을 다시 볼 수 있다는 희망을 버리고 살았다. 그의 생각은 틀렸지만, 오히려 야곱에게는 다행스러운 일이었다.

그렇다면 엉망이 되어버린 사람, 정말로 심각할 정도로 엉망이 된 사람들에게도 희망이 있을까? 당신은 스스로 실패한 사람이라고 생각하는가?

살아갈 이유가 없다는 것이 당신을 두렵게 하는가?

실패한 사람은 하나님의 입장에서 끝이 난 경우와 사람들이 보기에 끝이 난 경우로 구분할 수 있다.

하나님의 입장에서 끝난 경우는 진짜 끝이다. 설령 사람들이 보기에 아무리 훌륭해도 말이다. 우리가 잘 아는 사울 왕이 여기에 해당된다. 사울 왕은 하나님께 버림받았다(삼상 16:1). 그런데 이 사실을 아는 사람은 사무엘뿐이었다.

사울 왕은 자신을 하나님의 말씀보다 더 위에 두었다. 그는 사무엘의 말을 듣지 않았고, 자신의 잘못에 대해 책임지지도 않았다. 무엇보다 그는 진심으로 회개하지 않았다. 그러나 하나님께 버림받은 후에도 그는 20년 동안 이스라엘을 다스렸다. 오늘날에도 사울 왕과 같은 사역자들이 있다는 사실이 두렵다.

반면에 사람들에게는 버림을 받았으나 하나님께는 버림받지 않은 이들도 있다. 사람들은 그들을 실패자로 본다. 그러나 하나님이 보시기에 그들은 실패자가 아니다. 결국 하나님의 생각이 중요한 것 아닌가.

나는 심각하게 망가진 사람에게 여전히 미래가 있는지를 다음의 질문을 통해 살펴본다. "예전에 누리던 것들을 다시 갖지 못하게 되더라도 하나님과 바른 관계를 맺을 수 있는가? 아니면 다시 예전의 자리로, 예전의 사역으로 돌아가기를 기대하는 마음으로 회개한 것인가?"

나는 후자를 겉으로만 그럴듯한 회개라고 생각한다. 그러나 만일 당신이 성적으로 순결하게 살 준비가 되었다면, 돈에 관해 흠잡을 데 없이 깨끗해질 준비가 되었다면, 그리고 하나님의 영광과 그분을 높이는 일에 헌신할 준비가 되었다면, 당신에게는 아직 희망이 있다. 하나님은 당신이 살아갈 이유를 찾기 원하신다.

나는 삼손보다 더 엉망이 된 사람은 없다고 생각한다. 그는 여자에게 너무나 약했다. 그는 결국 넘어졌고, 그 결과는 매우 참담했다. 어리석게도 삼손이 비밀로 간직했던 자신의 힘의 근원을 들릴라에게 얘기한 직후, 그에게서 기름부음이 떠나갔다. 삼손의 원수들은 그를 결박하고 두 눈을 빼내었다.

그런데 그의 머리카락이 다시 자라기 시작했다. 비록 앞을 볼 수 없고 경멸의 대상이 되었지만, 그는 다시 돌아왔다. 더구나 죽을 때 그가 살았을 때보다 더 많은 적을 죽일 만큼 충분히 강해졌다(삿 16:30). 사람들이 보기에 삼손은 실패자였다. 그러나 하나님이 보시기에 그는 실패자가 아니었다. 그가 히브리서 11장 32절에 기록되어 있다는 사실을 기억하라. 당신은 그를 믿음의 사람으로 생각해본 적이 있는가? 나는 그렇게 생각해본 적이 없다. 그러나 하나님은 삼손을 완전히 떠나지 않으셨다. 그분의 일은 결국 끝난 것이 아니었다. 끝날 때까지는 끝난 것이 아니다.

우리 중 대부분은 요셉을 잃은 야곱이 살아갈 이유가 없다고 생각했듯이, 삼손에게 미래가 없다고 속단했을 것이다. 다윗도 자신에게 미래가 없다고 단정한 적이 있었다. 그러나 그는 여호와 하나님 안에서 스스로를 격려하였다. 다윗과 같이 하나님 안에서 힘을 얻는 자에게는 행복한 미래가 있다.

만일 당신이 성적으로 순결하게 살 준비가 되었다면,
돈에 관해 흠잡을 데 없이 깨끗해질 준비가 되었다면,
그리고 하나님의 영광과 그분을 높이는 일에
헌신할 준비가 되었다면, 당신에게는 아직 희망이 있다.

PART III

신실하신 하나님

IT AIN'T OVER TILL IT'S OVER

IT AIN'T OVER

만일 예수 그리스도 안에서 하나님이 값없이 주시는 은혜에 대한 설교가 율법폐기론에 대한 논쟁을 야기하지 않는다면, 그 설교는 예수 그리스도 안에 있는 하나님의 값없이 주시는 은혜에 대한 설교가 아닌 것이다.**31)**

– 마틴 로이드 존스 –

TILL IT'S OVER

CHAPTER 11

복음

내가 복음을 부끄러워하지 아니하노니
이 복음은 모든 믿는 자에게 구원을 주시는 하나님의 능력이 됨이라
먼저는 유대인에게요 그리고 헬라인에게로다
복음에는 하나님의 의가 나타나서 믿음으로 믿음에 이르게 하나니
기록된 바 오직 의인은 믿음으로 말미암아 살리라 함과 같으니라
하나님의 진노가 불의로 진리를 막는 사람들의 모든 경건하지 않음과
불의에 대하여 하늘로부터 나타나나니

(롬 1:16-18)

1954년 12월 2일, 나는 처음으로 테네시 주 내슈빌에 있는 나사렛교단의 갈보리교회에서 '하나님의 신실하심이 크도다'라는 제목의 설교를 했다. 그날 나는 이 주제에 대해 내가 알고 있는 모든 것을 다 동원하여 말씀을 전했다.

만일 당신이 나에게 '하나님에 대해 알고 있는 가장 놀라운 것이 무엇인지'를 묻는다면, 나는 '신실하신 하나님'이라고 대답할 것이다. 바울은 "너

희를 불러 그의 아들 예수 그리스도 우리 주와 더불어 교제하게 하시는 하나님은 미쁘시도다"(고전 1:9)라고 고백했다. 여기서 '미쁘다'라는 표현은 '자신의 말을 지킨다'라는 의미다. 하나님은 말씀을 지키시는 분이다. 그분은 약속하신 모든 것을 다 지키신다. 성경은 하나님의 진실하심을 분명히 밝히고 있다. 하나님은 거짓말을 하실 수 없는 분이다. 하나님은 진실과 진리 그 자체이시다.

하나님이 우리와 함께하신다는 사실은 매우 놀랍다. 가끔 진실하신 하나님에 대해 깊이 생각할 때, 너무 놀라워 숨이 멎을 것 같은 느낌이 들기도 한다. 하나님은 모든 점에서 완전하시다. 그분의 존재 자체에 더하거나 뺄 것이 없다.

만일 누군가가 우리가 생각할 수 있는 완전한 신을 만들어보라고 한다면, 그래서 우리가 상상할 수 있는 최고의, 가장 훌륭한, 가장 놀라운, 그리고 가장 영광스러운 신을 만들어야 한다면, 어떤 신을 만들겠는가? 당신이 상상한 그 신은 성경의 하나님과 다를까?

이제 앞으로 내가 이야기하고자 하는 것은 그리스도인으로 살아온 74년과 복음 전파자로 지낸 60년, 그리고 57년의 결혼생활을 통해 성경의 하나님이 내가 상상할 수 있는 그 어느 신보다 더 크고 위대하시다는 것이다.

이것은 그분의 모든 방식을 이해한다는 의미일까? 아니면 하나님께서 허락하신 모든 것을 내가 좋아한다는 의미일까? 성경이 가르쳐주는 모든 것이 나를 설레게 만든다는 의미일까? 아니다.

그럼 무엇일까? 하나님에 관해 내가 아는 바가 너무나 놀랍기 때문에 그분에 대해 내가 알지 못하는 부분들까지도 똑같이 좋다고 말하는 것이다. 어쩌면 내가 하나님에 대해 알지 못하는 부분이 무엇인지 궁금한 사람도 있을 것이다. 대부분의 사람들이 그렇듯이 나도 왜 하나님이 악을 그냥 두시는지 완전히 이해하지는 못한다. 또 영원한 형벌에 관한 교훈도 충분히 이해하지는 못한다. 왜 어머니를 그렇게 일찍 천국으로 부르셨는지 그 이유를 모른다. 그때 나는 열일곱 살이었고, 내 누이동생은 고작 두 살이었다. 왜 내가 존경하던 몇몇 사람들이 나를 실망시키도록 두셨는지 그 이유 또한 여전히 모른다.

누군가 나에게 언젠가 이런 일들의 이유를 이해하게 될 것을 기대하느냐고 묻는다면, 나는 "그렇다"고 대답할 것이다. 그러나 나는 내가 하나님에 대한 모든 것을 다 이해하게 될 것이라고 기대하지 않는다. 하나님은 무한하신 분이다. 따라서 우리는 영원 속에서 그분에 대해 조금씩 더 알아가고 배우게 될 것이다. 그리고 분명 하나님에 대해 배우는 것들로 인해 만족하게 될 것을 확신한다.

1981년 마틴 로이드 존스 목사가 소천하신 이후에도 사모님은 돌아가실 때까지 10년이 넘도록 교회에 나오셨다. 우리는 많은 시간을 함께 보냈다. 하루는 사모님과 영원한 형벌에 대해 이야기를 나누었는데, 이런 이야기를 하셨다. "제가 이해하지 못하는 일들에 대해 저는 항상 창세기 18장 25절의 '세상을 심판하시는 이가 정의를 행하실 것이 아니니이까'라는 말씀을 의지합니다."

복음에 무슨 일이 생겼는가?

2002년 웨스트민스터채플에서 고별 설교를 할 때 나는 이런 말을 했다. "복음에 무슨 일이라도 생겼는가?" 내가 이런 질문을 한 것은 영국과 미국 모두에서 복음이 구름 뒤에 가려진 것처럼 보여 걱정되었기 때문이다. 많은 성도들이 세상 것에는 관심이 많으면서 정작 복음에는 관심을 두지 않는다는 현실이 나를 괴롭게 한다. 우리는 또한 애매모호하게 복음에서 벗어난 몇몇 유명 인사들도 똑같이 경계해야 한다.

뉴욕 존 F. 케네디공항에서 이륙하여 런던 히드로공항으로 날아가는 비행기가 있다고 가정하자. 이륙한 지 얼마 지나지 않았을 때, 비행기가 항로에서 아주 조금 이탈한 것을 기장이 알아차렸다. 어쩌면 기장은 속으로 '이건 항로에서 아주 조금 벗어난 것이니까 잠시 뒤에 조정해도 괜찮아'라고 생각할지도 모른다. 그러나 즉시 본 항로로 복귀하지 않으면, 7시간 후에는 원래 목적지인 런던 히드로공항이 아닌 스페인 상공을 날고 있을 것이다.

이 이야기는 오늘날 예수 그리스도의 복음을 이해하는 일과 관련하여 대규모로 발생하는 현상과 같다. 사도 바울이 분명히 말했듯이, 많은 사람들이 복음에서의 아주 작은 탈선을 아무 문제가 되지 않는 것처럼 여긴다. 하지만 우리는 반드시 그에 대한 대가를 치르게 된다. 그 대가는 매우 치명적이어서, 복음이 너무 변질되거나 훼손되어서 알아볼 수조차 없게 된다.

삶 가운데 베푸신 하나님의 신실하심을 돌아볼 때 가장 감사드리는 일 중 하나는, 오래전부터 예수 그리스도의 복음이 지워지지 않도록 나의 마음에 새겨주신 것이다.

로이드 존스 목사를 만나기 전, 나는 사도 바울이 가르쳐준 복음을 이해할 수 있는 은혜를 누렸다. 이 복음에 대한 이해는 성경을 읽는 가운데 성령의 직접적인 인도하심으로 이루어졌다. 그리고 후에 헨리 메이헌, N. 버넷 매그루더, 롤프 바너드와 같은 몇몇 스승의 신실한 가르침 덕분에 내가 이해한 것을 확인할 수 있었다. 특히 1956-1957년에 복음에 대한 가르침을 잘 받았다. 그래서 복음에서 아주 살짝 벗어난 것도 감지할 수 있게 되었다.

나는 하나님보다 경건을, 복음보다 거룩함을 더 강조하는 교단에서 신앙생활을 해왔다. 그래서 성화를 이루면 천국에 갈 수 있다고 믿으며 자랐다. 그러니 내가 구원의 조건으로 '선행의 필요성'에 중요한 의미를 두는 가르침에 예민한 반응을 보이는 것은 당연한 일이다.

1971년 남침례신학교를 다닐 때, 나는 만인구원론에서 실존주의에 이르기까지, 칼 바르트 신학에서 열린 유신론에 이르기까지 다양한 도전들과 마주하였다. 돌아보면 하나님께서는 그 시절에 나에게 많은 은혜를 베풀어주셨다. 나의 사역을 망가뜨릴 수 있는 신학적 함정들에서 나를 지켜주셨으니 말이다.

무엇이 복음인가?

복음은 우리가 죽을 때 그리스도를 믿는 믿음이 있으면, 그 믿음만으로 천국에 들어갈 수 있도록 보장한다는 좋은 소식이다. 우리는 그리스도를 믿는 믿음 외에 그 어떤 것으로도 구원받을 수 없다. 이 복음에 대해 사도 바울은 이렇게 말했다. "복음에는 하나님의 의가 나타나서 믿음으로 믿음에 이르게 하나니"(롬 1:17).

이 구절에는 두 가지 중요한 가르침이 있다. 첫째, 복음에 하나님의 의가 나타난다는 바울의 표현은 하나님의 의가 예수님의 보혈 안에서 나타나고 있음을 설명한다. 따라서 우리가 오직 그리스도의 보혈을 의지할 때 하나님이 우리를 의롭게 여기시며, 이를 우리의 공로로 인정해주신다는 것이다. 어떤 것도 하지 않고, 오직 예수 그리스도의 보혈만 의지했을 뿐인데 말이다.

둘째, 사도 바울이 "믿음으로 믿음에 이르는" 한 의가 나타난다고 말한 것은 예수 그리스도의 믿음이 반드시 우리의 믿음에 의해 실행되어야 함을 의미한다. 다시 말해서, 그리스도의 믿음에 나타난 하나님의 의가 우리의 믿음에도 나타나야 하는 것이다. 이 두 믿음으로 우리가 구원을 얻는 것이다. 우리가 예수 그리스도의 보혈을 의지하지도 않고, 예수님을 믿지도 않고, 우리의 믿음에 하나님의 의가 나타지도 않는다면, 예수님이 우리를 위해 하신 모든 것이 아무 가치 없는 것이 된다.

옥스퍼드에서 공부하는 동안 나는 배움과 관련된 매우 중요한 경험을 했다. 영국에서 가장 유명한 칼 바르트 신학자이자 칼빈주석의 역자인 파커 교수는 나의 논문 《칼빈과 1648년까지의 영국 칼빈주의》(Calvin and English Calvinism to 1648)가 칼 바르트와 존 칼빈의 차이점을 잘 보여주었다고 평했다. 이것이 내가 입증하고자 했던 전부는 아니었지만, 파커 교수에게는 중요하게 여겨진 것이다. 칼 바르트는 만인구원론자이면서도 늘 자신이 칼빈을 따르고 있다고 주장했다. 그러나 칼빈은 만인구원론자가 아니다. 그는 예수 그리스도께서 인간의 구원을 위해 이루신 모든 것도 우리가 믿지 않으면 '아무 소용이 없다'고 가르쳤다.

구원은 그리스도의 보혈을 믿는 믿음을 통해 이루어진다(롬 3:25). 믿음이란 우리의 일을 오직 예수 그리스도께서 이루신 것, 다시 말해 그분의 흠 없는 삶과 희생적인 죽음에 맡기는 것이다. 우리의 소망을 '우리가 하나님을 위해 한 것'에 두지 않고 '그분이 우리를 위해서 하신 것'에 둘 때, 하나님의 의가 우리에게서 이루어지게 된다. 이렇게 얻어진 의는 그 누구도 빼앗을 수 없다.

한 번 의롭다 하심을 받으면 항상 의롭게 살 수 있으며, 한 번 구원을 받으면 영원히 구원받은 자로 살 수 있다(그렇다고 해서 우리가 마음대로 살아도 된다는 것은 아니다). 이것이 나를 열광하게 만들었다. 나는 절대로 이것을 잊을 수 없었다. 이것은 나에게 절대로 흔들리지 않는 영원한 구원의 확증을 주었을 뿐 아니라, 험난한 지식의 풍랑을 무사히 헤쳐나갈 수 있는 신학적 토대가 되었다.

지적 유혹은 성적 유혹과 비슷하다. 그 누구도 이 문제에 대해 자신할 수 없을 것이다. 나를 구해준 것은 예수 그리스도께서 하신 일을 보는 것이었다. 그것이 완전히 이해가 되면, 우리는 바울이 가르쳐준 복음을 변개한 그 어떤 것에도 미혹되지 않을 것이다.

"오직 의인은 믿음으로 말미암아 살리라"라는 로마서 1장 17절에서 사도 바울은 하박국 2장 4절 말씀을 인용하였다. 바울이 여기서 "믿음으로 믿음에 이른다"라는 표현을 사용한 까닭은 이 말씀이 하나님의 신실하심을 의미하기 때문이다. 따라서 하박국 2장 4절 말씀은 "오직 의인은 하나님의 신실하심을 따라 살리라"로 표현될 수 있을 것이다. 우리는 하나님의 신실하심을 따라 살아야 한다. 하박국 시대에 하나님의 신실하심으로 사는 것은 "하나님의 아들을 믿는 믿음"으로 사는 것이다(갈 2:20).

사도 바울은 '그리스도의 믿음으로' 의롭다 함을 얻기 위해, 우리가 예수 그리스도 '안에서' 믿는다고 말한다. 그는 우리로 하여금 '믿음으로 믿음에 이른다'라는 표현의 배경을 알게 하려고 하박국 2장 4절을 인용한 것이다. 하나님의 신실하심이 우리의 믿음으로 나타나야 하는 것처럼, 우리의 믿음이 그리스도의 믿음 또는 그리스도의 신실하심과 일치되어야 한다. 그렇지 않으면 그리스도의 속량하심은 아무런 가치가 없게 된다. 이것이 바르트 신학의 오류를 정확하게 드러낸다.

1954년에 처음으로 하나님의 신실하심에 대해 설교를 했을 때, 나는 하나님의 신실하심이 그리스도의 속량하심에 얼마나 본질적인 것인지 알지 못했다. 설교를 시작할 당시, 나는 웨슬리안 알미니안주의 신학의 가르침을 비평 없이 받아들였고, 그 신학적 틀에서 벗어나야겠다는 생각조차 하지 못했다. 나중에서야 하나님의 신실하심, 곧 예수 그리스도의 믿음과 신실하심이 우리를 구원한다는 사실을 알게 되었다. 우리는 그리스도의 믿음을 의지하지 않고는 구원에 이를 수 없다.

> 우리의 소망을 '우리가 하나님을 위해 한 것'에 두지 않고 '그분이 우리를 위해서 하신 것'에 둘 때, 하나님의 의가 우리에게서 이루어지게 된다.

왜 그리스도인이 되어야 하는가?

사도 바울은 복음의 긴급성에 대한 이유를 헬라어 '가르'(gar)로 표현하여 서둘러 밝히고 있다. 왜 우리가 믿어야만 하는가? 왜 그리스도인이 되어야 하는가? 사도 바울의 대답은 이렇다. "하나님의 진노가 나타나나니"(롬 1:18).

우리는 왜 구원을 받아야 하는가? 우리가 그리스도인이 되어야 하는 이유를 당신은 어떻게 설명하겠는가? 결혼생활에 도움이 되기 때문인가? 인생이 더 행복해지기 때문인가? 아니면 믿음에 대한 대가로 하나님이 경제적인 도움을 주실 것이라고 믿기 때문인가?

바울은 그 이유를 그의 가장 긴 편지이자 복음에 대해 가장 상세하게 설명한 로마서 서두에서 분명하게 밝혔다. 그것은 죄에 대한 하나님의 진노 때문이다. 하나님은 모든 사람의 죄 때문에 자신의 아들을 세상으로 보내셨다. 그래서 예수 그리스도를 믿는 사람들은 영원한 형벌을 피하고 '멸망치 않고' 도리어 영생을 얻게 된다(요 3:16). 우리는 그리스도의 보혈로 의롭게 되었다. 이는 하나님의 진노하심에서 구원을 받기 위함이다(롬 5:9). 우리를 다가올 진노에서 건지실 분은 오직 그리스도 한 분뿐이시다(살전 1:10).

하나님이 죄를 벌하시는 최후의 방법

하나님은 예수님의 보혈과 영원한 지옥 형벌을 통해 궁극적으로 죄를 벌하신다. 하나님의 정의는 예수 그리스도의 보혈로 완전하게 이루어진다. 지옥도 하나님의 정의를 실현하지만, 지옥의 형벌은 하나님의 정의를 완전하게 실현하지는 못한다. 그래서 지옥의 형벌은 영원할 수밖에 없다. 만약 지옥 불이 하나님의 진노를 충족시킨다면, 지옥은 끝이 날 것이다. 그러나 예수 그리스도의 피는 한 방울만으로도 하나님의 의를 이룬다.

이 내용이 몇몇 사람들에게 불편하게 들릴 수도 있을 것이다. 그러나 지옥의 형벌은 내 생각에서 나온 것이 아니다. 독일의 철학자 루드비히 포이어바흐는 신이 그저 우주라는 배경에 비춰진 인간의 투영에 지나지 않는다고 말했다.[32] 정말 그럴까? 그의 말이 사실이라면, 과연 누가 지옥을 신이 죄를 벌하는 방법이라며 우주의 배경에 투영시키겠는가? 어느 신이 자신의 아들을 십자가에 달려 죽도록 지구에 보내겠는가? 지옥 불을 원하거나 자신의 아들을 죽음에 내어주는 인간은 없다. 인간이라면 그런 것을 생각조차 하지 못한다.

지옥은 하나님의 생각이지, 내 생각이 아니다. 내가 영원한 형벌을 이해하지 못한다고, 그 생각이 마음에 들지 않는다고 해서 그것을 제외시킬 수 있겠는가? 사도 바울은 우리가 그리스도를 대신하여 사신이 되었다고 말한다(고후 5:20). 따라서 나 또한 '그리스도의 사신'이 되어야 한다. 사신은 정부의 입장을 이해하지 못해도 자신이 속한 정부의 입장을 대변해야 한다. 나는 성경의 가르침을 지키기로 결정했다. 왜냐하면 그것이 하늘 아버지의 입장이기 때문이다. 또한 그것을 가르치시고, 가장 많이 말씀하신 분이 바로 예수님이기 때문이다.

지옥과 예수님의 죽음에 대한 가르침은 불가분의 관계에 있다. 바울은 예수님의 보혈에 대해 말할 때, 하나님의 진노가 임하지 못하도록 돌려보낸다는 의미를 지닌 단어를 사용했다. 그가 사용한 단어는 속죄(propitiation, 또는 화해)인데, 헬라어로는 '힐라스테리온'(hilasterion)이다. 바울에 의하면 "하나님이 그의 피로써 믿음으로 말미암는 화목제물"로 삼으신 이는 바로 예수 그리스도이시다(롬 3:25). '힐라스테리온' 즉 속죄는 하나님의 진노를 풀기 위한 것이다. 이것이 바로 '예수님의 보혈'이 하나님을 위해 하는 일이다.

우리는 하나님의 진노 아래 있던 자들이다. 그러나 예수님이 우리를 위해 죽으심으로, 그리고 이를 우리가 믿음으로 우리는 더 이상 하나님의 진노 아래 있지 않게 되는 것이다. 십자가에서 흘리신 그리스도의 보혈이 당신과 나를 하나님의 영원한 형벌에서 건진 것이다. 예수님의 보혈이 간절히 '정의'를 바랐으며, 그리고 그것을 이루었다. 그리스도의 보혈은 우리가 지옥 형벌을 받지 않을 것임을 분명히 보장한다.

오늘날 복음을 덜 공격적이고 덜 불쾌한 것으로 희석시키는 경향이 있다. 이러한 경향 중 하나는 영원한 형벌에 대한 가르침을 복음과 상관없는 것으로 만드는 것이다. 그리고 그리스도의 속죄에 대해 이야기할 때 하나님의 진노를 달래는 것에 대한 개념을 제거하는 것이다. 나는 어떻게 이 두 가지 방식이 같이 움직이는지를 설명하고자 한다.

많은 이들이 존 뉴턴의 유명한 찬송 '나 같은 죄인 살리신'을 안다(본문에 대한 이해를 돕기 위해 영어 가사를 그대로 번역하였다 - 역주).

놀라운 은혜로다
나와 같은 죄 많은 인간이 구원을 얻다니

이 얼마나 좋은 소식인가!

전에는 내가 잃은 자였으나 이제는 찾아진 자요,

전에는 보지 못하였으나 이제는 보는도다

1절의 가사는 우리에게 매우 익숙하다. 그렇다면 2절의 가사는 어떠한가?

내 마음이 두려움을 깨달은 것도 은혜요

그 두려움이 사라지는 것도 은혜라

내가 처음으로 믿었던 그 시간

그 은혜가 얼마나 귀한 것이었던가!³³⁾

존 뉴턴은 이 찬양에서 자신을 그리스도께로 이끈 것이 무엇이었는지를 표현하고 있다. 그것은 '하나님의 진노'에 대한 두려움이다. 또한 그는 이 찬양뿐만 아니라 다른 찬양에서도 그리스도의 역사적 복음을 비춰주고 있다.

최근까지 이러한 복음의 개념은 대부분의 교회들 사이에서 하나의 가정에 지나지 않았다. 당신은 오늘날의 설교가 사람들이 하나님을 찾게 만드는 동기를 부여하기 위해 두려움을 심어주고 있다고 생각하는가? 신약의 초기 메시지는 임박한 진노를 '피해야' 한다는 것이었다(마 3:7). 왜 피해야 하는가? 하나님의 임박한 진노가 우리가 상상할 수 없을 정도로 끔찍하기 때문이다.

네 가지 중요한 단어

다음은 우리가 반드시 알아야 할 신학적 용어들이다.

• 화목제(propitiation)

헬라어로는 '힐라스테리온'이며, 앞서 설명했듯이 하나님의 진노를 우리에게서 멀어지도록 돌려놓는 것이다. 히브리서 9장 5절은 이를 '시은좌' 또는 '속죄소'라고 표현하였다. 예수 그리스도는 '우리 죄를 위한 화목제물' 또는 '속량하는 희생제물'이시다(요일 2:2). 화목제는 그리스도의 보혈이 하나님을 위해 하는 일이다. 그 피가 하나님을 위해 한 것에 관심이 없는 사람들이 있다는 것이 슬프지만 이것은 사실이다. 그들은 오로지 그 피가 우리를 위해 한 일에만 관심이 있다. 그러나 우리의 죄가 하나님을 진노하게 했고, 그분의 진노는 달래져야 한다. 동물을 희생제물로 바쳐 피를 흘렸던 제사는 예수 그리스도의 십자가 사건의 예표다. 그리고 그리스도의 십자가 사건은 죄의 심각성과 하나님의 정의를 보여준다. 이것은 왜 예수님이 하나님의 어린 양과 유월절 양으로 불리는지를 설명한다(요 1:29, 고전 5:7).

• 속죄(expiation)

성경에서 어떤 곳은 '힐라스테리온'을 속죄로 번역한다. 화목제가 그리스도의 피 흘리심이 하나님을 위해 한 것이라면, 속죄는 그리스도의 피 흘리심이 우리를 위해 한 것이다. 그 보혈이 우리의 잘못을 없애고, 우리의 죄를 씻어준다. 헬라어 '힐라스테리온'은 이 두 가지를 모두 의미한다. 그리스도의 피로 하나님의 진노가 누그러지고, 우리의 죄가 사해진다. 예수님의 보혈이 우리의 죄를 씻어내는 동시에 하나님의 의를 이루는 것이다.

당신이 그리스도의 보혈이 하나님의 진노와 깊은 연관이 있음을 깨닫게 될 때, 왜 화목제라는 용어를 쓰는지 이해할 것이다. 그러니 이제는 이 단어를 부끄러워하지 말고, 그 의미를 잊지도 말자.

- 만족(satisfaction)

찰스 스펄전은 만족과 대속, 이 두 단어를 떠나서는 복음이 있을 수 없다고 했다. 만족은 하나님의 정의가 예수님의 죽음으로 충족된다는 사실과 관련 있다. "그가 자기 영혼의 수고한 것을 보고 만족하게 여길 것이라 나의 의로운 종이 자기 지식으로 많은 사람을 의롭게 하며 또 그들의 죄악을 친히 담당하리로다"(사 53:11).

- 대속(substitution)

예수 그리스도는 생명과 죽음으로 우리의 대속물이 되신다. 주님은 우리를 위해 율법을 완성하셨고, 완전하게 믿으셨으며, 세례까지 받으셨다(마 3:15). 그리고 우리를 위해 죽으셨다. 그분은 죄인인 우리의 자리를 대신 맡으셨다. 우리는 벌을 받아 마땅하지만, 주님이 십자가에서 죽으심으로 우리를 대신하여 형벌을 당하셨고, 우리의 죄가 그분에게로 옮겨졌다. "여호와께서는 우리 모두의 죄악을 그에게 담당시키셨도다"(사 53:6). 그리고 그분의 의가 우리에게로 옮겨와 우리에게 죄가 없다고 선포하셨다. "하나님이 죄를 알지도 못하신 이를 우리를 대신하여 죄로 삼으신 것은 우리로 하여금 그 안에서 하나님의 의가 되게 하려 하심이라"(고후 5:21).

만일 내가 말하는 내용을 받아들이기 어렵다고 하는 이가 있다면, 나는 이렇게 대답할 것이다. "끝날 때까지는 끝난 것이 아닙니다."

나는 어느 날 하나님께서 우리에게 이 모든 것을 다 설명해주실 것이라고 확신한다. 그날이 올 때까지 우리의 목소리를 낮추고, 그분의 뜻이 우리의 뜻보다 더 높은 곳에 있음을 기억해야 한다. "이는 하늘이 땅보다 높음 같이 내 길은 너희의 길보다 높으며 내 생각은 너희의 생각보다 높음이니라"(사 55:9).

구원의 확신

그러나 아직도 많은 그리스도인에게 해결하지 못한 문제가 남아 있다. 바로 우리에게 있는 구원의 확신에 대한 근거다. 이것은 종종 우리에게 문제가 된다. 신실한 사람들도 성화가 구원의 필수적인 조건이라고 여길 때가 있다. 이들은 우리가 성결하게 살지 않으면, 진실로 구원받은 것이 아니거나 천국에 들어갈 준비가 되지 않았다고 믿는다.

믿음으로 구원받을 수 있다는 소식은 우리에게 기쁨과 소망이 된다. 어떤 이들은 이렇게 질문할 수 있다. "당신에게 믿음이 있다는 것을 어떻게 알 수 있나요?"

나는 그리스도만을 바라보는 것이 믿음이라고 생각한다. 반면에 어떤 이들은 우리가 율법을 지키지 않고, 교회 생활에 성실하지도 않고, 지속적으로 죄와 마귀에게 대항하지 않으면, 우리에게 참된 믿음을 주장할 권리가 없다고 말한다. 하지만 이런 방식으로 믿음의 유무를 알 수 있다면, 우리가 구원받았는지를 확인하기 위해 그리스도만을 바라보는 것이 아니라 우리 자신을 보게 될 것이다. 그 결과는 끊임없는 자기 성찰과 자신의 행위를 바탕으로 주장하는 구원의 확신이다.

이러한 생각의 결과로, 순수한 복음이 구름 뒤에 가리게 된다. 순전히 행위로 전락하게 되는 것이다. 이유는 분명하다. 만일 사람들에게 선한 행위로 그들의 믿음의 유효성을 입증해야 한다고 말한다면, 천국에 들어가는 것을 확실히 하기 위해 그리스도의 보혈이 아닌 자신들의 성화에 기댈 것이다.

나는 은퇴 이후 세계 여러 곳을 다니며 설교를 하면서 복음을 제대로 이해하는 사람들이 그리 많지 않다는 사실에 매우 충격을 받았다. 나는 복음주의, 은사주의, 개혁주의, 오순절파 교회 등 여러 분파의 교회에서 말씀을 전한다. 그런데 그들 중 많은 사람들이 하나님이 우리에게 베풀어주신 것을 의지하는 것이 아니라, 그들이 하나님을 위해 한 행위로 인해 천국에 간다고 믿고 있었다.

우리 가족이 영국에 간 것은 내가 웨스트민스터채플에서 사역자로 섬기기 위해서가 아니라 옥스퍼드에서 영국 청교도에 관한 연구를 하기 위해서였다. 복음을 이해하기 시작한 날부터 청교도들은 나의 영웅이 되었다. 그러나 나는 청교도들의 생각을 아주 깊이 연구했을 때 알게 된 것들을 받아들일 준비가 돼 있지는 않았다. 그 순간 나는 환상이 완전히 깨어지는 것을 느꼈다. 나는 그 느낌을 절대로 잊을 수가 없다.

어느 날 나는 토마스 후커의 연구들을 읽고 있었다. 그는 복음에 대한 권리를 얻기 위해 먼저 성화되어야 한다고 가르쳤다. 구원의 확신에 대한 근거가 우리의 경건함에 있다는 것이다. 나는 토마스 후커와 토마스 셰퍼드, 그리그 그들과 비슷한 주장을 하는 이들의 글을 여러 달 동안 집중적으로 읽었다. 그들은 공통적으로 율법의 행위에 의한 성결과 거룩함을 강조했다. 이는 어린 시절 내가 속한 교단에서 배운 내용과 근본적으로 같은 것이었다. 그제서야 왜 내가 가족들과 함께 영국으로 건너온 것인지 새삼 궁금해졌다.

윌리엄 퍼킨스를 따르는 청교도들은 우리가 안식일을 지키는 것, 하나님의 종들을 섬기는 것 등을 포함한 하나님의 율법 전체를 지키고 '보편적 복종'을 행해야 천국에 대한 소망을 품을 수 있다고 주장했다. 이러한 것들이 선행된 후에야 구원의 약속을 붙잡을 수 있다는 것이다.

그날 나는 오랫동안 찾았던 것을 발견한 것과 같은, 그러나 다소 실망스러운 기분이 들었다. 런던 대영박물관의 오래된 도서관에서 나는 양손을 도서관 책상 모서리에 올리고 의자를 뒤로 밀었다. 그리고 하늘을 올려다보았다. 나는 울어야 할지, 화를 내야 할지, 어찌해야 할지 몰랐다. '내가 이것을 설교해야 하는가? 내가 이것을 선포하도록 부름받은 것인가? 미국에서 아내와 아이들을 데리고 영국으로 온 이유가 이 때문인가? 이것이 사실이라면, 나는 왜 나의 교단을 떠났단 말인가?' 나는 그 이유를 너무나 알고 싶었다.

그런데 내가 연구하고 공부한 거의 모든 청교도들은 자신들이 구원을 받았는지에 대한 확신을 갖지 못한 채 죽었다. 그들 가운데 가장 영향력 있는 사람이 윌리엄 퍼킨스인데, 그 역시 자신이 구원받았는지 여부를 확신하지 못한 채 영혼의 고통 속에서 죽음을 맞았다.

구원의 확신을 얻지 못한 것이 과연 좋은 것이라고 할 수 있을까? 남침례신학교에서 공부할 당시, 그곳은 자유주의로 흘러가고 있었다. 내 주변 대부분의 학생들이 성경을 믿어도 되는 것인지에 대한 확신도 없이 졸업을 했다. 그러나 감사하게도 나는 하나님의 은혜로 그러한 영향을 전혀 받지 않았다. 오히려 이전보다 더 강력한 복음주의자가 되었다. 옥스퍼드에서와 마찬가지로 이 학교에서도 청교도에 대해 공부했다. 그리고 하나님의 은혜로 처음 학교에 들어갔을 때보다 복음에 대한 더 강한 확신을 갖고 졸업할 수 있었다. 윌리엄 퍼킨스, 토마스 후커, 토마스 셰퍼드 등의 글들은 나를 망가뜨릴 뻔했다. 그러나 나는 살아남았다.

당시 친구 중 한 명은 교회론에 사로잡혀 만날 때마다 교회 정치, 리더십, 권위 등에 대해 이야기했다. 그러나 나에게는 그러한 것들이 그리 중요하지 않았다. 나는 그에게 물었다. "자네의 교회론적 신념을 위해서라면 무엇이든 할 수 있겠나?" 그러자 그는 이렇게 말했다. "그렇게는 할 수 없네." 이에 나는 이렇게 제안했다. "그럼 자네가 무엇이든 할 수 있는 그런 주제에 대해 설교하는 것이 좋지 않을까?"

나는 복음을 위해서라면 무엇이든 할 것이다. 예수님이 십자가에서 흘리신 보혈에 영원한 삶을 맡긴 사람들은 주님이 자신들 때문에 죽으셨다는 것을 알기 때문에 평안 가운데 죽음을 맞이할 수 있었다. 이렇듯 복음으로 인해 삶을 잘 마무리하는 것만큼 매일의 삶을 잘 사는 것도 복된 일이지 않겠는가?

구원은 아니지만, 유업은 사라질 수도 있다

누군가는 "그리스도의 보혈을 믿지만, 경건을 추구하지 않는 이들에게 어떤 일이 벌어집니까?"라고 물을 것이다. 그들은 그들의 유업을 잃게 될 것이다. 그리고 그리스도의 심판대 앞에서 어떤 상급도 받지 못할 것이다.

'유업'이라는 단어는 상급, 보상, 면류관과 바꾸어 사용된다(고전 9:24-27, 골 3:24, 딤후 4:8). 일부 학자들은 고린도후서 5장 10절 말씀을 근거로 '믿음에 의한 행위로 의롭게 됨'에 대해 부분적으로 이의를 제기한다. "이는 우리가 다 반드시 그리스도의 심판대 앞에 나타나게 되어 각각 선악간에 그 몸으로 행한 것을 따라 받으려 함이라"(고후 5:10).

어떤 이들은 우리의 행위가 구원을 받는 데 있어서 중요한 역할을 한다고 본다. 그런데 그들은 이런 생각 때문에 결과적으로 복음에서 멀어지게 된다. 이런 견해를 가진 신학자들이 분명하게 알아차리지 못한 것은 믿음으로 의롭다 함을 얻은 모든 이들이 그들에게 준비된 유업을 받도록 부름받는다는 사실이다. 물론 믿음으로 의롭게 되어도 유업이 없는 사람들도 있을 것이다.

유업을 받도록 부름받은 이들에게는 상급이 주어진다. 이 상급에 대한 기초는 고린도전서 3장 12절에서 표현하듯이 예수 그리스도라는 터 위에 금과 은과 진귀한 보석들로 상부구조를 짓는 것이다. 누구든지 나무나 풀이나 짚으로 상부구조를 세우면 상급을 잃게 되지만 구원은 받는다. 비록 화염 속에서 도망쳐 나온 자와 같은 구원일지라도 말이다. 참고로 킹제임스성경은 이것을 '불 가운데서 받은 구원'으로 표현하였다. 신약성경에는 구원을 잃을 수도 있음에 대해 경고하는 구절은 나오지 않는다. 그러나 구원받은 자가 자신의 유업이나 상급을 잃을 수도 있음을 언급한 구절들은 많다.

요약하자면, 행위는 상급을 받는 데에는 필수적인 요건이지만, 구원을 받기 위한 필수 조건은 아니다. 하늘나라에 이르는 것은 순전히 하나님의 은혜로 값없이 받는 선물이다(엡 2:8-9). 또한 복음을 제대로 이해한 사람들은 거룩하고 경건한 삶을 살려고 한다. 이들은 행위에 의지하는 사람들보다 오히려 더 강력하게 거룩한 삶에 대한 동기부여를 받는다.

거룩한 삶은 무엇인가? 내가 거룩함이라 부르는 간단한 목록이 있다. 이 목록에는 완전한 용서, 감사, 성적 순결, 쓴 뿌리가 없는 마음, 성령 안에서의 동행, 빛으로 걸어감, 하나님의 영광을 위한 삶 등이 있다. 또한 거룩한 삶은 가난한 자, 소외된 자, 억눌린 자, 고통에 시달리는 자, 감옥에 있는 자들을 돌보는 것도 포함한다.

여기에 하나를 더하면, 경건한 삶은 무언가를 얻기 위해서가 아니라 순수하게 감사하는 마음에서 우러나와야 한다. 그래야 '순수한 복음'을 깨닫는 데서 오는 진정한 '경건'과 '거룩함'이라고 할 수 있다. 이처럼 복음을 정확히 아는 자들은 거룩한 삶을 살게 된다. 거룩한 삶이 더 큰 구원의 확신을 주기 때문이 아니라, 그것이 우선순위이기 때문이다. 구원은 복음을 통해 이루어지고, 거룩한 삶은 우리를 영원한 상급으로 인도한다. 어떤 이들은 상급을 받게 될 것이고, 어떤 이들은 그렇지 못할 것이다. 그러나 상급이 없는 자들도 그들의 믿음이 하나님을 위해 행한 것에 있지 않고, 하나님께서 우리를 위해 베풀어주신 예수님의 보혈 안에 있다면 구원을 받을 수 있다.

> 행위는 상급을 받는 데에는 필수적인 요건이지만,
> 구원을 받기 위한 필수 조건은 아니다.

우리가 그리스도의 보혈을 믿는 믿음만으로 구원받았는지를 아는 방법이 여기에 있다. 그것은 바로 하나님의 신실하심이다. 하나님은 신실하신 분이다. 그분은 자신의 말을 지키신다. 하나님은 예수님이 흘리신 피를 존귀하게 여기신다. "나를 존중히 여기는 자를 내가 존중히 여기고"(삼상 2:30). 마틴 루터가 말했듯이, 이것이 믿음을 심어주어 이를 위해서라면 우리가 삶과 죽음을 '수천 번이라도' 내어놓을 수 있게 된다.[34]

> 나는 예수님의 보혈과 의를 제외하고는
> 그 어느 것에도 나의 소망을 두지 않는다.
> 나는 가장 달콤한 틀을 의지하지 않고
> 오직 전적으로 예수님의 이름만을 의지한다.[35]
> – 에드워드 모트

IT AIN'T OVER

당신은 기억되기 위해서 태어난 것이 아니다. 당신은 영생을 준비하기 위해 이 땅에 태어났다.36)

- 릭 워렌 -

TILL IT'S OVER

CHAPTER 12

내 평생의 말씀

너희가 서로 영광을 취하고
유일하신 하나님께로부터 오는 영광은 구하지 아니하니 어찌 나를 믿을 수 있느냐
(요 5:44)

요한복음 5장 44절 말씀이 관심을 끈 것은 빌리 볼 박사의 영향 때문이다. 그는 나의 스승들 중 한 명인데, 1955년 10월 31일 내가 성령세례를 받던 날, 그도 테네시 주 네슈빌에 와 있었다. 당시 그는 내가 이전에 다녔던 켄터키 주 애슐랜드의 나사렛교회의 협력목사로 있었다. 따라서 그가 네슈빌에 와 있는 것은 드문 일이었다. 내가 10월 31일에 경험했던 것을 그도 이미 오래전에 똑같이 경험했었다. 그는 마틴 로이드 존스 다음으로 나에게 많은 영향을 주었다.

그와 나는 비슷한 시기에 서로 다른 이유로 나사렛교회를 떠났다. 나는 나사렛교회를 나와서 칼빈주의자가 되었지만, 예수 그리스도에 대한 그의 견해와 구원의 교리는 전과 다르지 않다. 그에 대해 생각나는 많은 것들 중 하나는 그가 요한복음 5장 44절 말씀을 언급하는 방식이었다.

"너희가 서로 영광을 취하고 유일하신 하나님께로부터 오는 영광은 구하지 아니하니 어찌 나를 믿을 수 있느냐?"(요 5:44) 킹제임스성경에는 "유일하신 하나님"이라고 표현된 부분이 "오직 하나님만"으로 쓰여 있는데, 나에게는 이것이 사람에게서가 아닌 오직 하나님께로부터만 오는 영광을 구하는 것에 더 비중을 둔 것처럼 느껴진다. 내가 이렇게 느끼게 된 것은 1955년부터 빌리 볼이 계속 그 구절을 그렇게 강조했기 때문이다.

내가 복음을 떠난 적이 없는 것처럼, 요한복음 5장 44절도 잊을 수가 없었다. 이 말씀은 내 평생의 말씀이 되었다. 나는 요한복음 5장 44절이 나의 삶을 지배하기를 원했다. 그렇다고 내가 신실하게 이 말씀대로 살아왔다는 것은 아니다. 그랬다면 얼마나 좋겠는가? 나는 그저 그럴 수 있기를 바랄 뿐이다.

절대 잊을 수 없는 이 말씀은 항상 나를 사로잡았고, 나를 이끌고, 격려해주고, 때로는 경고도 하며 평강에 이르는 길을 보여준다. 나는 하나님으로부터만 오는 바로 그 실제적인 영광과 칭찬을 받게 될 때까지 이 말씀이 나를 올바른 방향으로 인도해주기를 바란다. 나는 늘 이 말씀에 대한 책을 쓰고 싶었다. 그러나 지금은 이 말씀이 의미하는 것이 무엇인지에 대해 간략하게 이야기하고자 한다.

유대인들은 왜 메시아를 알아보지 못했는가?

요한복음 5장 44절은 예수님이 바리새인들에게 던지신 질문이다. 바리새인들은 예수님이 그들이 기다려온 메시아라는 사실을 믿지 않았다. 그런 상황에서 이 질문은 마치 예수님이 바리새인들에게 이렇게 말씀하시는 것처럼 들린다. "놀랍다. 놀라워. 너희들은 나를 믿지 않는구나? 어찌 너희가 나를 믿을 수 있겠느냐?" 이것은 주님께서 바리새인들에게 이렇게 말씀하신 것이다. "너희는 나를 믿을 수가 없다."

바리새인들은 참 믿음을 소유하는 데 방해가 되는, 사람들에게 인정을 받고자 하는 끔찍한 습관의 노예가 되어 있었다. 만약 유대인들이 사람으로부터가 아닌 하나님으로부터 오는 영광과 칭찬받는 일에 열성적이었다면, 메시아를 알아보지 못할 리가 없었다. 그러나 오직 유일하고 참되신 하나님으로부터 오는 영광을 구하는 것은 그들의 관심사가 아니었다. 그러니 이런 생각이 그들의 마음속에 자리할 수도 없었던 것이다.

결국 유대인들은 이스라엘 백성에게 주어진 가장 위대한 약속을 놓쳤다. NIRV(New International Reader's Version) 역본은 이것을 사람들이 유일하신 하나님으로부터 오는 칭찬 듣기를 "구하지 않는다"고 표현하였다. 심지어 그들은 시도조차 하지 않았다. 다른 것들은 교육받고 훈련받았으나 오직 하나님으로부터 오는 영광을 구하는 것은 배우지 못했던 것이다.

이 말씀을 통해 우리는 하나님이 예수 그리스도를 세상에 보내신 때에 유대교가 얼마나 하나님과 멀어져 있었는지를 알 수 있다. 예수님께서 '구하다'라는 표현을 쓰신 것은 그들이 유일하신 하나님의 칭찬을 듣기 위해 노력했어야 함을 나타낸다.

물론 우리가 사람들의 칭찬에 조금도 사로잡히지 않으면서 절대로 완전히, 전적으로, 의심 없이 하나님의 칭찬에만 사로잡히기는 어렵다. 여전히 우리는 사람들의 칭찬과 인정을 열망한다. 나는 우리가 그것을 극복할 수 있다고 생각하지는 않는다. 나 역시 그렇게 하지 못했음을 안다. 그럼에도 예수님은 우리에게 너무나 자비롭게 말씀하신다. 우리가 유일하신 하나님으로부터 오는 칭찬과 영광을 구할 수 있고, 원할 수 있고, 얻기를 열망할 수 있다고, 노력할 수 있다고 말이다.

이것이 완전한 믿음이다. 이러한 완전한 믿음을 가진 분은 예수님이 유일하다. 나는 나의 한계를 너무 잘 알기에 주님께 이런 기도를 드린다. "내가 믿나이다 나의 믿음 없는 것을 도와 주소서"(막 9:24).

하나님의 칭찬만을 듣기를 바라는 마음도 그렇다. 나는 이것을 구하고, 그렇게 되기 위해 열심히 노력하고 있다. 그리고 나는 그것을 포기하지 않을 것이다. 그러나 한편으로 사람들이 나의 노력을 주목하는지 확인하고 싶은 성향이 내면 깊은 곳에 자리하고 있다. 이것은 내가 말씀을 전할 때, 자주 마주하는 유혹이다. 내 말에 놀라는 사람도 있을 것이다. 그러나 나는 내가 얼마나 설교를 잘 했는지 알고 싶은 마음이 강하다.

꽤 오래전 부활절에 잉글랜드의 본머스에서 설교한 적이 있다. 나는 그날 설교가 제법 괜찮았다고 생각했다. 그러나 확신할 수는 없었다. 나는 내가 불안해하고 있다는 것을, 그래서 누군가의 피드백을 원한다는 것을 드러내고 싶지 않았다. 그래서 매우 힘들었다. 평소에는 예배를 마치자마자 서둘러 런던으로 돌아갔지만, 그날은 서성거리며 기다렸다. 그러나 설교에 대해 나에게 말을 건네는 사람은 없었다. 사람들이 집으로 돌아가는 것을 보면서 나도 차를 돌려 런던으로 향했다.

2시간 정도 운전하여 돌아가는 길에 나는 그날 설교가 형편없었다는 생각에 두려움을 느꼈다. 이러한 상황 중에 그나마 다행인 것은 불안한 마음을 누구에게도 내색하지 않았다는 것이다. 나는 사람들을 의식하지 않으려고 노력했다. 그러나 다음과 같이 말하기에는 마음 한 구석이 꺼림칙했다. "주님, 저에게는 사람들의 생각이 중요하지 않습니다. 그들이 무슨 생각을 하든 관심 없습니다. 주님의 생각은 어떠세요?"

여전히 누군가에게 긍정적인 말을 듣고 싶어 하는 나의 욕망은 너무도 강렬했다. 사람들의 생각에 큰 의미를 두는 것은 여전히 나의 변화가 완전하지 못함을 의미한다.

우리는 자기 의에 약하다

어쩌면 스스로 의롭다고 여겨 요한복음 5장 44절 말씀에 거칠 것이 없는 사람도 있을 것이다. 내가 이 장을 다루지 않았다면, 그리고 혼자서 조용히 그 길을 추구했다면, 하나님께 더 큰 영광을 드렸을까? 독자들에게 나의 솔직한 마음을 보이지 않고 말이다. 나도 하나님의 칭찬만을 구한다고 자랑할 수도 있다. 그러나 사도 바울이 자신의 최종 소원이 "주님을 아는 것"(빌 3:10)이라고 사람들에게 공개적으로 표현했기에 나 역시 공개적으로 자백하는 것을 추구해왔다.

하나님의 영광을 구하는 것은 이 세상에서 추구할 수 있는 최고의 것임이 틀림없다. 요한복음 5장 44절은 우리가 하나님으로부터 오는 영광은 구하지 않고 사람에게서 오는 영광을 구할 때, 하나님의 영광을 박탈당할 수 있음을 암시한다. 하나님으로부터 오는 영광은 이 땅에서뿐만 아니라 그리스도의 심판대에서도 사람이 받을 수 있는 가장 크고 위대한 복이다.

예수님은 우리가 언제 하나님의 칭찬을 받을 수 있는지와 그것이 무엇인지 말씀하지 않으셨다. 우리는 그것을 이 세상에서 받을 수도 있다. 그리고 그것은 분명 우리가 하나님 앞에 서게 될 때 올 것이다. 단, 우리가 이 땅에서 하나님의 영광을 좇았을 때이다.

하나님의 영광을 구하는 것은 이 세상에서 추구할 수 있는 최고의 것임이 틀림없다.

하나님의 영광이 어떤 것이든, 나는 그것을 원한다. 세상의 그 어떤 것보다도 원한다. 우리가 친구나 원수의 인정보다 하나님의 인정을 택할 때, 하나님의 영광을 얻고, 그분에게 칭찬을 듣고, 하나님께서 친히 나를 영화롭게 해주신다. 이보다 더 좋은 것이 무엇이겠는가?

신약성경에 묘사된 바리새인들은 늘 주위를 살폈다. 그들의 경건은 오직 사람에게 보이기 위한 것이었다(마 23:5). 칭찬, 아첨, 존경, 권위, 명성 등은 그들이 목숨처럼 중요하게 여긴 것들이다. 이런 것들로 인해 그들의 자아는 나날이 높아졌다. 게다가 그들은 자신들이 누리고 있는 지위와 명예를 잃고 싶지 않았다. 바리새인들이 예수님을 믿음으로 얻게 될 결과는 회당에서 쫓겨나는 것이었다. 그러니 이에 대한 해결책은 매우 간단했다. 예수님을 안 믿으면 되는 것이었다. 이것이 니고데모가 밤에 예수님을 찾아온 이유다(요 3:2). 불이 없는 어두운 밤에는 그가 누구인지, 어디에서 왔는지, 어디로 가는지 알 수 없기 때문이다.

조나단 에드워즈는 모든 세대의 임무가 구원자 되시며 주권자 되시는 예수님께서 어느 방향으로 가고 계신지를 발견하고, 그 길로 나아가는 것이라고 하였다. 나의 스승인 롤프 바나드는 조나단 에드워즈가 어떻게 그 모든 세대의 임무를 우리에게 가르쳤는지를 이해할 수 있도록 도와주었다. 나는 지금도 그가 나를 새로운 깨달음으로 안내해준 것에 대해 매우 감사하게 생각한다.

많은 사람들이 자신의 눈앞에 있는 하나님의 일을 놓치거나 그것을 의도적으로 피한다. 왜냐하면 그들이 사람들의 말을 두려워하기 때문이다. 웨일즈 대부흥을 단언하는 것이든, 방언을 하는 것이든, 몇몇 사람들은 이런 것들을 혼자서 하는 것을 두려워한다. 그러나 요한복음 5장 44절은 우리가 홀로 서도록 동기를 부여한다. 그렇게 되면 더 이상 친구나 원수가 하는 말을 두려워하지 않을 것이다.

하나님을 높이는 것은 그만한 가치가 있다. 그에 따른 상급은 우리가 생각할 수 있는 것보다 훨씬 클 것이다. 그러나 오늘날 너무도 많은 사람들이 하나님을 높이려 하지 않는다.

오직 유일하신 참 하나님으로부터 오는 영광을 구하는 것이 우리가 절대로 사람에게서 오는 영광을 받지 말아야 함을 의미하는가? 그렇지는 않을 것이다. 하나님은 우리에게 그 정도 호의를 베풀어주실 수 있다. 그러나 하나님께서 그런 복을 주실 때, 우리의 목적은 사람의 칭찬이 아닌 하나님의 영광을 구하는 것이어야 한다.

하나님으로부터 오는 영광에는 사람들이 베푸는 친절도 포함된다. "그러므로 하나님의 능하신 손 아래에서 겸손하라 때가 되면 너희를 높이시리라"(벧전 5:6). 다른 말로, 하나님께서는 우리가 사람들에게 칭찬을 듣고자 의도한 것이 아닐 경우에 사람들의 칭찬을 허용하신다. 문제는 사람들의 칭찬과 인정으로 우리가 신뢰할 만한 사람이 되는가이다. 사람들의 칭찬과 인정이 우리를 신뢰할 만한 존재임을 입증할 수 있다면, 하나님께서 주실 영광에 작별인사를 고해도 된다. 이것이 요한복음 5장 44절에 대한 나의 해석과 입장이다.

심판대 앞에서 받을 상급은 기다릴 가치가 있다

우리가 그리스도의 심판대 앞에서 상급을 받게 되는 방식에 대해 나는 한 가지 이론을 세웠다. 그것은 이 세상에서 받는 칭찬이 클수록 그리스도의 심판대에서 받을 상급은 작아진다는 것이다. 반대로 이 세상에서 인정을 적게 받을수록 그리스도의 심판대에서 받을 상급은 더 많아질 것이다.

이 논리의 배경에는 하나님의 질투가 있다. 우리는 하나님의 질투를 사람들의 질투와 동일시해서는 안 된다. 하나님의 질투는 우리의 것과는 차원이 다르다. 그분은 이에 대해 매우 솔직하시다. 앞에서 살펴보았듯이, 하나님은 한 가지 방식만으로 나타나지도, 일하지도 않으신다. 하나님은 그런 분이다. 좋든 싫든, 그분은 질투하시는 하나님이다. 그분은 '질투라 이름하는' 하나님이다(출 34:14).

우리가 하나님의 영광과 사람의 영광 두 가지를 다 취하고자 할 때, 그분은 경쟁을 용납하지 않으신다. 따라서 우리가 요한복음 5장 44절의 원칙대로 살고자 한다면, 이는 우리가 하나님의 인정을 구하기 위해 신중하게 생각하고 행동하고, 자각하고, 절대 돌아서지 않기로 결단하고, 누가 우리를 보고 있지는 않은지 살피지 않기로 노력해야 한다는 의미다.

이 세상에서 받는 칭찬이 클수록
그리스도의 심판대에서 받을 상급은 작아진다.

하나님의 영광을 구하도록 나를 독려하는 것은 바로 하나님의 신실하심이다. 하나님은 분명 우리를 그분의 영광과 함께 높여주실 것이다. 하나님은 이 세상에서는 그분의 얼굴을 가리실지도 모른다. 그분은 우리가 비난받도록 두실 때도 있다. 우리는 친구를 잃을 수도 있다. 고통도 있을 것이고, 심지어는 믿음 때문에 죽을 수도 있다. 순교는 우리가 하나님의 영광을 받게 될 가장 최종적인 방법이다. 초대교회의 그리스도인들이 화형에 처해질 기회를 갈망한 이유가 바로 여기에 있다.

나는 철저하게 사람의 칭찬은 거절하고, 하나님만을 따름으로 그분의 영광을 갈망한다. 찰스 스펄전 목사는 "나는 그리스도와 성령님이 비둘기처럼 내려오시는 것을 생각해보았다. 또한 성령의 비둘기와 그리스도께서 사라지는 것도 생각해보았다"고 말했다.

우리는 받을 상급에 초점을 두어서도, 상급이 어떤 모양일지 궁금해해서도 안 된다. 심지어 하나님이 우리에게 보상을 하시려는 움직임이 느껴질 때에도 그 상급에 머무는 것을 거부해야 한다. 그렇게 되면 우리가 스스로를 높일 수 있기 때문이다. 그러면 우리 위에 머무시던 성령께서 떠나신다.

하나님의 영광을 구하는 것이 가치가 없어 보이는가? 솔직하게 심혈을 기울여서 하나님의 영광을 좇아 살아왔는가? 우리는 이것을 위해 끊임없이 노력해야 한다. 그분의 영광은 구할 가치가 있다. 그분의 칭찬은 들을 가치가 있고, 기다릴 가치 또한 차고도 넘친다.

순교는 우리가 하나님의 영광을 받게 될 가장 최종적인 방법이다.

IT AIN'T OVER

가장 위대한 자유는 아무것도 입증할 필요가 없다.

– 피트 캔트렐 –

TILL IT'S OVER

CHAPTER

비난에 대한 해명과 정당성 입증

주께서는 못 하실 일이 없사오며
무슨 계획이든지 못 이루실 것이 없는 줄 아오니
(욥 42:2)

　정당성 입증은 당신의 결백이 증명되었다는 것을 의미한다. 거짓 고소에서 아무 혐의가 없음을 밝히는 것이다. 당신의 명성이 회복될 수 있음을 의미하고, 당신을 믿을 수 없다고 말하는 사람들로부터 당신의 정직과 결백을 인정받는 것을 의미한다. "네 길을 여호와께 맡기라 그를 의지하면 그가 이루시고 네 의를 빛 같이 나타내시며 네 공의를 정오의 빛 같이 하시리로다"(시 37:5-6).

　이 세상에서 다른 어느 것보다도 자신의 결백이 밝혀지기를 갈망하는 것이 어떤 것인지 아는가? 이번 장에서는 결백을 증명하는 것이 하나님의 주권에 속하는 것과 스스로를 변호하는 것이 얼마나 어리석은 것인지에 대해 설명할 것이다. 자신이 깨끗하다는 것을 증명하고픈 유혹이 아무리 크더라도 말이다. 나는 왜 이 문제가 나에게 그토록 중요한 일이 되었는지, 그동안 내가 정당성 입증에 대해서 무엇을 배웠는지 당신과 나누고 싶다. 나는 60년 전에 있었던 사건을 통해 이 엄청난 문제를 이해할 수 있었다. 이 이야기를 통해 나는 부당하게 비난받을 때 잠잠하게 있는 것이 당신이 취할 수 있는 최고의 방책이 된다는 것을 보여주고자 한다.

이 엄청난 주제에 대한 이야기는 1956년 3월에 일어난 일에서 시작되었다. 그날 나는 어쩌면 해서는 안 될 기도를 드렸다. 그것은 나사렛교단의 휴베너 목사의 빌립보서 2장 5-8절에 대한 설교를 듣고 난 뒤에 일어났다.

> 너희 안에 이 마음을 품으라 곧 그리스도 예수의 마음이니 그는 근본 하나님의 본체시나 하나님과 동등됨을 취할 것으로 여기지 아니하시고 오히려 자기를 비워 종의 형체를 가지사 사람들과 같이 되셨고 사람의 모양으로 나타나사 자기를 낮추시고 죽기까지 복종하셨으니 곧 십자가에 죽으심이라

베너 목사는 예수님이 낮아질 대로 낮아지셔서 더 이상 내려갈 수 없을 정도로 최악의 수치를 당하셨고, 우리 역시 그러한 그리스도의 마음을 품고 하나님의 영광을 위해 가장 낮은 자리에서 기꺼이 수치심을 감내할 수 있어야 한다고 강조했다. 그의 설교가 너무나 강력해서 나는 즉시 무릎을 꿇고 기도했다. "주님, 주님의 영광을 위해 저를 더 이상 낮아질 곳이 없는 곳으로 낮추시고, 수치를 당하게 하소서."

나는 어떻게 이 기도가 응답될지는 전혀 알지 못했다. 당시 나는 세상

꼭대기에 있었다. 트레베카의 신학생이자 테네시 주 팔머 지역의 나사렛교단에 속한 교회의 목사요, 젊고 유망한 설교자였던 나는 아버지와 할머니의 자랑이자 기쁨이었다. 할머니는 사역을 위해 주말마다 팔머로 이동하는 나에게 새 차를 사주셨다.

1956년 4월에 일련의 논쟁의 소지가 있는 일들이 켄터키 주 애슐랜드 나의 모교회에서 일어났다. 그 일에는 빌리 볼 목사가 연루되어 급작스레 협동목사직 사임을 요구받았다. 이 일과 관련하여 아버지는 나에게 편지를 보내셔서 내가 빌리 볼 목사와 거리를 두어야 한다고 말씀하셨다. 그에게 전화도 하지 말고, 편지를 보내서도 안 되고, 그를 만나서도 안 된다고 하셨다.

아버지의 편지를 읽으면서 나는 마음이 무너졌다. 그런데 그 순간 성령님으로부터 즉각적이고 직접적인 증거, 하나님의 분명한 말씀을 받았다. 그것은 빌리 볼 목사의 편에 서라는 것이었다. 나는 즉시 성령의 감동으로 빌립보서 1장 12절 말씀을 폈다. 사실 그 말씀이 어떤 내용인지도 몰랐다. "형제들아 내가 당한 일이 도리어 복음 전파에 진전이 된 줄을 너희가 알기를 원하노라."

나는 빌리 볼 목사가 처한 상황들 뒤에 하나님이 계시다는 사실을 추호도 의심하지 않았다. 그리고 빌리 볼 목사를 돕는 일로 인해 아버지와의 관계가 단절될 것이라는 것도 알았다. 이것은 이전에 전혀 경험한 적이 없는 일이었다. 그런데 주님의 말씀은 강력했고 오랫동안 나를 확고하게 붙잡았다. 장장 20년이 넘도록 이 일에 대해 아버지는 나를 못마땅하게 여기셨고, 우리 부자의 사이는 멀어졌다.

나의 옛 교단의 신학과 차별화된 나의 신학적 발전은 애슐랜드에서 일어난 사건들과 평행선상에 있었다. 나는 성경을 읽고, 이에 대한 성령님의 풀이를 통해 신자의 영원한 보장을 받아들이게 되었다. 이것은 빌리 볼 목사의 편에 서는 것과 함께 칼빈주의를 받아들임으로 부모님의 마음을 불편하게 만들 수 있음을 의미하였다.

그해 7월에 아버지는 이러한 나의 변화가 하나님과도 결별한 것이라고 꾸짖으셨다. 할머니는 나에게 선물해주신 차를 도로 가져가셨다. 분명 두 분은 좋은 뜻으로 그렇게 하신 것이다. 그때부터 나는 주변 사람들에게 '수치'와 '불명예'로 불리게 되었다. 나는 일련의 과정들을 통해 지난 3월에 드린 기도가 응답되었다는 것을 알게 되었다. 그러나 이러한 일들이 나의 부적절한 기도에 대한 응답인지, 아니면 내가 연단되기 위해 이끌림을 받은 것인지는 알 수 없었다.

결백을 위한 정직한 소망

나는 나의 결백을 입증하고 싶었다. 당시 나는 결백을 입증하기 위해 어리석은 방식으로 최선을 다했다. 나 자신을 변호하는 한편 아버지가 좋게 여기실 만한 일들을 다 해보았다. 그러나 그 어느 것도 소용이 없었다. 나는 오랫동안 이러한 실수에 빠져 있었다.

성경이 결백을 증명하는 것에 관하여 분명하게 이야기하고 있다는 것을 깨닫기까지는 오랜 시간이 걸렸다. 우리는 하나님께서 가장 잘 하시는 일들을 그분께 맡겨드려야 하는데, 결백을 밝히는 일도 그중 하나다. 하나님은 이 일을 혼자 하고 싶어 하신다. 우리의 도움이 전혀 필요 없으시다. 그분은 이 일에 있어서 전문가이시다. 또한 정확한 그분의 시간에 행하신다.

> 내 사랑하는 자들아 너희가 친히 원수를 갚지 말고 하나님의 진노하심에 맡기라 기록되었으되 원수 갚는 것이 내게 있으니 내가 갚으리라고 주께서 말씀하시니라(롬 12:19)

우리의 최악의 실수는 하나님의 영역에 있는 것을 재촉하는 것과 하나님을 도우려고 애쓰는 것이다. 그렇게 하면 상황은 도리어 악화되기만 한다. 이것이 내가 배운 것이다. 그 당시 나는 직접적인 계시에 의해 확실히 많은 것들을 배웠다. 그러나 하나님은 내가 결백을 밝히기 위해 노력하도록 두셨다.

피트 캔드렐은 나에게 많은 것을 가르쳐주었다. 내가 《성령을 소멸치 않는 삶》(The Sensitivity of The Spirit, 순전한나드)이란 책을 쓸 때, 그는 나에게 집비둘기와 산비둘기의 기질적인 차이들을 알려주었다. 그러나 피트의 가장 위대한 가르침은 "가장 위대한 자유는 아무것도 입증할 필요가 없다"는 것이다. 이 말의 의미는 성령께서 홀로 인간에게 필요한 것을 제공하셔서 살아가게 하신다는 것이다. 그러므로 우리는 사람들에게 그 어떤 것도 증명할 필요가 없다.

이것을 내가 좀 더 일찍 깨달았다면 얼마나 좋았을까? 내가 당신에게 해줄 수 있는 말은 오직 주님을 기다리라는 것이다. 주님은 분명 그분의 시간에 오신다. 소망을 포기했는가? 끝날 때까지는 끝난 것이 아니다. "여호와 앞에 잠잠하고 참고 기다리라 자기 길이 형통하며 악한 꾀를 이루는 자 때문에 불평하지 말지어다"(시 37:7).

처음에 내가 결백을 증명하고자 했던 것은 그저 아버지께 나에게 아무 잘못이 없음을 알리기 위해서였다. 그러나 그때는 신앙적으로 유아기와 같은 시절이라 내가 성장을 위해 훈련받고 있다는 것을 깨닫지 못했다. 1956년에 그 일이 있고 난 후부터 내가 틀리지 않았음을 증명하기까지 장장 22년의 시간이 걸렸다.

1978년 런던 킹크로스역으로 열차가 들어올 때, 아버지는 나를 바라보며 이렇게 말씀하셨다. "아들아, 나는 네가 자랑스럽구나. 네가 옳았고, 내가 틀렸었다." 그 말씀이면 충분했다. 그것으로 기다린 보람이 있었고, 더 이상 증명할 필요가 없어진 것이다.

아마도 당신이 결백을 증명해야 하는 이유는 내가 겪었던 것과는 전혀 다른 것일 수도 있다. 부당한 비난으로부터 아무런 잘못이 없음을 증명하고자 하는 바람은 공적인 큰 사안에서부터 아주 사소하고 개인적인 것, 예를 들어 결혼문제나 당신과 배우자 사이의 일일 수도 있다. 가족, 친구, 또는 원수와 상관이 있을 수도 있다. 어느 경우든, 그 정도가 어떻든 원칙은 똑같다. 그저 하나님께 그 일을 맡겨드리고 잠잠히 기다리면 된다.

하나님이 당신과 함께하신다는 사실을 안다면, 당신이 입증하기 위해 노력할 일은 아무것도 없다. 그렇다고 "나는 아무것도 증명할 필요가 없다"라고 이야기하지는 말라. 그렇게 되면 당신은 지나칠 정도로 이의를 제기하고, 당신의 결백을 입증하려고 노력하는 것이 된다. 정말 결백을 증명할 필요가 없을 땐, 그저 조용히 있어야 한다.

당신이 원하는 것이 결백을 증명하는 것이라면, 다음 단계로는 무엇을 해야 하는가?

> 하나님이 당신과 함께하신다는 사실을 안다면,
> 당신이 입증하기 위해 노력할 일은 아무것도 없다.

하나님과 예수님

이 우주에서 하나님만큼 부당하고 억울한 일을 당한 분이 없다는 생각을 해본 적이 있는가? 세상에 존재하는 모든 악과 고통에 대해 사람들은 하나님을 가장 많이 비난하고 탓한다. 당신이 사람들에게 예수 그리스도에 대해 이야기할 때, 그들은 대체로 다음과 같은 질문을 할 것이다. "왜 세상에 고통스런 일들이 많은 건가요?" 사람들의 질문에는 자비롭고 전능한 신이 존재한다면, 그분이 즉각적으로 모든 악을 처단하고 고통을 멈추게 해 주어야 한다는 생각이 자리잡고 있다.

더 심각한 것은 '하나님을 믿지 않는다는 사실'에 사람들이 전혀 거리낌이 없다는 것이다. 사람들은 하나님이 우리에게 대답하셔야 할 의무가 있으며, 그 모든 의문점에 명확한 답변을 하시기 전까지 하나님의 존재를 믿지 않아도 된다고 생각한다.

왜 하나님께서 스스로의 결백을 증명하지 않으시는지 생각해본 적이 있는가? 충분히 그러실 수 있음에도 말이다. 왜 하나님은 지금도 자신의 오명을 씻으려 하지 않으시는 것일까? 그렇게 하시면 수많은 불신자들이 믿음을 가질 수도 있는데 말이다.

예를 들어 신약성경에 언급된 유대인들은 예수님을 십자가에 못 박는 것이 정당하다고 생각했다. 이사야 선지자의 예언에 의하면, 적어도 그들 중 일부는 예수님이 하나님께 고난을 당한다고 여겼다. 이것은 일부 유대인들이 하나님께서 직접 예수님을 벌하신 이유가 예수님이 자신을 하나님의 아들이라 일컬었기 때문이라고 보았기 때문이다(사 53:4). 일부 지도자들은 예수님이 진정으로 하나님의 아들이라고 생각했을지도 모른다. 그래서 하나님이 직접 오셔서 예수님을 십자가에서 내리시고, 그분을 십자가에 못 박은 이들을 벌하실 거라고 기대했을 것이다. 그러나 자신들이 예수님을 십자가에 못 박은 일에 대해 아무런 처벌이 없는 듯하자, 오히려 그들은 예수님을 대적하고 또 그분을 십자가에 못 박은 일이 옳다고 확신했다.

예수님을 십자가형에 넘긴 유대인들에 대해 이런 말들이 전해지더라도 우리가 잊지 말아야 할 것이 있다. 그것은 모든 유대인이 다 그렇게 느낀 것은 아니라는 점이다. 모든 유대인을 그리스도를 살해한 자들이라고 판단하지 말라.

그리스도인들 사이에서 오랜 역사를 지닌 반유대주의는 하나님께서 기뻐하시지 않는 일이다. 또한 산헤드린 공회의 모든 회원이 예수님의 십자가

형을 동의한 것은 아니다. 예수님의 제자들도 유대인이었다. 예수님이 예루살렘에 입성하신 종려주일에 '호산나'라고 외치며 찬양한 이들도 유대인이었다. 오순절 날 성령이 임하실 때 회심하고 기독교로 개종한 이들도 유대인들이다. 사도 바울 시대에 복음은 먼저는 유대인을 위한 것이었고, 이것은 지금도 마찬가지다(롬 1:16).

언젠가 하나님이 오명을 벗으실 날이 온다

'오명을 벗으시는 하나님'이 의미하는 것이 무엇인가? 셀 수 없이 많은 사람들이 하나님께서 왜 악이 성행하는지, 왜 고통을 당하는 이들이 존재하는지, 당장에라도 모든 것을 바로잡으실 수 있는데 왜 그렇게 하지 않으시는지 등에 대해 명확하게 대답하셔야 한다고 믿기 때문에 그분의 이름이 의심을 받고 있다는 것이다. 앞에서도 말했듯이, 하나님이야말로 우주에서 가장 억울하신 분이라고 할 수 있다. 오명을 벗는다는 것은 언젠가는 하나님이 스스로 결백을 밝히실 것을 의미한다. 하나님이 그렇게 하시는 날, 모든 입술은 잠잠하게 되고 하나님의 진실하심과 정의를 완전히 납득하게 될 것이다.

하나님은 언젠가 그분의 결백을 증명하실 것이다. 그때는 마지막 때이다. 우리는 그때를 기다려야 한다. 그때가 오기 전까지 하나님은 세상에서 일어나는 모든 문제들로 인해 비난을 받으실 것이다. 그런데 하나님께서는 모든 일을 사람의 발 아래 두셨다.

> 그를 하나님보다 조금 못하게 하시고 영화와 존귀로 관을 씌우셨나이다 주의 손으로 만드신 것을 다스리게 하시고 만물을 그의 발 아래 두셨으니(시 8:5-6)

히브리서 기자는 이 시편 말씀에 주목하였다. "만물을 그 발 아래에 복종하게 하셨느니라 하였으니 만물로 그에게 복종하게 하셨은즉 복종하지 않은 것이 하나도 없어야 하겠으나"(히 2:8).

정말일까? 이것이 우리가 믿어야 하는 것인가? 기근, 지진, 불의, 질병, 전쟁, 가난 등 모든 악과 고통이 우리의 발 아래 있다는 것을 우리가 믿어야 하는 것인가?

그런데 히브리서 기자는 다음의 내용을 덧붙였다. "지금 우리가 만물이 아직 그에게 복종하고 있는 것을 보지 못하고"(히 2:8).

정말로 그렇다. 확실히 우리는 모든 것이 사람에게 복종하는 것을 보지 못했다. 그러니 히브리서를 기록한 이가 다음에 무슨 내용을 쓰겠는가? "오직 우리가 천사들보다 잠시 동안 못하게 하심을 입은 자 곧 죽음의 고난 받으심으로 말미암아 영광과 존귀로 관을 쓰신 예수를 보니 이를 행하심은 하나님의 은혜로 말미암아 모든 사람을 위하여 죽음을 맛보려 하심이라"(히 2:9).

당신이 부당하게 비난받을 때, 악이 당신을 둘러싸고 있는 것을 볼 때, 하나님께서 만드신 세상에 불의가 만연한 것을 볼 때, 예수 그리스도를 바라보라. 그는 이 땅에 친히 내려오셔서 피조물인 우리가 경험하는 모든 불의와 악으로 인해 고난을 당하셨다. 이렇게까지 하심은 하나님께서 그분에 대해 사람들이 생각하는 것과 말하는 것을 전부 다 알고 계시며, 무슨 일이 일어나는지도 다 알고 계시다는 사실을 부분적으로나마 깨우쳐주시기 위함이다.

예수님의 고난에 동참하는 것

하나님께서 약속하신 것들이 아직도 이루어지지 않는 것을 볼 때, 우리는 무엇을 해야 하는가? 예수님을 바라보아야 한다. 예수님의 삶과 죽으심은 미뤄진 하나님의 결백 입증을 잘 반영한다. 예수님은 아무 잘못도 없으셨다. 그분은 죄를 지으신 적도 없었다. 또한 공정한 판결을 받지도 못하셨다. 빌라도는 예수님에게서 어떤 흠도 찾지 못했다. 그러나 그는 정치적인 이유로 예수님을 군중들의 요구대로 십자가형에 처하도록 넘겨주었다. 베드로는 십자가형이 '사악한 자들의 손으로' 시행되었다고 고백한다. 그러나 이 또한 하나님께서 정하신 뜻과 미리 아신 대로 내어준 바 된 것이라고 하였다(행 2:23).

자신의 아들이 억울한 누명을 쓰는 것도 하나님의 계획 가운데 있었다. 그리고 하나님께서도 오늘까지 결백을 증명하지 않으신 채 억울함을 당하고 계신다. 왜냐하면 이조차도 그분의 계획이기 때문이다.

성경에 나타난 하나님은 '목적의 하나님'이다. 하나님이 정하신 '목적'에 따라 예수님은 십자가에서 죽으셨다. 예수님의 십자가 사건은 우연히 발생한 사고가 아니며, 상황이 잘못 돌아가서 벌어진 일도 아니다. 오히려 그 반대이다. 모든 것이 계획에 따라 이뤄진 것이다.

내가 사인을 할 때 옆에 나란히 적는 성경구절은 로마서 8장 28절 말씀이다. "우리가 알거니와 하나님을 사랑하는 자 곧 그의 뜻대로 부르심을 입은 자들에게는 모든 것이 합력하여 선을 이루느니라." 부르심을 입고 구원받은 자들은 하나님의 영원하신 뜻 가운데 있는 자들이다. 이와 마찬가지로 십자가 사건도 우연히 일어난 사고가 아니다. 우리가 예수님을 믿게 된 것도 우연히 일어난 일이 아니다. 하나님께서 우리를 계획적으로 부르신 것이다.

목적이라는 단어는 헬라어 '프로스테시스'(prosthesis)로부터 유래되었다. 신약성경에서 이 단어가 열두 번 사용되었는데, '미리 두다 또는 미리 선택하다'라는 뜻이다. 이는 특정한 일과 사건이 의도적으로 일어난 것을 의미하며, 우연의 반대말이 되기도 한다. 이 단어가 사용된 구절 몇 가지를 살펴보자.

> 그 자식들이 아직 나지도 아니하고 무슨 선이나 악을 행하지 아니한 때에 택하심을 따라 되는 하나님의 뜻이 행위로 말미암지 않고 오직 부르시는 이로 말미암아 서게 하려 하사(롬 9:11)

> 모든 일을 그의 뜻의 결정대로 일하시는 이의 계획을 따라 우리가 예정을 입어 그 안에서 기업이 되었으니(엡 1:11)

곧 영원부터 우리 주 그리스도 예수 안에서 예정하신 뜻대로 하신 것이라 (엡 3:11)

하나님이 우리를 구원하사 거룩하신 소명으로 부르심은 우리의 행위대로 하심이 아니요 오직 자기의 뜻과 영원 전부터 그리스도 예수 안에서 우리에게 주신 은혜대로 하심이라(딤후 1:9)

사악한 사람들이 예수님께 저지른 일은 하나님께서 그분의 영원하신 뜻과 계획에 따라 실행하신 것이다. 그러나 우리가 알아야 할 것이 더 있다. 그것은 아직 결백이 입증되지 않는 것도 전체의 한 부분이라는 것이다. 하나님께서는 우리가 예수님이 당하신 고통과 주님이 신성모독죄를 지었다며 부당하게 비난받으신 것이 어떤 것인지 알기 원하셨다. 공회에서 대제사장들과 서기관들이 예수님께 "네가 하나님의 아들이냐?"고 물었을 때, 주님은 "너희들이 내가 그라고 말하고 있느니라"고 대답하셨다. 그러자 그들이 이렇게 말하였다. "어찌 더 증거를 요구하리요 우리가 친히 그 입에서 들었노라"(눅 22:70-71). 대제사장은 이것이 신성모독이며 사형에 해당한다고 말했다(마 26:65-66).

예수님의 결백 증명

예수님께서 죽은 자들 가운데서 살아나신 후, 그분을 믿었던 자들에게만 부활하신 자신을 나타내 보이셨다. 예수님은 자신을 비난했던 자들에게는 나타나지 않으셨고, 믿는 자들에게만 나타나셨다. 하나님께서 예수님의 결백을 공개적으로 입증하길 원하셨다면, 예수님은 부활하신 날 아침에 곧장 대제사장의 집이나 헤롯의 궁전으로 가셔야 했을 것이다. 또는 빌라도의 집 대문을 두드리며 자신이 다시 살아났음을 알리셔야 하지 않았을까? 그러나 예수님은 그렇게 하지 않으셨다. 세상에 예수님의 결백을 밝히는 일은 미루어졌다.

주님은 막달라 마리아에게 먼저 자신을 나타내셨다. 그 후 베드로에게 나타나셨고, 나머지 사도들에게도 자신을 보이셨다. 그리고 500여 형제에게 일시에 보이셨다(고전 15:6). 게다가 예수님께서 이르신 대로 예루살렘에서 머물면서 성령을 기다리던 120명의 성도들에게 성령이 임하셨다(눅 24:49). 그러나 예수님의 결백 증명은 오직 믿는 자들에게만 이루어졌다.

바울은 예수님이 영으로 의롭다 하심을 받았다고 말했는데(딤전 3:16), 이것은 두 가지를 의미한다. 결백 증명이 예수님과 우리에게 있어서 내적인 것이고, 외적인 결백 증명은 예수님이 이 땅에 다시 오셔서 각 사람의 눈이 그분을 보는 그날까지 보류되었다는 것이다(계 1:7). 왜 예수님의 결백이 내적인, 즉 영에 의해서 증명되는가? 예수님은 이 세상에 계실 때 성령님에 의해 아버지 하나님의 인정을 받으셨다. 사람의 인정을 받으신 것이 아니다. 예수님은 제자들의 인정을 구하지도 않으셨다. 베드로나 요한을 옆에 두시고 그들에게 "오늘 산에서 한 설교가 은혜스러웠느냐?" 또는 "나를 모함하려던 바리새인들을 잘 처리한 것 같으냐?"라고 물으시는 예수님을 상상이나 할 수 있겠는가?

성령님을 통해 예수님의 결백을 증명해야 할 사람은 우리다. 예수님이 완전한 신이며 완전한 인간이라는 것을 확인하는 것도 우리이며, 왜 그분이 하나님의 의를 완성하기 위해 죽으셔야 했는지를 확인시키는 것도 우리이고, 예수님이 지금 하나님 보좌 우편에 앉아 계시다는 것을 확인시키는 것도 우리의 몫이다. 왜냐하면 오직 믿는 자만이 이러한 사실을 알기 때문이다.

인간이며 하나님이신 예수님이 십자가에서 돌아가신 뒤, 사망 가운데서 부활하시고 하늘로 오르셔서 하나님 보좌 우편에 앉아 계신 것을 세상에 전하자. 예수님은 지금 하나님의 보좌 우편에 계신다. 그러나 이것을 믿는 사람들은 누구이겠는가? 오직 성령님에 의해 믿게 된 자들이다. 이것이 영에 의해 예수님이 결백을 얻으셨다는 것이 의미하는 바다.

예수님의 외적 결백 증명은 그분이 재림하실 때까지 기다려야 한다. 그때는 예수님이 살아 있는 자와 죽은 자를 심판하러 오시는 때다. 그때 모든 무릎이 그분 앞에 꿇게 되고, 모든 혀가 예수 그리스도를 주라 시인하며 아버지 하나님께 영광을 돌릴 것이다(빌 2:10-11). 그리고 우리는 그날까지 기다릴 것이 아니라 성령에 의해 지금 예수님을 주로 시인하고 하나님께 영광을 돌려야 한다. 그러나 모든 사람이 예수님을 주로 시인하게 되고 하나님께 영광을 돌리게 됨은 그들이 다 구원을 받아서가 아니다. 그날에는 예수님을 믿지 않더라도 그렇게 고백할 수밖에 없는 상황이 되기 때문이다.

그때까지 우리는 이 땅에서 약속된 결백의 증명이 오직 성령에 의해 내적으로 이루어지는 것임을 알아야 한다. 예수님의 결백 증명이 먼저 성령님과 아버지 하나님을 통해 이루어졌고, 후에 믿는 자 안에서 이루어졌듯이 말이다. 이는 유일하신 하나님으로부터 오는 영광을 구할 때 이루어진다(요 5:44). 성령님의 내적 증언보다 더 탁월한 증언은 어디에도 없다. 그리고 성령께서는 우리 또한 하나님에 의해 인정되었다고 말씀하신다.

그런데도 여전히 외적인 결백 증명을 원하는 사람이 있을 것이다. 나도 이해한다. 나를 의심하는 사람들이 결국은 내가 옳았음을 알게 되길 바라는 것이 매우 자연스러운 일이기 때문이다.

욥 이야기

구약성경에서 그 누구도 욥처럼 극심한 고통을 겪지 못했을 것이다. 자신의 결백을 증명하는 것은 욥이 가장 원하던 것이다. 그가 겪은 고통은 이루 말할 수 없는 것들이었다. 이야기는 매우 경건하며 부유한 욥이 갑자기 비극적인 소식을 들으면서 시작된다.

어느 날 스바 사람이 갑자기 공격해서 욥의 암소떼와 나귀들을 약탈하였고, 그의 종들을 칼로 베어 죽였다. 또한 같은 시간에 하늘에서 불이 내려와 욥의 양과 종들을 태워 죽였다. 그뿐만이 아니다. 갈대아 사람들이 욥의 낙타들이 있는 곳을 급습하여 종들을 칼로 죽이고, 낙타들을 데리고 떠났다. 그러나 욥의 고통은 여기서 끝나지 않았다. 이번에는 사막에서 강한 바람이 불어와 그의 맏아들의 집이 무너져 그곳에 있던 욥의 자녀들이 모두 죽었다(욥 1:16-19).

그런데 이 엄청난 소식에 대한 욥의 반응은 매우 놀랍다. 그는 이렇게 말했다. "이르되 내가 모태에서 알몸으로 나왔사온즉 또한 알몸이 그리로 돌아가올지라 주신 이도 여호와시요 거두신 이도 여호와시오니 여호와의 이름이 찬송을 받으실지니이다 하고 이 모든 일에 욥이 범죄하지 아니하고 하나님을 향하여 원망하지 아니하니라"(욥 1:21-22).

상황이 심각하긴 하지만, 아직까지는 괜찮다. 그러나 곧 새로운 고통의 파도가 밀려왔다. "사탄이 이에 여호와 앞에서 물러가서 욥을 쳐서 그의 발바닥에서 정수리까지 종기가 나게 한지라 욥이 재 가운데 앉아서 질그릇 조각을 가져다가 몸을 긁고 있더니 그의 아내가 그에게 이르되 당신이 그래도 자기의 온전함을 굳게 지키느냐 하나님을 욕하고 죽으라 그가 이르되 그대의 말이 한 어리석은 여자의 말 같도다 우리가 하나님께 복을 받았은즉 화도 받지 아니하겠느냐 하고 이 모든 일에 욥이 입술로 범죄하지 아니하니라"(욥 2:7-10).

또 다시 욥은 위기를 잘 견뎠다. 그러나 다음 단계에서는 전과 다른 종류의 고통이 그 앞에 나타났다. 욥의 소식을 들은 세 친구가 그를 찾아왔다. 그런데 상황이 심각하여 친구들이 그를 알아보기 힘들 정도였다. 그들은 큰소리로 울며 자신들의 옷을 찢고 흙먼지를 머리에 뒤집어썼다.

처음에는 누구도 말을 꺼내지 못했다. 그러나 오래지 않아 그들은 욥이 살면서 지은 죄를 빌미로 그를 비난했다. 그가 지은 죄가 없다면, 이런 일들이 일어날 리가 없다고 생각했기 때문이다. 죄 때문에 나쁜 일이 일어난다는 것은 그 시대에 만연한 신학적 논리였다. 고난과 고통이 죄 때문이라는 생각은 당연하게 여겨졌다.

그러나 욥은 죄를 짓지 않았다. 사실 그는 참으로 "온전하고 정직하여 하나님을 경외하며 악에서 떠난 자"였다(욥 1:1). 그러나 소위 욥의 친구라 불리는 이 세 사람은 무자비하게 그를 공격하였다. 그에게 비밀스런 죄가 있을 것이라며 밤낮으로 욥을 비난하였다. 욥은 무슨 말로도 자신에게 아무 죄가 없다는 것을 증명할 수 없었다. 가족을 잃은 것과 엄청난 경제적 손실, 극심한 육체적 고통은 그나마 욥이 감당할 수 있는 것이었다. 그러나 이 모든 일이 벌어진 이유가 욥이 지은 죄 때문이라는 비난은 견디기 힘든 매우 괴로운 일이었다.

욥이 흠이 없는 사람이었음에도 불구하고, 그가 생각지 못한 영적인 차원이 있었다. 아마 이것은 욥도 절대 생각지 못했을 것이다. 그것은 바로 자기 의(義)였다. 결국 욥은 이성을 잃었고, 자신의 결백을 주장하는 것이 터무니없을 정도여서 몹시 기분이 나빠졌으며, 영적으로 심각한 상태에 빠지게 되었다. 결국 죄를 짓게 된 것이다.

욥은 자신의 결백을 증명하기를 간절히 원했다. 그래서 친구들에게 어떤 방법으로든 자신에게 그 어떤 은밀한 죄도 없으며, 자신이 겪고 있는 고통도 죄와 아무런 상관이 없다는 것을 알려주고 싶었다.

당신이 억울하게 고소당할 때, 당신이 하지 않은 일을 사람들이 당신이 한 것으로 오해할 때, 당신이 진실성을 지켜왔을 때, 당신의 가슴 속 깊은 동기가 하나님만을 높이는 것일 때, 당신에게 다가올 유혹은 사람들에게 '당신이 모든 혐의에서 깨끗하다는 것'을 증명하고 싶어 하는 것이다. 당신을 두렵게 만드는 것은 정의가 실현되지 않을 것이라는 걱정과 세상에 만연한 불의함과 부당함이다. 욥은 친구들이 자신을 비난하는 말을 들으며 그의 정당성을 완벽하게 인정받고 싶었다.

기다리는 동안 많은 것을 배울 수 있다

여기에 힘을 북돋워주는 부수적인 원칙이 몇 가지 있다. 첫째, 우리는 결백이 밝혀지기를 기다리는 동안 많은 것을 배울 수 있다. 외부적으로 명예가 회복되길 바라는 마음은 우리로 무릎 꿇게 만드는 원동력이 된다. 아마 그 당시에는 이것을 깨닫지 못할 것이다. 그러나 우리가 하나님의 방식들을 더 많이 이해하게 되면 이 원칙을 깨닫게 될 것이다. 이것은 가치를 측량할 수 없는 지식이다.

둘째, 기다림이 길어질수록 결백을 증명하게 될 때 느낄 뿌듯함과 달콤함도 커진다. 누군가의 진실성이 도마에 오른 후 얼마 지나지 않아 결백이 드러난다면, 그는 아마도 결백이 입증되었다는 사실에 충분히 감사하지 못할 것이다. 그러나 결백을 증명하는 일이 지연된다면, 우리는 그러한 상황을 통해 하나님의 방식을 배우게 되고, 그 결과가 꿀보다도 더 달다는 것을 알게 될 것이다.

> 우리는 결백이 밝혀지기를 기다리는 동안 많은 것을 배울 수 있다.

셋째, 슬픔이 클수록 하나님께서 당신의 오명을 씻어주실 때 누리게 될 기쁨도 커진다. 하나님은 우리가 오랜 시간 고난을 겪도록 두실 때도 있다. 그런데 그 고통으로 인해 우리는 오랜 기다림의 대가로 더 큰 기쁨을 누리게 된다. 끝날 때까지는 끝난 것이 아니다. 끝이 되었을 때는 '하나님께서 왜 그토록 우리를 고통 가운데 기다리게 하셨는지'를 따지는 불만이나 불평이 다 사라진다.

그러나 여전히 우리가 이해해야 하는 더 큰 진실이 있다. 그것은 바로 하나님께서 친히 모든 시련을 허락하셨다는 것이다. 사탄이 욥의 고통이라는 각본을 계획했을 때, 그것을 시행하도록 허락하신 분이 바로 하나님이시다. 하나님은 이렇게 말씀하셨다. "네가 내 종 욥을 주의하여 보았느냐? 그와 같이 온전하고 정직하여 하나님을 경외하며 악에서 떠난 자는 세상에 없느니라"(욥 1:8). 이어서 하나님은 그 다음에 벌어질 일들을 허락하셨다. 사탄은 하나님께서 말씀하신 것을 벗어나 자신의 임의로, 멋대로 행동할 수 없다. 따라서 사탄에게는 욥의 생명을 취하는 일이 금지되었다(욥 2:6).

비록 그가 겉으로는 흠이 없고 진실로 하나님을 경외하는 자이긴 했지만, 욥은 자신이 여전히 죄인이라는 사실을 알아야 했다. 하나님께서 얼마나 스스로 의롭게 여기는 것을 싫어하시는지 깨닫지 못한 것이다. 예수님의 가르침이 바리새인들에게 문제가 되었던 것은 자신들은 표면상으로 정결하고 깨끗하다면서 스스로 죄 없는 자로 여겼기 때문이다. 하지만 바리새인들의 자기 의를 능가하는 진정한 의로움은 미움과 정욕이 없는 내적 의로움이다. 그래서 하나님이 폭풍 가운데 나타나 말씀하실 때, 욥은 이렇게 고백했다. "그러므로 내가 스스로 거두어들이고 티끌과 재 가운데에서 회개하나이다"(욥 42:6).

슬픔이 클수록 하나님께서 당신의 오명을 씻어주실 때 누리게 될 기쁨도 커진다.

욥을 통해 배우는 가장 큰 교훈

우리가 욥에게서 배울 수 있는 가장 큰 교훈은 그가 혹독한 시련을 통해 가장 감격적이고 평안을 가져다주는 진실을 배웠다는 것이다. "주께서는 못 하실 일이 없사오며 무슨 계획이든지 못 이루실 것이 없는 줄 아오니"(욥 42:2). 하나님이 이루시지 못할 계획이 없음을 아는 것은 외적으로 결백을 입증하는 것보다 훨씬 더 큰 지식이다.

수많은 죄악과 방황에도 불구하고 우리를 향한 하나님의 계획이 취소되지 않는다는 사실을 깨달을 때, 우리는 내적 평안과 기쁨을 얻는다. 하나님의 영원하신 팔 아래서 자신의 비참함을 발견했을 때, 욥은 정하게 되었다. 그렇다. 마지막에 욥의 결백이 완전히 입증되었다. 그는 세 친구에게 자신이 부당하게 비난받았음을 밝힐 수 있게 되었다. 마침내 외적 결백을 입증받은 것이다. 심지어 하나님은 욥에게 이전에 소유했던 것보다 더 많은 것을 주셨다. 그러나 이 모든 것 가운데 가장 큰 기쁨은 하나님이 얼마나 위대하고, 강하고, 놀라운 분인지를 깨닫게 된 것이다.

당신도 욥이 깨달은 바를 발견했는가? 하나님의 계획은 그 어느 것도 어긋나지 않는다는 것을 말이다. 이는 결국 그 어떤 것도 하나님이 하시는 일을 방해할 수 없음을 의미한다. 이것은 매우 특별한 선언이다. 욥이 이것을 항상 믿고 있었는지는 나도 확신할 수 없다. 그러나 마지막에는 욥도 분명히 이것을 믿었다. 욥이 이 진리를 깨닫기까지는 오랜 기간의 고통이 필요했다.

다시 한 번 강조하지만, 이것은 매우 놀라운 사실이다. 당신도 하나님의 계획이 결국 다 성취된다는 것을 믿는가? 나는 이런 생각에 이르는 데는 두 가지 방식이 있다고 생각한다. 첫째, 지능적으로, 즉 이성적 사고를 통해, 둘째, 즉각적이고 직접적인 성령님의 증거를 통해서다.

욥의 경우는 후자에 속한다고 볼 수 있는데, 나는 이 점이 만족스럽다. 후자는 사람이 이해할 수 있는 가장 놀라운 진리 가운데 하나다.

욥의 결백은 완전히 터무니없는 일처럼 보였다. 욥과 그의 친구들이 나눈 대화는 끝이 보이지 않는, 이로울 게 없는 무의미한 말다툼처럼 보인다. 이 냉혹하고 사나운 대화 속에는 욥의 친구들이 비난을 철회할 것이라는 일말의 희망조차 보이지 않았다. 따라서 하나님께서 직접 나서지 않으셨다면, 그들은 절대로 욥을 진실한 사람으로 인정하지 않았을 것이다. 논쟁은 하나님께서 친히 중재하셨을 때 비로소 끝이 났다.

하나님은 매정하고 무자비한 욥의 친구들에게 이렇게 말씀하셨다. "내가 너와 네 두 친구에게 노하나니 이는 너희가 나를 가리켜 말한 것이 내 종 욥의 말 같이 옳지 못함이니라"(욥 42:7). 욥도 하나님께서 이렇게 말씀하실 줄은 생각지 못했다. 욥은 풀이 죽었고, 상처받았으며, 분노하고, 절망하였다. 그러나 그에게는 하나님의 영원한 사랑이 있었다.

> 수많은 죄악과 방황에도 불구하고 우리를 향한 하나님의 계획이 취소되지 않는다는 사실을 깨달을 때, 우리는 내적 평안과 기쁨을 얻는다.

결백을 인정받은 것은 당신이 아니라 진실이다

결백을 증명하는 것은 개인적인 일이 아니다. 또한 당신이 좀 더 나아 보이기 위해 결백을 구해서는 안 된다. 결백을 인정받는 것은 진실의 문제다. 따라서 결백을 밝히는 것은 기본적으로 당신을 위한 일이 아니다. 아브라함 링컨은 "대체로 중상모략에 대해 가장 결백한 것은 진실이다"[37] 라고 말했다.

당신이 진리를 위해 서 있다면, 결백을 입증할 가장 좋은 자리에 있는 것이다. 참으로 중상모략과 비방, 그리고 오해에 대해 결백을 가장 잘 입증할 수 있는 것은 바로 진실이다. 이것을 위해 우리는 그저 기다리면 된다.

사도 바울은 고린도에서 그가 전도하여 성도가 된 이들에게 고난을 받았다. 당신이 전도한 사람들이 당신에게 등을 돌리거나 당신을 의심할 때 겪을 아픔을 상상해보라. 곳곳에서 유대인의 무리가 바울을 따라다녔다. 그들의 목적은 바울의 영향력을 약화시키는 것이었다. 이들은 바울을 통하여 예수님을 믿게 된 이방인들에게 율법을 따르지 않고 할례를 받지 않으면 온전한 진리를 알 수 없다고 말했다. 그 결과 고린도 지역의 몇몇 이방인들은 진리를 박탈당한 것처럼 느꼈다. 또한 바울이 할례를 받아야 한다고 말해주지 않은 것에 대해 실망했다.

이러한 상황에서 바울은 다음과 같이 말했다.

너희에게나 다른 사람에게나 판단 받는 것이 내게는 매우 작은 일이라 나도 나를 판단하지 아니하노니 내가 자책할 아무 것도 깨닫지 못하나 이로 말미암아 의롭다 함을 얻지 못하노라 다만 나를 심판하실 이는 주시니라 그러므로 때가 이르기 전 곧 주께서 오시기까지 아무 것도 판단하지 말라 그가 어둠에 감추인 것들을 드러내고 마음의 뜻을 나타내시리니 그 때에 각 사람에게 하나님으로부터 칭찬이 있으리라(고전 4:3-5)

중요한 것은 진실이다. 하나님께서는 진실을 밝혀주신다. 진리의 편에 있는 자는 그들의 결백이 증명될 것이다. 그러나 결백을 밝히는 일은 사적인 것이 아니다. 바울이 스스로를 판단하지 않는다고 한 것은 예수님의 가르침, 즉 왼손이 하는 일을 오른손이 모르게 하라는 말씀(마 6:3)을 스스로에게 적용한 것이다. 물론 이 말씀의 원래 문맥은 사람들에게 보이도록 베푼 자선에 대한 것이지만, 어떤 의미에서 예수님은 우리가 교만해지지 않게 하시려고 우리가 했을지도 모르는 선행을 스스로에게조차 말하지 않도록 가르치신 것이다. 이것이 바울도 자기 자신을 판단하지 않는다고 말할 수 있는 이유다.

주께서 결정하시도록 하라. 그분의 때에 결정하실 것이니 그때까지 기다려라. 어쩌면 예수님이 다시 오실 때까지 결백을 증명하지 못할 수도 있다. 물론 하나님께서 욥에게 하셨듯이 친히 나서기로 하시면, 당신의 결백이 증명되는 순간은 당겨질 수도 있다. 중요한 것은 우리가 기다려야 한다는 것이다. 우리는 스스로 결백을 증명하지 못한다. 따라서 하나님이 진실을 밝히 드러내실 때까지 기다려야 한다.

장래의 결백과 현재의 결백

다윗 또한 자신의 결백을 밝히고 싶어 했다. 다윗이 사울 왕을 죽이자고 한 부하의 제안을 거절하고 그의 목숨을 살려주었을 때, 사울에게 이렇게 말했다. "여호와께서 재판장이 되어 나와 왕 사이에 심판하사 나의 사정을 살펴 억울함을 풀어 주시고 나를 왕의 손에서 건지시기를 원하나이다"(삼상 24:15).

장래에 밝혀질 결백이 있고, 현재에 밝혀질 결백이 있다. 장래에 밝혀질 결백은 외적인 것이다. 그때에는 모두가 진실을 보게 된다. 우리가 현재에 누릴 수 있는 것은 한 가지인데, 바로 성령의 내적 증거다. 성령님을 통해 결백이 입증되는 것은 이미 예수님께서 경험하신 것으로, 이것을 '내적인 결백의 증명'이라 부른다. 만일 우리가 즉각적으로 성령의 증거를 얻는다면, 이는 말로 표현할 수 없는 기쁨이 될 것이다. 그러나 성령의 증거를 통해 내적으로 얻은 결백은 다른 이에게 말할 수는 없다. 이것을 다른 사람들에게 말하는 것은 결백의 원칙(결백은 하나님의 영광을 위한 것이다)을 위반하는 일이다.

"끝날 때까지는 끝난 것이 아니다." 끝은 외적 결백의 증명을 의미할 수도 있고 내적 결백의 증명이 될 수도 있다. 어느 것이 되었든 우리는 하나님께서 결백을 입증하실 때까지 기다려야 한다.

진리의 편에 있는 자는 그들의 결백이 증명될 것이다.

IT AIN'T OVER

하나님은 당신을 사랑하시며, 당신의 인생을 향한 놀라운 계획을 가지고 계신다.38)

- 빌 브라이트 -

TILL IT'S OVER

CHAPTER 14
하나님의 계획과 부르심

너희는 이 세대를 본받지 말고 오직 마음을 새롭게 함으로 변화를 받아
하나님의 선하시고 기뻐하시고 온전하신 뜻이 무엇인지 분별하도록 하라
(롬 12:2)

앞에서 우리는 욥이 하나님께서 이루시지 못할 계획이 없다는 것을 깨달은 것(욥 42:2)에 주목하였다. 그런데 이것이 모든 사람이 수긍할 만한 사실일까? 욥에게는 분명 그렇다. 그런데 당신은 어떠한가? 솔직하게 당신을 향한 하나님의 계획 중 이루어지지 않은 것이 없다고 단언할 수 있는가?

데살로니가를 방문하고 싶었던 바울은 "나 바울은 한번 두번 너희에게 가고자 하였으나 사탄이 우리를 막았도다"라고 하였다(살전 2:18). 이것이 무슨 말인가? 위대한 사도 바울이 사탄의 방해를 받을 수 있다면, 당신과 나는 무엇을 할 수 있겠는가?

결혼하기 원하던 사람들에게는 어떨까? 혹은 자녀를 갖고 싶어 하는 부부들은 어떻겠는가? 사역에 부름을 받았으나 한참 후에 부름받은 것이 아니었다고 단정 지은 사람들은 어떻겠는가? 악몽 같은 결혼생활을 하는

사람들, 안타깝게도 결혼생활이 끝난 이들은 어떨까? 이들에게 무슨 잘못이 있을까?

이번 장은 이 책에서도 가장 어려운 주제라고 할 수 있다. 이 장을 쓰면서 나는 단순하고, 간결하고, 구체적이고, 용기를 주며, 확실하고 완전한 답변을 줄 수 있기를 바라지만, 이것은 내가 할 수 있는 일이 아니다. 그러나 이것이 우리가 결코 진실을 가늠할 수 없다는 것을 의미하는 것일까? 나는 우리가 그렇게 할 수 있기를 바란다. 우리는 지금 기도의 신비와 악이 존재하는 이유, 그리고 이해하기 어려운 예정설에 아주 가까이 다가가고 있는 중이다.

설교에 대한 부르심

먼저 우리의 삶을 향한 하나님의 뜻과 부르심을 이해하는 데서부터 시작해보자. 나는 설교에 대한 부르심으로 시작하겠다. 설교는 나의 전문분야다.

"당신이 만약 다른 것을 할 수 있다면, 그것을 하라." 훌륭한 목회자인 찰스 스펄전은 목회를 시작하려는 사람들이 찾아와 조언을 구할 때, 이렇게 말하곤 했다. 내가 신앙생활을 했던 모교회의 목사님도 항상 같은 이야기를 하셨다. "당신이 하나님의 부름을 받았는지 확인하라. 만약 하나님이 당신을 부르지 않으셨는데도 사역을 한다면, 이는 당신에게 생길 수 있는 최악의 상황이다." 그 덕에 나는 하나님의 소명을 받지 않고 사역에 뛰어들게 될까 봐 두려워하는 마음을 갖고 자랐다.

그러던 어느 날, 설교하고 싶은 마음이 내 속에서 불처럼 일어났다. 나는 이것이 평범한 소원이 아니길 바랐다. 나의 오랜 벗 중 한 명은 좀 더 극적으로 소명을 받았다. 주님의 음성을 들은 것이다. "데일, 설교를 하겠느냐?" 나도 그 친구처럼 분명하고 확실하고 극적인 부르심을 원했다. 천사장 미가엘이 나타나서 말해주는 상황을 원했지만, 그런 일은 일어나지 않았다.

1954년 11월, 트레베카 나사렛신학교 학생 시절, 스코틀랜드 글래스고 출신의 설교자 존 서덜랜드 로건 목사가 학교를 방문한 적이 있다. 60년이 지난 지금도 여전히 닮기를 바랄 만큼 그의 설교는 당시 내가 들었던 설교 중 최고였다. 나는 로건 목사와 함께 시간을 보낼 수 있기를 간절히 원했다. 그리하여 그와 두세 번 아침식사를 같이 했다. 그가 내슈빌을 떠나기 전날 밤에 나는 그에게 "제가 설교자로 부름받았는지 어떻게 알 수 있습니까?"라고 질문했다.

"자네는 이미 부름받았네."

"하지만 저에게는 더 확실한 증거가 필요합니다."

"이미 부름받았네."

로건 목사는 꽤나 직설적인 대답을 두 번이나 되풀이했다. 그래서 나는 그의 말을 믿기로 했다. 무슨 이유인지는 모르지만, 나는 그 말을 의심하지 않았다. 그리고 뒤돌아보지 않기로 했다. 그러나 한편으로 나의 소명을 지극히 평범한 방법으로 확인했다는 사실이 참으로 아쉬웠다.

그로부터 몇 해가 흘러 남침례신학교에서 공부할 때, 나는 영국에서 석·박사 연구과정을 시작하기로 마음을 정했다. 이런 결정을 내린 이유는 로건 목사가 내가 스코틀랜드 에든버러에서 대학원 과정을 하길 원했기 때문이기도 하다. 그는 내가 저명한 학자인 T. F. 토랜스 교수 밑에서 배워야 한다고 생각했다. 그래서 나는 영국에서 공부할 계획을 세웠다. 그리고 토랜스 교수가 미국에 강의차 왔을 때에도 차를 몰고 수백 마일을 달려가 만났고, 서신도 자주 주고받았다.

한번은 교수님께 1972년 1월 즈음 영국에 도착할 계획이며, 하루 정도 시간을 내서 교수님이 있는 에든버러에 갈 수 있을 것 같다는 편지를 드렸다. 그런데 교수님이 보낸 답장에는 내가 도착할 즈음 당신이 너무 바빠서 만나기 어려울 것 같다고 쓰여 있었다. 그 말에 나는 힘이 빠졌다. 내가 런던에서 모처럼 누릴 여가시간에 하려고 마음먹었던 일이 무산되었기 때문이다. 그래서 나는 일정을 수정해서 제임스 패커 교수와 마틴 로이드 존스 목사를 만나기로 했다.

두 분은 나를 자신의 집으로 초대해주었다. 나는 먼저 패커 교수와 함께 저녁식사를 했다. 당시 패커 교수는 브리스톨 트리니티신학교에서 강의를 하고 있었다. 다음날에는 로이드 존스 목사 부부와 함께 저녁시간을 보냈다. 사실 로이드 존스 목사 부부와 처음 만난 것은 이때보다 몇 해 전인 인디애나 주 위노나호수에서였다. 그분들은 나에게 에든버러로 가지 말고, 옥스퍼드에서 영국 청교도에 관한 연구를 하라고 권했다. 토랜스 교수 밑에서 공부하는 것이 무산되어 실망하던 차에 이 일이 도리어 나에게 허락

된 최고의 일이 되었다.

하나님의 관대하신 뜻

살면서 하나님의 방식과 뜻에 대해 깨달은 것이 있다면 바로 이것이다. "하나님이 허용하신 사건과 상황과 일 가운데도, 그것이 무엇이든 그 안에 그분의 분명한 목적이 있다." 나는 무슨 일이 있어도 그것이 하나님의 관대하신 뜻 안에 있으며, 하나님께서 이미 그 일에 대해 드러나지 않은 목적을 세우셨다는 것을 믿는다.

하나님은 그 무엇도 우발적으로 하시는 분이 아니다. 그분은 전략가이시며, 어떤 일이 일어나게 하실 때도 매우 신중하게 계획하신다. 그렇다고 해서 일어나는 모든 일이 다 예정되어 있다고 말하는 것은 아니다. 일부 개혁신학자들은 모든 것이 다 예정되어 있다고 말할 수도 있다. 그러나 내가 말하고자 하는 바는 이것과는 다른 것이다.

어쩌면 당신은 "하나님께서 일으키시는 것과 허락하신 것의 차이가 무엇인가요?"라고 물을지도 모른다. 그런데 사실 나도 그것에 대해 잘 모른다. 나에게 있어서 이 물음에 대한 답을 찾는 것은 마치 벽을 때리는 것과 같다. 우리는 모두 알려지지 않은 성스러운 지식과 마주하고 있다. 우리는 이 벽을 무너뜨리길 바라거나 그것을 넘어가거나 모두 풀게 되기를 바란다. 이 질문 앞에 우리는 마치 불붙은 떨기나무를 바라보는 모세와 비슷한 상황에 놓인 것처럼 느낀다.

모세는 불이 붙었으나 타지 않는 기이한 나무를 바라보며 이렇게 말했다. "내가 돌이켜 가서 이 큰 광경을 봐야겠다. 어떻게 떨기나무가 타지 않고 있는 걸까?" 그러나 이때 하나님께서 그를 막으시고 이렇게 말씀하셨다. "이리로 가까이 오지 말라. 네가 선 곳은 거룩한 땅이니 네 발에서 신을 벗으라"(출 3:3-5).

발에서 신을 벗으라. 억지로 이해하려고 애쓰지 말라. 아마 신학계의 아인슈타인이라 할지라도 이것을 정확히 설명하지는 못할 것이다. 내 생각에는 패커 교수가 사용하는 단어 '이율배반'을 수용하는 것이야말로 이 이슈에 관한 가장 적절한 선택이 아닐까 싶다.

패커 교수는 이율배반이란 말을 임마누엘 칸트에게서 가져왔다고 설명했다. 이율배반은 두 개의 명제 또는 주장이 사실임에도 서로 모순되어 양립할 수 없다는 뜻이다. 패커 교수는 이를 신학적으로 적용했는데, 그가 칸트와 다른 점은 두 개의 신학적 진실이 정말 서로 모순된 것이 아니고, 인간의 관점으로 볼 때 모순된 것처럼 보일 뿐이라는 것이다.

예를 들어 하나님은 주권자로서 그분의 백성을 창세로부터 선택하셨다. 그럼에도 그분은 우리에게 모든 사람에게 가서 복음을 전하라고 명령하셨다. 이 두 진리는 서로 모순되지만, 둘 다 사실이다. 문제는 사람들이 이 두 진리를 다 받아들이지 못하고, 이 가운데 하나만 취할 때 생긴다. 만일 양쪽 다 받아들이면, 당신은 신학적인 평안을 거의 다 이룬 것이나 마찬가지다. 그러나 완전히 알려고 들지는 말라. 삼위일체의 신비나 하나님이시면서 동시에 사람이신 예수님에 대해 이해하려고 애쓰지 말고 먼저 믿으라.

기꺼이 모든 것을 알지 않기로 함

우리 삶에 일어나는 모든 일이 예정되었다고 믿을 필요는 없다. 다만 예정된 일들도 있고, 하나님의 관대하신 뜻 안에서 생겨난 일들도 있다는 믿음에 만족하라. 또한 무엇이 무엇인지 매사에 알려고 하지도 말라. 그저 편하게 생각하라. 당신은 이 제안을 받아들이겠는가?

이 질문에 대한 대답은 중요하다. 만일 당신이 하나님께서 허용하신 일이 이미 그분에 의해 의도된 것이고, 그에 따라 하나님이 목적도 세우셨다는 것을 믿지 않는다면, 악한 일을 당할 때 쉽사리 공포에 휩싸이게 되거나 하나님을 믿지 못하도록 유혹당할 수 있다. 너무나도 끔찍한 일들, 예를 들어 전쟁, 기근, 가난, 자연재해, 선천적 장애를 지닌 사람들 또는 극악한 범죄들이 발생하면, 많은 사람들이 처음부터 "하나님은 없다"고 단정한다.

이 글을 쓰는 순간에도 이슬람 테러리스트들이 기자들을 참수한 사건으로 인해 세상은 경악에 빠져 있다. "하나님이 계시다면, 어떻게 저런 일들이 벌어질 수 있는가?" 너무나도 끔찍한 일들이 발생할 때마다 우리는 이런 말을 듣는다.

마귀의 존재에 대한 생각도 이와 비슷하다. 이 세상에는 악이 존재한다. 이는 하나님께서 악의 존재를 허락하셨기 때문이다. 마귀는 매우 지능적이고 아주 힘이 세지만, 하나님보다 세지 않고 지혜롭지 못하며, 그분보다 지식에 능할 수도 없다. 하나님이 더 크시고, 더 강하시며, 늘 승리하신다. 하나님이 사탄에게 일정한 능력을 허락하시긴 했지만, 결국 모든 것을 다스리는 분은 하나님이시다. 사탄과 악에 대한 사실을 인정하라. 그리고 하나님이 그 누구보다 더 크고 위대하신 분임을 기억하라.

성경을 믿고, 당신의 생각이 하나님의 말씀보다 더 우월하다고 생각지 말라. 성 어거스틴은 이렇게 말했다. "당신이 믿을 만한 것은 이해하려고 힘쓰지 말라. 또 이해할 만한 것은 믿으라."[39] 이 말은 개혁신학의 주요한 인식론적 공리, 즉 이해를 추구하는 신앙 혹은 믿음을 추구하는 이해가 되었다.

하나님께서 목적을 가지고 어떤 일들이 일어나도록 허용하신다는 것은 그분이 악한 일들을 야기하신다는 것을 의미하지 않는다. 혹자는 따지듯이 말한다. "하나님은 악을 막으실 수도 있는데, 왜 그렇게 하시지 않습니까? 이것이 바로 하나님이 악이 발생하도록 만드신 것 아닙니까?" 이에 대한 나의 대답은 "그렇지 않다"이다. 우리에게는 그런 식으로 결론지을 권한이 없다. 이에 대해 누군가 "그러면, 우리가 이성적으로 생각할 수 있는, 합리적으로 도달할 수 있는 논리적인 결론은 무엇입니까?"라고 물을 것이다. "우리는 알 수 없다." 이것이 나의 대답이다.

물론 이것은 분명 누군가에게는 충분치 못한 대답일 것이다. 그러나 이 시점이 우리가 선택을 내려야 하는 갈림길이다. 어떤 사람들은 무신론을 선택할 것이다. 또한 어떤 이들은 성경의 하나님의 진실하심을 신뢰하기로 선택하여 지금 즉시 하나님의 결백하심을 인정하고, 장래에 천국에서 하나님이 설명해주실 그때를 기다리기로 결심할 것이다. 당신도 이렇게 할 수 있는가? 만일 그렇다면, 나와 당신은 같은 입장을 지닌 것이다.

우리는 철학적으로 또는 신학적으로 무엇인가를 이해하려는 과정에서 알 수 없는 지점에 도달한다. 그럴 때 무신론이 어떤 사람들에게는 매우 매력적인 선택이 된다. 나는 이것을 '안전한 출구'라고 부른다. 그러나 어떤 이들에게는 성경의 원저자이신 성령님의 말씀이 들린다. 그리고 그들은 역사상 가장 흥미진진한 모험을 시작한다. 이 모험이 바로 믿음의 삶이다!

하나님이 사탄에게 일정한 능력을 허락하시긴 했지만,
결국 모든 것을 다스리는 분은 하나님이시다.

신정론 vs 실존주의

믿음의 세계관에는 신정론과 실존주의가 있다. 신정론은 하나님이 목적의 하나님이시며, 전 우주에서 벌어지는 모든 일이 하나님의 전적인 통치 아래에 있다고 본다. 즉 하나님이 허용하신 나쁜 일에도 그분의 섭리가 있다는 것이다. 또한 신정론은 하나님의 섭리는 좋은 것일 수밖에 없으며, 그분의 목적도 당연히 좋을 수밖에 없다고 주장한다. 하나님은 자리를 비운 시계공이 아니다. 세상을 창조하고 그 세상이 저절로 굴러가도록 내버려두는 그런 신이 아니라는 것이다. 하나님은 그러실 수 없는 분이다. 이 땅에서 일어나는 모든 것을 다 아신다. 그뿐 아니라, 말씀의 능력으로 모든 것을 의식적으로 유지하고 지키시는 분이다(히 1:1-3). 신정론은 고전적인 그리스도인의 신앙이며, 내가 믿는 것이기도 하다.

믿음의 세계관의 다른 한쪽 끝에는 실존주의가 자리하고 있다. 이 사상은 인간이 알 수 없는 이유로 존재하게 되었다고 본다. 이 사상에 따르면, 우리는 어떻게 우리가 존재하게 되었는지 모르며 앞으로도 알 수 없다. 일어나는 일들에 대해서는 그 어떤 이유나 까닭도 없다. 왜 생겨났는지 그 이유를 현재도, 미래에도 알 수 없다. 이것이 실존주의자들의 결론이다.

장 폴 사르트르는 인생이 허무하다고 말했다. 그를 따르는 제자들 중 일부는 자살을 했다. 허무한 인생에 자살이 매우 논리적이라고 보았기 때문이다. 사르트르는 제자들이 자살하는 것을 보고 자신이 틀렸다는 것을 깨달았다. 만일 목적과 뜻을 가진 신이 없다면, 실존주의는 가장 합리적이고 논리적인 선택일 것이다.

> 하나님께서 목적을 가지고 어떤 일들이 일어나도록 허용하신다는 것은
> 그분이 악한 일들을 야기하신다는 것을 의미하지 않는다.

열린 유신론 근처는 얼씬도 하지 말라

오늘날 신정론과 실존주의 사이에서 성장세를 띄는 사상이 있는데, 바로 열린 유신론(Open Theism)이다. 열린 유신론은 하나님이 피조물에 의해 부유케 되고 높아진다고 주장한다. 이들의 주장을 유도하는 무언가가 있다는 점은 나도 인정한다. 그러나 조심하라. 원수는 하나님을 멀리하도록 교묘하게 미혹한다. 하나님이 피조물에 의해 부유케 되고 높아진다면, 이

는 하나님이 스스로를 충만케 하시기 위해 그분의 피조물에게 의존하셔야 한다는 말이다. 그러나 하나님은 스스로도 충만하고 만족하시는 분이다. 창조는 하나님이 선택하신 일일 뿐이다.

피조물은 하나님께 영광을 돌리는 존재이지, 하나님을 충만케 해드릴 수 있는 존재가 아니다. 그분을 영화롭게 해드리는 것과 그분을 만족시키는 것은 결코 같은 것이 아니다. 충만해진다는 것은 처음부터 어느 정도 부족한 부분이 있음을 암시한다. 그러나 그분은 영원토록 전능하시고 전지하신 하나님이시다. 하나님이 어떤 일을 하시는 것은 그분의 영광을 위해서이지, 어디가 부족하기 때문이 아니다. 성경의 하나님은 바로 그런 분이시다. 그러니 열린 유신론자들이 성경의 하나님을 받아들이려면, 그들의 주장을 포기해야 한다.

열린 유신론자들이 주장하는 하나님은 전능하지도, 전지하지도 못한 미래에 대해 확실히 알 수 없는 신이다. 그저 확률과 추측을 근거로 예상할 뿐이다. 이런 신에게 지혜를 달라고 기도한다면, 신은 이렇게 응답할 것이다. "나도 다음에 무슨 일이 일어날지 알려면 네 도움이 필요하니, 어디 네가 말해봐라." 이런 신이 마지막 때에 모든 악과 사탄을 이길 것이라고 보장할 수는 없다.

열린 유신론에는 하나님이 마지막에 승리하신다는 희망이 없다. 이 논리를 지지하는 사람들은 그저 그 하나님이 마지막에 이기실 것이라고 믿기로 선택할 뿐이다. 그러나 성경의 하나님은 반드시 마지막에 승리하시는 분이다. 그분이 승리하시는 것은 우리가 하나님이 마지막에 승리하실 것이라고 믿어서가 아니다. 하나님은 우리의 믿음과 상관없이 승리하신다.

당신이 읽고 있는 이 책이 쓰여진 것도 성경의 하나님이 목적의 하나님이시기 때문이다. 좋은 일이든, 나쁜 일이든 거기에는 반드시 하나님의 계획이 있다. 따라서 어떤 일이 생겨도 절대로 당황할 필요가 없다. 하지만 사람이 예상치 못한 또는 원치 않는 일에 직면하여 "하나님은 왜 나에게 이런 일을 허락하셨나?"라는 질문에 성급하게 결론을 내려야 한다면, 다음의 말을 기억하라. "끝날 때까지는 끝난 것이 아니다." 모든 것을 다 알려고 하지 말자. 나는 켄터키의 언덕을 지날 때 '언젠가 그가 평지로 만드시리'라는 찬송을 부르곤 했다. 이 찬송의 고백처럼 언젠가 하나님이 우리가 알 수 없는 문제의 답을 시원하게 설명해주시는 날이 오리라 믿는다.

말은 이렇게 하지만, 여전히 나에게 가장 괴로운 걱정이 남아 있다. 그것은 바로 내가 겪은 것보다 더 큰 고통을 겪는 사람들과 내가 경험한 적 없는 문제와 씨름하는 사람들에 대한 것이다.

사실 나는 욥의 말에 완전히 동의한다. 다시 말해, 그 어떤 것도 나를 향한 하나님의 계획을 바꾸거나 방해할 수 없다는 것을 진심으로 믿는다. 그런데 종종 "계획이 완전히 틀어져서, 이를 위해 기도했지만 아무것도 바뀌지 않았어요. 나는 예수님을 믿는데도 전혀 나아지지 않았어요"라고 말하는 사람들이 있다. 어쩌면 그들의 말이 사실일 수도 있다.

그들 중 일부는 경건한 믿음의 가정에서 성장한 이들도 있다. 그러나 불행한 결혼생활을 하거나 거절의 상처로 인해 너무나 괴롭고, 몸은 병들고, 도처에 경제적인 문제가 산재하며, 극심한 육체적 고통 등으로 살아갈 이유가 전혀 없다며 자신을 몰아세우고 있다. 이들의 고통은 내가 가늠할 수 없는 수준이다. 이들은 단지 사탄에 의해 훼방을 받는 정도가 아니라, 사탄이 그들의 삶을 완전히 장악하고 있다고 할 수 있는 수준이다. 심지어 힘들고 고통스러워 기도를 할수록 상황이 더욱 혼란스러워지기까지 한다.

이 사람들에게 우리는 무슨 말을 할 수 있을까? 나는 이러한 사람들에게 수백 번도 넘게 해준 이야기가 적절한 답이 될 것이라고 생각한다. 즉 절대로 포기하지 말라는 것이다. 끝날 때까지는 끝난 것이 아니다.

나를 사랑하시는 하나님은 나를 사랑하시는 만큼 그들도 사랑하신다. 만일 당신이 앞서 설명한 문제들로 인해 또는 그보다 더 심각한 문제 때문에 어찌해야 할지 모른다면, 나는 이렇게 말해주고 싶다. "하나님은 나를 사랑하시는 것만큼 당신을 사랑하십니다."

하나님께는 당신을 향한 놀라운 계획이 있다

빌 브라이트 교수는 오래전에 국제대학생선교회를 설립했다. 이 단체의 복음주의적 메시지는 이렇게 시작한다. "하나님은 당신을 사랑하십니다. 그리고 그분은 당신을 향한 놀라운 계획을 가지고 계십니다." 셀 수 없이 많은 사람들이 이들의 전도로 주님께 돌아왔다. 하지만 많은 사람들이 지금도 이렇게 묻고 있다. "하나님이 날 위해 놀라운 계획을 가지고 계시다면, 그 계획에 무슨 문제라도 생긴 겁니까?"

만약 당신이 이런 상황이라면, 하나님께 돌아와서 새로 시작해보지 않겠는가? 로마서 12장 2절 말씀대로 살겠는가?

> 너희는 이 세대를 본받지 말고 오직 마음을 새롭게 함으로 변화를 받아 하나님의 선하시고 기뻐하시고 온전하신 뜻이 무엇인지 분별하도록 하라(롬 12:2).

만일 당신이 꾸밈없는, 진정한 결의를 가지고 이 말씀대로 산다면, 그리고 포기하지 않는다면, 당신은 장래에 "하나님의 선하시고 기뻐하시고 온전하신 뜻"(롬 12:2)이 무엇이었는지 깨달았다고, 마침내 "모든 것이 합력하여 선"을 이루었노라고 고백하게 될 것이다(롬 8:28).

무슨 일이 생겼는지, 어쩌다 그렇게 되었는지 알아내려고 노력하지 말라. 기꺼이 다시 시작하라. 뒤돌아보지 말라. 성경이 말하는 하나님께로 돌아오라. 다시 시도해보라. 하나님은 그곳에서 당신을 기다리시며, 함께하실 것이며, 이 땅에서 일어난 모든 일이 합력하여 선을 이루는 일을 시작하실 것이다.

당신이 말씀을 선포하는 일에 부르심을 받았으나 그 소명을 포기한 사람이든, 배우자를 잘못 만난 사람이든, 혹독한 직장생활이나 어리석은 결정으로 괴로워하든, 전혀 도움이 되지 않는 사람들과 섞이게 되었든지, 최고라고 여긴 사람들이 당신을 실망시켰든, 예수 그리스도께로 돌아오라. 그분은 당신을 받아주신다. 만일 당신의 회개가 받아들여진다면, 이는 하나님께서 지금 당신의 상황을 살피신다는 것을 의미하며, 곧 당신의 후회가 사라지게 될 것을 뜻한다.

정말로 하나님은 당신의 인생에 대한 놀라운 계획을 갖고 계신다.

좋은 일이든, 나쁜 일이든 거기에는 반드시 하나님의 계획이 있다.

IT AIN'T OVER

시작이 어떠했는지는 중요하지 않다. 끝이 어떠한지가 중요하다.**40)**

- 짐 조지 -

TILL IT'S OVER

CHAPTER 15
유종의 미

나는 선한 싸움을 싸우고 나의 달려갈 길을 마치고 믿음을 지켰으니
이제 후로는 나를 위하여 의의 면류관이 예비되었으므로
주 곧 의로우신 재판장이 그 날에 내게 주실 것이며
내게만 아니라 주의 나타나심을 사모하는 모든 자에게도니라
(딤후 4:7-8)

1935년 7월 13일, 켄터키 주 애슐랜드의 한 경건한 그리스도인 가정에서 태어난 나의 시작은 비교적 괜찮은 편이었다. 나의 부모님은 삶의 우선순위를 하나님과 교회에 두셨다. 아버지에 대한 나의 첫 기억은 매일 아침마다 출근하기 전에 무릎을 꿇고 기도하시는 모습이다. 어머니에 대한 기억도 이와 비슷하다. 어머니는 아버지가 출근하고 나면 무릎을 꿇고 기도하셨다. 그러면 나는 약간 조바심을 내며 어머니의 기도가 끝나기를 기다리곤 했다. 어머니가 기도하시다가 손을 들어 찬양하면, 기도가 거의 끝나간다는 의미였다.

대략 20년이 지나 내가 나사렛신학교 학생일 때, 콕스 목사가 채플 시간에 설교를 하러 온 적이 있다. 콕스 목사의 말씀은 존 로건 목사 다음으로 생생하게 기억에 남는 설교다. 히브리서 11장 5절 말씀을 본문으로 한 그의 설교는 에녹에 대한 것이었다. 에녹은 '하나님을 기쁘시게 하는 자'라는 증거를 받은 구약의 인물이다. 나는 설교를 통해 큰 은혜를 받았다. 그래서 예배가 끝나자마자 기숙사에 가서 무릎을 꿇고 기도하고 싶었다.

그날 내가 받은 은혜에 대해 아버지에게 편지를 썼다. 그때 아버지는 이런 이야기를 해주셨다. "아들아, 네가 엄마 뱃속에서 지낸 지 6개월이 되었을 때, 우리는 인디애나폴리스에 있는 나사렛교회에서 예배를 드린 적이 있다. 그때 나는 목사님의 설교에 사로잡혀 내 손을 네 엄마 배 위에 올리고 이렇게 기도를 했지. '주님, 우리 아들이 커서 복음을 전하는 사람이 되게 하시고, 이 목사님처럼 말씀을 전하게 해주세요.' 그런데 그 목사님이 바로 콕스 목사님이란다."

바울, 좋은 마무리의 모범

사도 바울은 끝까지 마무리를 잘하였다. 아마 예수 그리스도를 따르는 사람이라면 누구나 바울처럼 마치기를 원할 것이다. 그는 우리 모두에게 좋은 모델이다. 위대함에 대해서는 누구도 바울의 상대가 될 수 없겠지만, 신실함에 있어서는 분명 우리도 바울과 같기를 힘써야 할 것이다.

바울의 마지막은 더할 나위 없이 성공적이었다. 관광객이 아닌 예수 그리스도의 복음을 전하는 전도자로서 지중해 전 지역을 다니는 그의 삶에 마지막이 오고 있다고 상상해보라. 바울은 수많은 박해와 고초를 겪었고, 자신에게 많은 의미가 되었던 지역에서 그의 명성과 명예가 땅에 떨어졌다. 그는 지독한 외로움을 감내하면서 신약성경의 3분의 2에 해당하는 분량의 서신을 썼으며, 죽을 고비도 여러 번 넘겼다. 그리고 이제 로마 황제의 명에 의해 그의 목이 언제 베일지 모르는 가운데 "나의 달려갈 길을 마치고, 믿음을 지켰으니"라고 고백하는 것이다.

그렇다. 우리에게 좋은 마무리의 모델은 바울이어야 한다. 그런데 우리가 과연 사도 바울만큼 할 수 있을까? 우리가 끝마무리를 잘하지 못하는 이유는 무엇일까?

비현실적인 야망이 주는 실망

많은 이들이 노년에 마무리를 잘하지 못했다고 생각한다. 살면서 이룬 것들이 젊은 시절 자신들이 기대했던 것에 못 미치기 때문이다. 때때로 실망감이 드는 이유는 비현실적인 목표에서 비롯된다. 비현실적인 목표는 나의 삶에서도 큰 문제로 남아 있다. 미국의 수필가 랄프 왈도 에머슨이 표현했듯이 나는 일찍부터 "꿈을 크게 가지라"[41]고 배웠다. 이 말은 위대함을 열망하고, 위대한 업적을 이룬 자를 열망하라는 뜻이다. 그래서 나는 당대 최고의 영웅들을 닮기로 결심했었다.

나의 첫 번째 영웅은 뉴욕 양키스에서 활약한 위대한 야구선수 조 디 마지오였다. 음악계에서 내가 존경하는 인물은 아서 루빈스타인이다. 그는 당대 가장 뛰어난 피아니스트다. 내가 가장 좋아하는 작곡가는 세르게이 라흐마니노프이다. 그의 교향곡과 콘체르토는 여느 종교적인 음악보다 정서적으로 많은 도움이 되었다. 그리고 최고의 스승은 최고의 설교자요, 목회자인 마틴 로이드 존스 목사다.

어떻게 보면, 나는 내가 자라온 방식 때문에 이룰 수 없는 꿈들을 꾸었다. 나는 한 분야에 있어서 최고가 되기를 간절히 원했다. 그러나 한 번도 그렇게 해본 적이 없다. 야구를 좋아하지만, 운동에서 두각을 드러낸 적이 전혀 없다. 낚시도 좋아하지만, 절대로 훌륭한 낚시꾼은 아니었다. 피아노 연주 실력도 보잘것없다. 그리고 설교에 관하여는, 스승인 로이드 존스 목사에 비하면 아무것도 아니다.

> 때때로 실망감이 드는 이유는 비현실적인 목표에서 비롯된다.

이런 내가 평안을 찾는 방법은 다른 관점을 포용하는 것이다. 하나님이 진실로 우리에게 기대하시는 것은 무엇일까? 하나님도 우리에 대해 비현실적인 목표를 정하셨을까? 전혀 그렇지 않다. 우리는 하나님을 기쁘시게 해드리는 것만으로 만족감을 얻는 법을 배워야 한다. 누구도 바울의 상대가 될 수 없다. 바울과 같은 사람은 없다. 우리는 성 아타나시우스가 될 수도 없고, 성 어거스틴처럼 될 수도 없으며, 마틴 루터나 존 칼빈 또는 조나단 에드워즈처럼 될 수도 없다.

여기 나를 구해준 진실이 있는데, 그것은 하나님께서 직접 우리의 기업을 선택하신다는 것이다(시 47:4). 그 기업에는 우리의 소명, 능력, 기름부음, 은사, 사역, 유명세, 특별함, 친구들 그리고 원수들까지 포함된다. 우리의 유일한 책임은 신실해지는 것이다. 우리가 자신의 한계를 알고 하나님께서 우리에게 보여주신 것들을 성실하게 행한다면, 우리도 사도 바울처럼 성취감을 얻게 될 것이다.

중요한 구분

나는 일반적으로 마무리를 잘하는 것과 특정하게 마무리를 잘하는 것에 대해 이야기하기 위해 구원받은 자들과 잃어버린 바 된 자들, 구원받은 자들과 마무리를 잘한 것 같지 않은 그리스도인들로 구분하고자 한다.

마지막을 잘 마친다는 것은 일반적으로 죽음이 가까이 왔을 때 하나님을 만나게 되는 순간을 준비한다는 뜻이다. 이것은 결코 세상의 시각으로 바라보는 직장에서의 성공이나 사역에서의 성공을 말하는 것이 아니다. 당신이 얼마나 유명한가를 확인하는 것도 아니고, 인생에서 이룩한 업적에 대해 사람들의 칭송을 듣고 있는가를 묻는 것도 아니다. 어쩌면 당신의 이름을 기리기 위해 세워진 추모비나 당신의 이름을 딴 도로가 있을 수도 있다. 그러나 이런 것들이 당신이 마무리를 잘했음을 증명하는 것은 아니다.

도대체 누가 자신의 명예를 기리는 추모비를 살아 있는 동안에 세우고 싶겠는가? 또한 어느 누가 죽은 후에 자신의 추모비가 세워졌는지 확인할 수 있겠는가? 나는 살아 있는 동안에 자신의 추모비가 세워진 것을 확인한 사람 둘을 안다. 그들은 바로 사울 왕과 압살롬이다. 그러나 둘 다 끝마무리를 잘하지 못했다. 우리가 간절히 소망해야 하는 유일한 추모비는 끝을 잘 맺는 인생이어야 한다. 우리가 진정으로 마무리를 잘했는지는 최종적으로 그리스도의 심판대 앞에서 드러날 판결에 따라 결정된다. 즉, 끝마무리를 잘했는지 여부는 우리가 죽는 순간의 영적 상태에 따라 결정된다.

> 우리는 하나님을 기쁘시게 해드리는 것만으로 만족감을 얻는 법을 배워야 한다.

당신이 죽기 전까지는 끝난 것이 아니다

우리가 어떻게 살아야 하는지를 가르쳐주기 위해 예수님께서는 부자와 나사로에 대한 이야기를 들려주셨다. 그들 중 마지막 마무리를 잘한 사람은 거지 나사로였다. 그가 만약 이 시대를 살다가 죽은 가난한 사람이었다면, 주요 일간지에 사망 기사가 실리는 것은 기대도 하지 못할 것이다. 장례식에서 그의 위대한 업적을 말하는 이도 없을 것이다. 장례식이라도 치를 수 있다는 가정 하에 말이다. 이 땅에서 그는 살아갈 뚜렷한 이유도 없었다. 그러나 그는 죽어서 천국에 들어갔다. 당신이 죽을 때 하나님을 만날 준비되어 있다면, 삶을 잘 마쳤다는 증거가 될 것이다.

반면에 부자는 이 땅에서 살아갈 이유가 많았다. 지역의 주요 언론은 그의 죽음에 대해 앞다투어 다뤘을지도 모른다. 그의 장례식은 성대했을 것이며, 그의 업적은 극찬을 받았을 것이다. 그렇게 부자는 장례식에서는 영광을 누리지만, 죽어서는 고통스런 지옥으로 갔다. 지옥에서도 그는 생전의 기억을 갖고 있었는데, 그 기억이 그를 더욱 힘들게 했다.

예수님은 부자가 죽어서 간 지옥을 '하데스'(Hades)라고 부르셨다. 하데스는 무덤 또는 죽음을 의미하기도 하지만, 인간이 고통을 느낄 수 있는 장소이기도 하다. 그는 살아서는 부유했지만, 죽어서는 아무것도 할 수 없었다. 살아서는 돈으로 모든 문제를 해결하고, 안 되는 일도 되도록 만들 수 있었겠지만, 지옥에서는 돈으로 할 수 있는 것이 아무것도 없다. 또한 누구도 그를 도와줄 수 없다. 지옥은 영원한 후회와 절망으로 고통받는 곳이다(눅 16:19-31). 부자는 마무리를 잘하지 못했다. 살아서는 대단했으나 영원 속에서는 이름도 없는 실패자가 되었다.

끝마무리를 잘하고 싶다면, 천국에 들어간 사람들을 본받으라. 천국에 간 나사로에게는 이름이 있었다. 예수님은 우리의 '이름들'이 천국에 기록되는 것을 기뻐하라고 말씀하셨다(눅 10:20). 하나님은 우리를 지명하여 부르신다(사 43:1). 나사로는 구걸하는 거지였다. 우리가 살아 있는 동안 하나님의 긍휼을 간곡히 구하지 않는다면, 죽어서 거지가 될 것이다. 부자가 지옥에서 고통을 감해달라고 간청한 것을 기억하라. 그러나 때는 늦었다. 부자는 끝마무리를 잘하지 못했다.

자신의 한계를 알고 하나님께서 우리에게 보여주신 것들을 성실하게 행한다면,
우리도 사도 바울처럼 성취감을 얻게 될 것이다.

유종의 미를 거두는 첫 단추

끝마무리를 잘한다는 것은 내가 구원받았다는 사실을 아는 것을 뜻한다. 구원의 문제는 죽음과 직결된다. 끝마무리는 당연히 죽음을 의미한다. 은퇴를 의미하는 것도 아니고, 회사나 직책을 옮기는 것도 아니다. 나는 이번 장에서 우리의 임종에 대해 이야기하려 한다.

사람에게 '한 번 죽는 것'은 이미 정해진 일이다(히 9:27). 이것에 대해 누구도 예외일 수는 없다. 영화감독 우디 앨런은 다음과 같은 유명한 말을 남겼다. "나는 죽음이 두렵다. 그래서 그저 죽음이 찾아올 때 내가 그곳에 없길 바란다."[42]

나는 죽음이 두렵지는 않다. 그보다는 죽기 전에 고통이 있을까 두렵다. 하나님께서 허락하신다면, 나는 죽는 순간에도 의식이 있길 바란다. 내가 고통 가운데 죽는 것도 무리는 아니다. 하지만 누가 그렇게 죽기를 바라겠는가? 그럼에도 나는 나의 영혼이 육신을 떠나는 그 순간을 진심으로 기대한다. 내가 죽는 바로 그 찰나에 분명 예수님의 얼굴을 볼 수 있으리라.

히브리서 9장 27절의 '한 번'이라는 단어에 우리는 별로 관심을 갖지 않았을 수도 있다. 하지만 히브리서 기자는 이 단어를 의도적으로 기록했다. 우리에게 이 땅에서 단 한 번의 삶밖에 없다는 것을 상기시키고자 기록한 것이다. 인생은 한 번이다. 우리는 날 때부터 단 하나의 육신을 갖고 태어났다. 우리는 정신도, 영혼도, 생명도 하나다. 여분의 정신, 영혼, 생명은 없다.

그러므로 우리는 마무리를 잘해야 한다. 구원은 전적으로 하나님의 은혜로 받는 것이다. 그것은 하나님께서 주시는 값없는 선물이며, 그리스도의 보혈을 의지함으로 받는 선물이다. 당신이 일찍이 구원받은 사람이든, 죽기 10분 전에 구원받은 사람이든 영생은 영원히 지속된다. 천국을 놓치는 것은 궁극적으로 중요한 모든 것을 잃어버리는 것이다. 이는 하나님의 영원한 진노를 피할 길이 없다는 의미다.

우리가 어디에서 영원한 시간을 보낼지를 생각해볼 때, 50년을 신실한 그리스도인으로 산 것이 결코 마지막 순간에 구원을 받은 것보다 우위에 있지는 않다. 좋은 평판을 듣고 도덕적인 삶으로 존경받는 사람의 끝마무리가 좋지 않다는 것은 복음의 수치이다. 이는 최악의 상태에서 끝나는 것이 구원받지 못했다는 증거가 될 수 있기 때문이다. 이와 반대로, 생각 이상으로 최악의 인생을 산 사람일지라도 늦게라도 그리스도께 돌아온다면 구원받을 수 있다.

> 끝마무리를 잘한다는 것은 내가 구원받았다는 사실을 아는 것을 뜻한다.

끝마무리를 잘한 그리스도인

존 웨슬리는 비평가들에게 이렇게 말했다. "우리 믿는 사람들은 죽을 때 잘 죽는다."[43]

이제 나는 마무리를 잘한 그리스도인에 대해 다룰 것이다. 아마도 당신은 나에게 이렇게 묻고 싶을 것이다. "그리스도인이면 모두 끝마무리를 잘하지 않나요?" 슬프게도 그렇지 않다. 심지어 교계 지도자들 가운데도 끝마무리를 잘하지 못한 이들이 있다. 그들 중 일부는 도덕적으로 실패했고, 일부는 자신들의 사역을 혼란 속에 빠뜨렸으며, 일부는 오래도록 칭송을 받았으나 끝에 가서는 명성이 구름 뒤로 가려진 사람들이다.

또한 자신이 일궈놓은 소중한 사역을 포기하지 못하여 다음 세대에게 양보하지 않고, 은퇴를 거부하는 이들도 있다. 마지막에 가서 모진 성품 때문에 성도들을 실망시키는 사람들도 있다. 이렇듯 지상에서 끝을 잘 마치지 못한 사람들은 저 하늘의 심판대에서 그에 상응한 대가를 치르게 될 것이다.

인식이 진실이다

어쩌면 이런 이야기는 불공평한 것일 수 있다. 그렇지만 '인식이 진실이다'라는 말은 너무나 흔한 사실이다. 당신이 남기는 인상은 사람들이 당신을 바라보는 방식과 당신이 스스로를 나타내는 방식에 좌우된다. 사람들은 당신의 외모, 태도, 어울리는 사람들, 말투, 표현, 지식의 유무를 판단할 것이다. 그리고 사람들이 일반적으로 인식하는 것이 사실이 된다. 좋든 싫든, 우리는 사람들이 참이라고 생각하는 것이 중요해진 세상을 살아가고 있다.

설교를 준비하며 기도할 때, 나는 나의 설교에 대한 사람들의 인식이 하나님이 의도하시는 바를 놓치지 않도록 기도한다. 사람들이 인지하는 것은 매우 중요하다. 그들의 인식이 하나님의 뜻과 계획을 따른다면, 그러한 맥락에서 인식은 진실이 된다.

그래서 '준비된 죽음'(Dying Well)이라는 말은 부분적으로는 고인에 대한 사람들의 인식을 언급하는 것이다. 때로는 끝마무리를 잘한 사람, 즉 개인적으로 주님과 동행하는 삶을 사는 사람이 좋지 않은 일들로 기억에 남을 수도 있다. 리처드 닉슨 대통령은 개인적 구원과 관련하여 죽기 전에 하나님과 바른 관계에 있었다는 면에서는 끝마무리를 잘했다고 볼 수 있다. 그러나 그가 워터게이트 사건으로 대통령직에서 강제로 물러나게 된 일이 사람들의 마음에 각인되어 닉슨의 이름을 들을 때마다 생각나는 것이 되었다.

'준비된 죽음'에 대해서는 사람들이 생각하는 것과 진실이라는 두 가지 측면이 있다. 좋은 소식은 그리스도의 심판대에서 진실이 밝혀진다는 것이다. "감추인 것이 드러나지 않을 것이 없고 숨긴 것이 알려지지 않을 것이 없나니"(눅 12:2).

진실은 결국 드러나게 될 것이다. 그리고 진실만이 불명예를 씻어줄 것이다. 우리가 참된 사람인지 거짓된 사람인지도 밝혀지고, 숨겨진 것은 아무것도 없게 될 것이다. "그러므로 때가 이르기 전 곧 주께서 오시기까지 아무 것도 판단하지 말라 그가 어둠에 감추인 것들을 드러내고 마음의 뜻을 나타내시리니 그 때에 각 사람에게 하나님으로부터 칭찬이 있으리라"(고전 4:5).

마태복음 12장 36절의 말씀처럼 우리는 우리가 내뱉은 모든 무익한 말에 대해 설명해야 할 것이다. 모든 인간은 반드시 그리스도의 심판대 앞에서 각각 선악 간에 우리 몸으로 행한 것을 따라 상급 또는 형벌을 받기 때문이다(고후 5:10).

예수님은 '의로우신 재판장'이시다(딤후 4:8). 예수님은 공평하고 공정하고 정직하시며 진리로 다스리신다.

성경은 우리에게 마지막 때를 준비하라고 경고한다. 사실 하나님이 마지막 심판이 오고 있음을 우리에게 알리실 필요는 없다. 그분은 마지막 순간에 갑자기 심판을 알리실 수도 있다. 그러나 그렇게 하지 않으셨다. 하나님은 우리에게 성경과 예수님을 통해 모든 것이 드러나게 될 것이니 최후 심판을 준비하라고 충분히 일러주셨다. 해결되지 않은 은밀한 죄에 대한 진실, 불의한 판결들, 불평등한 법, 정치적 청탁, 재정 비리, 거짓말, 무자비한 욕심, 무너진 평판, 살인하고 도망한 자들, 보상받지 못한 순종, 무엇이 정통이고 무엇이 이단인지 등을 비롯하여 모든 것들이 마지막 심판의 날에 밝히 드러날 것이다.

지난날의 모든 것이 심판대에서 드러나는가?

심판대 앞에서 우리의 모든 죄가 드러나게 될 것인가에 대해 두 가지 견해가 있다. 바로 하나님께 고백하고 회개한 죄는 절대로 드러나지 않는다는 나의 견해와 용서받은 죄들도 알려지게 된다는 아서 블레싯의 견해다.

아서는 이렇게 묻는다. "다윗을 비롯하여 성경 속 인물들이 범한 죄들이 왜 적나라하게 성경에 기록되어 있는 것일까? 왜 우리라고 다르게 대우를 받아야 하는가?" 이에 대해 나는 다음과 같이 조언하려 한다. 아서의 관점이 옳다고 생각하고 살아라. 그것이 이 땅에서 사는 동안 우리에게 좋으면 좋았지 해가 되지는 않는다. 그리고 내 관점도 옳다고 생각하라. 그로 인해 우리는 안도감을 얻게 될 것이다!

그리스도인이라고 다 끝마무리를 잘하는 것은 아니다. 이유가 뭘까? 끝을 잘 마친 그리스도인이란 구원받은 자로서 유업을 상속받고 그것을 끝까지 잘 지킨 자이다. 이미 앞에서 살폈듯이, 모든 그리스도인은 자신의 유업 상속에 참여하도록 부름받았다. 따라서 부름받은 대로 상속받는 사람이 있는 반면에 그렇지 못한 사람도 있다. 유업을 물려받고 그것을 지키는 자는 진실로 잘 마치는 사람이다. 이러한 사람은 천국에 들어갈 뿐만 아니라, 심판의 자리에서 상급을 받는다.

구원받은 사람도 버림받을 수 있는가?

진실로 구원을 받은 후에 영원히 버린 바 될 수 있다고 가르치는 말씀은 성경 어디에도 없다. 성경 속 그리스도인들을 향한 모든 경고는 유업, 상, 면류관 또는 보상을 잃어버리는 것에 대해 언급하고 있다.

바울이 고린도 지역의 그리스도인들에게 처음으로 편지를 썼을 때, 그는 자신이 얼마나 열정적으로 '상'과 '면류관'을 추구하고 있는지 보여준다. 특별히 그는 이렇게 말했다. "내가 내 몸을 쳐 복종하게 함은 내가 남에게 전파한 후에 자신이 도리어 (상급을 받는 자격이) 버림을 당할까 두려워함이로다"(고전 9:27, 괄호는 NIV성경 참조).

바울은 구원받은 상태를 유지하기 위해 자신의 몸을 친 것이 아니다. 그는 조금도 자신의 구원이 사라질까 봐 걱정하거나 그로 인해 하나님의 영원한 진노가 임할 것에 대해 염려하지 않았다.

바울이 스스로를 엄격한 규율 아래 둔 것은 자신의 정결함을 지켜 그가 받을 상급을 잃어버리지 않기 위해서다. 그에게 상급은 매우 중요한 것이었다. 바울이 고린도전서를 기록한 시기는 서기 55-56년경이다. 또한 디모데후서는 바울이 죽기 직전인 서기 67-68년에 기록한 것으로 전해진다. 그는 '의의 면류관'이 이제 그를 기다리고 있다고 단언하는 것을 두려워하지 않았다(딤후 4:8). 이는 영원한 나라에 '넉넉히 들어감'과 같다(벧후 1:11).

당신이 끝마무리를 잘할 수 있도록 도전하는 것이 이 책의 목적이다. 즉, 당신이 구원받은 사실을 알고, 자신의 유업을 추구하며 살고 있는지를 확인시키는 것이다. 그리고 이 모든 일이 분명하게 나와 당신이 원하는 것이어야 한다. 왜냐하면 마무리를 잘하는 사람도 있지만, 그렇지 못한 사람도 있기 때문이다. 나는 우리 모두가 끝마무리를 잘할 수 있기를 바란다. 이것은 불가능한 일이 아니다. 이 일에 당신도 함께하겠는가?

지금 이 책을 읽고 있는 당신 또한 끝마무리를 잘하기에 결코 늦지 않았다. 당신이 천국에 들어가기에 결단코 늦지 않았다는 말이다.

끝을 잘 마친 그리스도인의 의미는 구원받은 자로서 유업을 상속받고
그것을 끝까지 잘 지키는 것이다.

심각하게 그르친 후에도 여전히 마무리를 잘할 수 있을까?

당신이 느끼기에 천국에서 받을 상급에 대한 모든 희망이 다 사라진 것 같다면, 계속해서 이 책을 읽어나가라. 지금부터라도 놀라운 전환점을 맞고, 오늘부터 하나님이 주실 유업을 추구하는 삶을 시작할 수 있다는 희망을 가질 수 있을까? 당연히 그럴 수 있다.

다윗 왕도 성경의 다른 인물들처럼 끔찍한 죄를 지었다. 그는 간음죄를 지은 후 그 죄를 덮기 위해 살인죄까지 저질렀다. 그리고 잠시 동안 두 죄악이 모두 잊혀진 듯했다. 성서학자들은 다윗이 죄를 지은 후 나단 선지자가 찾아와 죄를 폭로할 때까지 2년 정도의 시간이 흘렀을 것으로 본다. 따라서 나단의 책망이 없었다면, 다윗은 자신이 저지른 간음죄와 살인죄에 대해 처벌 없이 무사히 빠져나왔다고 믿었을 것이다.

그러나 다윗은 죄에 대한 책임을 면할 수 없었다. 그의 죄들이 폭로되었기 때문이다. 그는 나단이 찾아온 이후에 혹독하게 대가를 치렀다. 성경의 인물들 가운데 유일하게 하나님의 마음에 합한 자라고 불리는 다윗도 죄 때문에 넘어졌을진대, 누가 감히 이러한 죄들로부터 아무런 벌을 받지 않을 것이라고 상상할 수 있겠는가?

다윗의 죄가 드러난 이유는 그가 특별했기 때문이다. "살아 있는 사람은 자기 죄들 때문에 벌을 받나니 어찌 원망하랴"(애 3:39). 이 구절은 차라리 살아서 받는 벌이 죽어서 받는 벌보다 더 낫다고 말한다. 지금 이곳에서 우리의 죄가 드러나는 것은 긍휼과 은혜의 징표요, 하나님의 사랑의 매다. 그렇다. 하나님께서 우리를 훈육하시는 것이다. 장래에 받게 될 형벌에

비하면, 이것은 감사한 일이라고 할 수 있다.

고백하지 않고 회개하지 않은 죄를 숨기고 사는 자들은 심판의 때에 그 죄들과 대면해야 할 것이다. 그리스도의 심판대에서 죄의 결과를 마주하는 것은 수천 배 이상으로 고통스러울 것이다. 다시 말하지만, 고통스럽고 창피하더라도, 지금 우리의 죄가 드러나는 것이 하나님 앞에서 전 세계가 지켜보는 가운데 그 죄를 대면하는 것보다 훨씬 더 다행스러운 일이다.

《내일의 기름부음》에서 나는 사울 왕을 '어제의 사람'으로 묘사했다.[44] 어떤 사람들은 다윗의 죄가 사울의 죄보다 심각하다고 말한다. 다윗은 간음죄와 살인죄를 지음으로 두 가지 계명을 어겼기 때문이다. 반면에 사울은 제사법을 어기고, 아말렉의 모든 것을 다 멸하라는 하나님의 명령에 순종하지 않는 죄를 지었다.

사울과 다윗의 가장 큰 차이는, 사울 왕은 죄를 회개치 않고 변명만 하였으나 다윗은 즉시 잘못을 뉘우치고 나단 선지자가 말한 모든 것을 받아들였다는 것이다. 사울은 자신이 받을 유업을 완전히 잃었다. 다윗도 나단이 오기 전까지는 그러했다. 그러나 다윗이 회개함으로 하나님을 기쁘시게 해드리려는 그의 바람을 증명할 기회가 다시 주어졌다.

당신이 다윗이나 사울이 범한 것과 같은 수준의 엄청난 죄를 지었다고 가정해보자. 당신은 스스로 변명을 할 것인가, 아니면 하나님의 판결을 인정할 것인가? 만약 사울이 자신의 죄에 대해 변명하지 않고 즉각적으로 자신의 잘못을 고백했다면, 그에게도 기회가 주어졌을 것이다. 그러나 사울은 여호와의 명령을 어기고 번제를 드린 것이 부득이한 것이었다고 자신을 변호했다(삼상 13:12). 불순종과 완강한 자기변명의 결과, 사울 왕은 회개할 기회를 놓쳤다. 결국 그는 히브리서 6장 4-6절에 묘사된 자들처럼 되었다. 성령에 의해 빛을 받고, 하나님의 선한 말씀의 능력을 맛보고, 성령에 참여한 바 되고, 내세의 능력을 맛본 자이나 무언가 심하게 잘못되어버린 것이다.

> 지금 이곳에서 우리의 죄가 드러나는 것은 긍휼과 은혜의 징표요,
> 하나님의 사랑의 매다.

이들은 구원을 받았으나 회개에 이르도록 다시 새롭게 될 수 없는 자들이다. 그들은 영광에서 영광으로 다시 변화될 수 없는 자들이다. '어제의 사람'이 된 것이다. 회개하지 않은 사울은 돌이킬 수 없을 정도로 그의 유업을 상실했다.

'어제의 사람'에도 두 종류가 있다. 첫 번째, 어쩔 수 없는 상황으로 인해 자신의 자리를 포기하도록 강요받는 사람이다. 이것은 굴욕적인 일이다. 하지만 이런 사람들에게도 기회는 있다. 만일 그들이 교만에서 내려와 진실로 회개하고 돌이키면 새로운 시작이 가능하다. 두 번째, 혈기 왕성하게 자신들의 사역을 지속해나가는 사람들이 있다. 이런 유형의 사람들은 주위 사람들의 조언을 듣지 않고, 본인의 잘못을 인정하려 하지 않는다. 그런데 그들은 단번에 어제의 사람으로 보이지는 않는다. 사울도 그랬다. 하나님이 그에게서 왕위를 거두시기로 뜻을 정하셨음에도, 이를 깨닫지 못한 사울은 그 후로도 20년간 왕으로 지냈다. 어제의 사람들은 자신의 추종자들을 계속 붙잡아두려 한다. 그래서 그들이 추락하고 있다는 것을 아는 사람은 아무도 없다. 사울 왕의 경우처럼, 오직 하나님만이 그들에 대

한 진실을 아신다(삼상 16:1).

 자신의 유업을 상실한 사람들에게 과연 두 번째 기회가 있을까? 다윗은 마음과 뜻을 다해 회개했다. 그는 사람들에게 보여주거나 동정심을 얻기 위해 거짓 눈물을 흘리지 않았다. 하나님 앞에서 다윗은 슬픔으로 인해 마음이 무너졌다. 전처럼 회복되기까지 많은 시간과 노력이 필요했지만, 희망이 완전히 사라진 것은 아니었다. 무엇보다도 다윗은 그의 유업을 추구할 수 있었고, 얼마나 자신이 하나님을 사랑하는지를 보일 수 있었다.

 우리가 다윗과 같은 죄인인지, 사울과 같은 죄인인지를 알 수 있는지 기준은 얼마나 진심으로 그리고 정직하게 하나님과의 관계를 바로잡고 싶어 하는가에 있다. 혹시라도 이전의 사역이나 지위를 되찾을 수 없더라도 말이다. 하지만 회개의 목적이, 하나님과의 관계를 바로잡는 목적이 단지 예전의 상태로 돌아가기 위해서라면, 두렵건대 그것은 거짓된 회개다. 그러나 그 어떤 대가를 바라지 않고 기꺼이 주님을 겸손하고 신실하게 섬기고자 한다면, 그들에게는 소망이 있다.

다윗에게 가장 좋은 시절

 위엄 있는 언약궤의 존재감을 이용하지 않으려고 거절했을 때가 다윗에게 있어서 가장 좋은 시절이었다. 이때 다윗은 도망자 신세였다. 그의 아들 압살롬이 민심을 얻어 반역을 일으키고 아버지를 왕위에서 내쫓기 위해 반란을 일으킨 것이다. 하나님이 다윗에게 내리신 벌은 결코 가볍지 않았다. 그러나 언약궤는 다윗에게 남아 있었다.

다윗은 일찍이 언약궤의 영광과 위대함과 위엄을 경험하였다. 어떤 이들은 다윗이 언약궤와 함께 있었기에, 언약궤의 도움과 보호로 왕위를 다시 찾을 수 있었다고 주장한다. 그러나 다윗이 대제사장 사독에게 말한 내용을 보면 꼭 그렇지만은 않다.

> 왕이 사독에게 이르되 보라 하나님의 궤를 성읍으로 도로 메어 가라 만일 내가 여호와 앞에서 은혜를 입으면 도로 나를 인도하사 내게 그 궤와 그 계신 데를 보이시리라 그러나 그가 이와 같이 말씀하시기를 내가 너를 기뻐하지 아니한다 하시면 종이 여기 있사오니 선히 여기시는 대로 내게 행하시옵소서 하리라(삼하 15:25-26)

다윗이 사독에게 이른 말은 '진정한 다윗'의 면모를 보여준다. 그의 말에서 우리는 정직성, 연약함, 투명성, 그리고 하나님의 영광을 향한 사랑을 느낄 수 있다. 이러한 자에게는 분명 소망이 있다.

당신이 죄로 인해 더럽혀지더라도 당신의 마음이 하나님께 영광을 드리는 것과 스스로를 높이려 하지 않아야 함을 분명히 하라. 그러면 당신은 이 땅에서 소망이 있게 될 것이다. 또한 그리스도께서 심판하시는 그 자리에서 받을 상급을 확실하게 쌓게 될 것이다.

다윗은 일시적으로 그가 받을 유업을 잃어버렸지만, 회개함으로 다시 되찾았다. 다윗처럼 당신도 잃어버린 유업을 다시 찾을 수 있다.

IT AIN'T OVER TILL IT'S OVER

끝이 좋으면 만사가 다 좋다.

- 윌리엄 셰익스피어 -

맺음말

그러므로 형제들아 더욱 힘써 너희 부르심과 택하심을 굳게 하라
너희가 이것을 행한즉 언제든지 실족하지 아니하리라
이같이 하면 우리 주 곧 구주 예수 그리스도의 영원한 나라에 들어감을
넉넉히 너희에게 주시리라(벧후 1:10-11)

끝이 좋은 그리스도인은 몇 가지 원칙들로 특징 지을 수 있다. 당신이 끝마무리를 잘 하고 싶다면, 이 장에서 제시하는 것들이 분명 많은 도움이 될 것이다.

폴 스탠리와 로버트 클린턴은 끝마무리를 잘한 사람들의 특징을 다섯 가지로 정리했다.

첫째, 그들에게는 자신을 집중하게 만드는 관점이 있었다.
둘째, 그들은 그리스도와의 친밀함을 즐겼고, 내적 갱신의 시기를 반복적으로 경험하였다.
셋째, 삶의 중요한 영역에 대해 훈련을 받았다.
넷째, 긍정적인 배움의 자세를 지녔다.

다섯째, 평생 동안 의미 있는 관계를 맺어온 중요한 스승들이 있었다.[45]

끝마무리를 잘 하기 위한 원칙들

끝마무리를 잘하기 위한 위의 다섯 가지 특징에 덧붙여 나만의 열 가지 원칙을 나누고 이야기를 마치려 한다.

- 완전하게 성경말씀에 비추어 살라.

말씀이 다스리는 삶을 살기로 결단하라. 당신의 신학, 생활방식, 그리고 삶의 모든 결정에 대해서도 말씀이 다스리게 하라. "지혜가 제일이니 지혜를 얻으라 네가 얻은 모든 것을 가지고 명철을 얻을지니라"(잠 4:7). 말씀이 당신을 어디로 인도하든지, 심지어 당신의 일을 금하더라도 말씀에 순복하고 성경의 가르침을 따르라. 그 어느 것도, 당신의 사적인 것이나 공적인 것 모두가 말씀에 위배되지 않도록 확실히 해야 한다.

그러나 이 원칙에는 중요한 사실이 전제되어야 한다. 그것은 바로 당신이 성경을 잘 알아야 한다는 것이다. 당신은 성경을 잘 아는가? 성경을 읽고 있는가? 얼마나 자주 말씀을 보는가? 성경통독 계획을 따라 읽고 있는가? 우리 모두에게는 계획이 필요하다.

1977년에 마틴 로이드 존스 목사가 나에게 처음으로 로버트 머레이 맥체인의 성경읽기표를 소개해주었다.[46] 이 계획표대로 하면 1년에 신약성경과 시편을 두 번, 구약을 한 번 통독할 수 있다. 이 성경읽기표는 인터넷으로도 찾을 수 있으니, 바로 찾아서 시작해보라. 우리에게는 하나님의 말씀 안에 거할 수 있도록 돕는 프로그램이 필요하다.

통독 프로그램이나 통독표가 좋은 점은 매일 성경을 읽는 가운데 예기치 않게 성령께서 우리에게 하시는 말씀을 들을 수 있다는 것이다. 이것을 통해 우리는 하나님이 우리의 삶에 간섭하고 계시다는 것을 깨닫게 된다. 성령님은 그분이 기록하신 성경에 반대되는 것들을 말씀하지 않으신다. 성경통독 계획대로 따라가다 보면, 통독을 이끄는 분이 우리가 아닌 성령님이심을 깨달을 수 있으며, 성령께서 우리에게 말씀이 적용되도록 강력하게 역사하고 계심을 알 수 있다. 하나님은 우리의 생각을 아시며, 성령님을 통해 우리에게 놀라운 방식으로 말씀하신다.

그러나 말씀을 읽는 것만으로는 충분하지 않다. 성경의 내용을 아는 것이 전부가 아니다. 우리는 성경의 가르침에 순종해야 한다. 우리 자신을 말씀 아래 두어야 한다. 우리의 명철을 의지하지 말아야 한다(잠 3:5). 어떤 결정을 내려야 할 때, 우리는 먼저 말씀을 인정해야 한다.

사울 왕의 몰락은 그가 자신을 하나님의 말씀 위에 두었을 때 왔다. 사울은 자신이 왕이기 때문에 스스로 말씀 앞에 예외가 될 수 있다고 착각했다. 그러나 우리 중 그 누구도 예외가 될 수는 없다. 당신이 선지자이거나 신학자이거나 왕족이거나 무명이거나 가난하거나 부유하거나 교계의 유명한 지도자라 할지라도 말이다. 우리는 언제나 자신을 겸손히 낮춰야 한다. '나는 예외이니 성경이 말하는 것을 무시해도 된다'고 착각하지 말자. 무엇이 선이고 악인지 구분하는 데 있어서 본인이 성경보다 더 낫다고 생각하는 자는 스스로 어리석은 자임을 인정하는 것이다. 사울 왕이 번제를 드릴 때, 그는 무엇이 옳은 것인지 알면서도 말씀을 어겼다.

성경은 오류가 없는 하나님의 말씀이다. 당신이 이것을 의심하는 것은 스스로를 몰락의 길로 몰아가는 것과 같다. 애정 어린 마음으로 권고하는데, 부디 이것에 대해 특별히 주의하라. 사울이 부득이 자신이 번제를 드릴 수밖에 없었다고 말했을 때(삼상 13:12), 이는 분명히 하나님의 뜻이 아닌 것을 알면서도 "하나님이 나에게 그렇게 하라고 말씀하셨다"라고 한 것과 다를 바 없는 것이다. 하나님의 말씀을, 그것도 일부가 아닌 전부를 따라 살자. 그렇게 할 때, 우리는 끝맺음을 잘할 수 있을 것이다.

- 믿을 만한 사람들에게 모든 것을 투명하게 설명하라.

"나는 오직 하나님께만 낱낱이 아뢸 의무가 있다." 이런 말을 들어본 적 있는가? 나는 이 말을 '어제의 사람들'이 임종 시에 하는 상투적인 말이라고 생각한다. 교회 지도자가 "나는 오직 하나님께만 설명할 책임이 있다"고 한다면, 이는 그저 말뿐이며, 그가 섬기는 사람들과 동역하는 사람들에게도 알려야 하는 책임을 회피하겠다는 소리로 들린다. 자신은 너무나 신앙심이 깊기 때문에 신뢰할 수 있는 사람들에게조차 설명할 필요가 없다는 것은 말이 되지 않는다. 정말로 하나님께만 설명할 책임이 있음을 증명할 수 있는 최선의 방법은 주변의 선한 사람들에게 자발적으로 투명하게 설명하는 것이다.

어떤 사람들은 자신의 명예를 걸고 투명하게 설명하기도 한다. 그러나 책임을 다했다고 주장하면서 여전히 이중생활을 할 수도 있다. 때문에 우리는 정직해야 하고, 믿음직스러운 친구들에게 열려 있어야 한다. 나는 나에게 망설임 없이 직언을 해주는 친구들이 있어서 하나님께 감사드린다. 사울 왕은 사무엘에게 모든 것을 투명하게 설명했어야 했다. 그러나 그는 그렇게 하지 않았다.

내 인생에서 가장 충격적이고 실망스러운 일 가운데 하나는 웨스트민스터채플의 정식 교인이 되길 바랐던 한 남자가 언제부턴가 내 전화를 회피한 것이었다. 나는 무엇인가가 잘못되고 있음을 감지했다. 그는 우리에게 자초지종을 알렸다고 주장했다. 그러나 실은 그렇지 않았다. 나는 그를 아끼는 마음에 이렇게 충고했다. "나는 당신이 어제의 사람이 될까 봐 염려가 됩니다." 2년이 지났을 때, 우리는 그가 이중적으로 살아왔음을 알게 되었다.

당신은 책임감 있는 그룹에 속해 있다고 말할 수도 있다. 물론 그럴 수도 있다. 그러나 그 그룹에 속해 있는 것만으로는 부족하다. 왜냐하면 그런 그룹에서 일하는 것은 규칙을 따라 행동하는 것이며, 자발적으로 그 규칙을 따르는 것이 아닐 수도 있기 때문이다. 사람은 자신의 사생활, 결혼, 재정, 그리고 유혹에 대하여 투명하고 솔직하게 기꺼이 책임을 질 수 있는 정도로만 설명한다. 자발적으로 투명하게 공개하기란 사실 어려운 일이다. 그래서 우리에게는 내가 있는 곳을 언제든지 알며, 나의 상처와 취약점이 무엇인지를 아는 친구가 필요하다.

- 돈과 관련하여 흠잡을 데 없이 깨끗해야 한다.

이것은 제때 요금을 납부하는 것이나 대출을 받지 않는 것 이상을 의미한다. 물론 이 두 가지도 필요하다. 금전적인 면에서 흠잡을 데 없이 깨끗하라는 것은 정해진 수입만으로 살아가는 것 이상을 의미한다. 물론 정해진 수입만으로 사는 것도 중요하다. 그러나 단순히 당신의 회계사에게 진실하거나 세금을 성실하게 납부하는 것만으로는 충분하지 않다.

예수님은 다른 어느 주제보다도 돈에 대해 많은 말씀을 하셨다. 산상수훈을 봐도 돈과 관련된 내용이 적지 않음을 알 수 있다. 만일 우리가 하나님 나라와 그분의 의를 먼저 구한다면, 하나님께서 분명 우리의 필요를 돌보실 것이다(마 6:33).

이 주제와 밀접하게 연관이 있는 말씀이 두 구절 있다. 첫째, 세상에 속한 마음이 육체의 정욕과 안목의 정욕과 이생의 자랑으로 이루어져 있음을 기억하라(요일 2:16). 세속적인 마음은 돈으로 살 수 있는 것들을 갈구하는데, 그 이유는 자신이 가진 것을 남들에게 자랑하기 위해서다. 우리 안에 세속적인 마음이 자리하면, 돈을 잘못 쓰게 된다.

둘째, 돈을 사랑하면, 그것을 잘못 쓰게 된다. "돈을 사랑함이 일만 악의 뿌리가 되나니 이것을 탐내는 자들은 미혹을 받아 믿음에서 떠나 많은 근심으로써 자기를 찔렀도다"(딤전 6:10).

당신은 기꺼이 다른 이들에게 당신이 어떻게, 어디에 돈을 쓰는지 투명하게 보여줄 수 있는가? 당신의 연봉이나 월급, 재산을 반드시 공개하라는 뜻은 아니다. 그러나 돈이 어디서 들어오고, 어디로 나가는지 정도는 거리낌 없이 남들에게 알려줄 수 있어야 한다. 탐욕을 조심하라. 특정한 목적이나 계획을 위해 쓰기로 정한 돈은 반드시 그 용도로 사용하도록 신중하게 관리해야 한다. 그렇지 않으면 당신도 돈을 사랑하여 인생의 마무리가 좋지 않았던 수많은 사람의 무리에 속하게 될 것이다.

또한 하나님께 드리는 물질에 대해서는 관대하라. 돈이 어떻게 쓰이는

지에 대해서는 알아야 하지만, 하나님께 드림에 있어서 또 자선단체나 가난한 사람들을 돕는 일에 대해서는 머뭇거리지 말아야 한다. 당신은 십일조를 드리는가? 하나님의 것을 구분해서 지속적으로 그리고 신실하게 드리는 사람은 끝을 잘 맺을 수 있는 올바른 자리에 있는 사람이다. 당신이 사업을 하든, 사역을 하든, 어느 일을 하든, 또는 일이 없더라도 돈과 관련하여 그 어떤 추문도 생기지 않게 하라.

- 성적 순결을 지켜라.

빌리 그래함 목사는 하나님의 최고의 종들의 75퍼센트가 성적인 유혹으로 인해 사탄에게 붙들린 것 같다고 말했다. 그의 말대로라면, 전 세계에서 매일 한 명의 교계 지도자가 타락한다고 할 수 있다. 성적 부도덕만큼 하나님의 이름을 더럽히는 것은 없다. 성과 관련해서, 불륜만큼 배우자와 자녀들을 고통스럽게 만드는 일은 없다. 그러니 늘 조심하라. 세상은 그리스도인들이 성적으로 타락한 이야기를 너무나 듣고 싶어 한다. 성적 부도덕은 세상 사람들에게 성적 문란함에 대해서는 그리스도인들도 자기들과 다를 바 없다고 생각하도록 만드는 빌미가 된다.

끝이 좋지 못한 지도자들은 흔히 성적 또는 금전적 문제 때문에 실패하는 경우가 많다. 이와 관련하여 사도 바울은 다음과 같이 말했다. "음행과 온갖 더러운 것과 탐욕은 너희 중에서 그 이름조차도 부르지 말라 이는 성도에게 마땅한 바니라"(엡 5:3).

성적 순결에 대해서는 아무리 조심해도 지나치지 않다. 갑작스런 유혹의 순간에 자신이 얼마나 잘 버틸 수 있을지 아는 사람은 아무도 없다. 죄에 걸려 넘어지지 않는 좋은 방법은 애초에 유혹을 피하는 것이다. 우리 모두는 누가 그리고 무엇이 우리를 시험하는지 이미 알고 있다. 절대로 그러한 곳에 가지 말라. 무엇으로 육신을 만족시킬지 생각하지 말라. "오직 주 예수 그리스도로 옷 입고 정욕을 위하여 육신의 일을 도모하지 말라"(롬 13:14).

포르노 같은 음란물도 성적 부도덕에 포함된다. 음란물은 설교자들에게 있어서 치명적인 죄다. 바리새인들은 자신들이 신체적으로 간음하지 않는다면, 율법을 지킨 것이라고 생각했다. 그러나 예수님은 음욕을 품고 여자를 보는 것도 간음하는 죄라고 하셨다. 당시의 바리새인들의 사고방식으로는 포르노를 시청하여 욕구를 채우는 것은 율법을 어긴 것이 아니었다. 그러나 예수님의 가르침은 명확하게 음란물을 금지하고 있다.

음란물을 접하는 것은 역효과를 초래하는 중독일 뿐만 아니라, 완벽하게 끊지 않으면 당신을 파괴할 것이다. 그러므로 나는 당신에게 즉각 포르노와 같은 음란물 끊기를 촉구한다. 그것은 불쾌한 것일 뿐만 아니라, 당신의 영적 에너지를 빼앗아가고, 당신의 성품을 오염시키며, 지혜를 가로막고, 결혼생활도 망쳐놓을 것이다.

끝맺음을 잘 하고 싶은가? 그렇다면 음란물 시청을 중단하라. 불륜을 저지르고 있거나 바람 피울 생각을 하는가? 주님이 하시는 말씀을 들으라. 당장 중단하라! 그 죄에서 당장 떠나라. 당신이 숨기고 있는 은밀한 죄들이 드러나는 것은 시간문제다.

나에게 있어서 좋은 끝마무리의 많은 비중을 차지하는 것은 성적 순결과 아내를 향한 신실함을 죽는 순간까지 지키는 것, 그리고 나의 자녀들이 나를 믿어주는 것이다. 나는 그들이 단순히 내가 가르치고 설교한 것들만 믿는 것이 아니라, 내가 최대한 그렇게 살아왔다는 것을 믿기를 원한다.

- 다른 이들의 은사, 기름부음, 인기로 인해 위기감을 느낀다면, 질투와 담판을 지어라.

사울 왕의 몰락은 다윗을 시기하는 데서부터 시작되었다. 그의 질투는 어린 다윗을 가장 위협적인 존재라고 생각할 정도로 매우 심각했다. 이스라엘의 주적인 블레셋을 놔두고 말이다. 문제는 다윗이 골리앗을 죽인 날부터 시작되었다.

> 무리가 돌아올 때 곧 다윗이 블레셋 사람을 죽이고 돌아올 때에 여인들이 이스라엘 모든 성읍에서 나와서 노래하며 춤추며 소고와 경쇠를 가지고 왕 사울을 환영하는데 여인들이 뛰놀며 노래하여 이르되 사울이 죽인 자는 천천이요 다윗은 만만이로다 한지라(삼상 18:6-7)

그 순간부터 사울 왕은 질투심에 눈이 멀었다. 안타깝게도 상황은 절대로 예전으로 돌아갈 수 없었다.

사람은 생각지 못한 상황에서 매우 무감각해질 수 있다. 특히 목회자 앞에서 다른 목회자를 칭찬할 때에 그렇다. 그런데 예배당 의자에 앉아 있는 성도들은 그들의 목회자가 얼마나 불안해하는지 알지 못한다.

당신의 약점이 질투심이라면, 자신을 너무 학대하지는 말라. 우리는 모두 다 이런 약점을 가지고 있다. 우리는 쉽게 질투한다. 그러나 질투심과는 반드시 담판을 내야 한다. 질투심을 참으라는 뜻이 아니다. 자신에게 질투하는 마음이 있다는 것을 인정하라. 인정은 하되 질투심이 당신을 지배하도록 방치하지 말라.

당신에게 위협이 되는 사람을 위해 기도하기로 마음먹은 적이 있는가? 당신의 원수를 위해 기도할 뿐 아니라, 당신에게 위협이 되는 사람을 위해서도 기도하라. "하나님, 저의 원수와 저를 위협하는 자들을 하나님께 맡깁니다"라고 기도하지 말라. 대신 하나님께서 그들에게 복을 주시도록 기도하라. 하나님이 당신의 기도를 들으시고 정말로 그들에게 복을 주실 수도 있다. 그러면 당신에게는 어떤 일이 일어날까? 당신은 질투심을 극복하는 데 진전을 보일 뿐 아니라, 성령께서 당신에게도 복을 주시고 당신의 기도가 사심 없는 기도라는 것을 확신시켜 주실 것이다.

- 자신이 한 일에 대해 인정받으려 하지 말라.

앞에서 보았듯이, 이 원칙은 요한복음 5장 44절의 중심 내용이다. "너희가 서로 영광을 취하고 유일하신 하나님께로부터 오는 영광은 구하지 아니하니 어찌 나를 믿을 수 있느냐." 하나님께로부터 오는 영광만을 구하는 방법 중 하나는 자신이 행한 선한 일에 대해 그 어떤 인정도 받지 않으려고 노력하는 것이다. 우리는 사람들의 인정을 받는 것과 하나님의 상급을 구하는 것 사이에서 선택해야 한다.

모르드개는 아하수에로 왕의 목숨을 구했으나 그것을 기억하는 이가 없었다. 비밀리에 아하수에로 왕의 두 내시가 왕을 암살하고자 계획을 세웠는데, 우연히 모르드개에게 발각되었다. 모르드개는 에스더에게 왕의 목숨이 위험하다고 알렸다. 그리고 에스더가 이를 아하수에로 왕에게 알렸고, 왕의 목숨을 구한 공을 모르드개에게 돌렸다. 이 사건은 왕이 있는 그 자리에서 역대 일기에 기록되었다. 그러나 이 일은 시간이 흐르면서 잊혀졌다. 모르드개는 자신이 한 일을 널리 알리려 하지 않고 잠잠히 있었다. 그래서 이 사건이 정말로 묻힐 뻔하였다.

그러던 어느 날 밤, 잠을 이루지 못하던 왕이 신하들에게 명령하여 역대 일기를 가져와 읽도록 하였다. 그러던 중 모르드개가 자신의 목숨을 구한 사실을 알게 되자 그에게 어떤 보상을 해주었는지 물었다. 이 일은 결국 모르드개의 원수인 하만의 패배로 이어졌고, 그로 인해 유다의 모든 백성이 죽음을 면하게 되었다(에 2:21-23, 6:1-3).

하나님이 원하신다면, 그분은 우리가 한 일들을 인정해주실 것이다. 바리새인들이 행한 모든 것들, 즉 그들이 베풀고, 기도하고, 금식한 모든 것은 다 사람들에게 보이기 위한 것이었다(마 6:1-8, 23:5). 그들은 선한 일을 하고 나서, 가만히 있지 못했다. 바리새인들은 자신이 한 선행을 꼭 사람들에게 알려야 직성이 풀렸다.

일부는 신학적이고 정치적인 입장 때문에 마음을 바꿀 수 없었다. 그렇지 않으면 자신들의 자존심이 위태로워지기 때문이다. 어떤 사람이 확고한 입장을 고집하는 이유가 개인적 자존심 때문이라면, 그가 그 입장 뒤로 숨는 것이 이해는 간다. 그러나 논리적으로 타당한 것을 고집하는 것이 진실보다 자존심과 더 상관이 있다면, 끝을 잘 맺지 못하는 원인이 될 수 있다. 그런데 안타깝게도 이러한 일들이 너무도 많이 일어나고 있다.

요한복음 5장 44절 이면에 놓여 있는 원칙은 성경에서 받는 다른 어떤 도전보다도 우리의 자아에 가장 엄격한 도전이 될 것이다. 우리는 모두 천

부적으로 오만하고, 독선적이고, 자기 방어적이고, 인정을 갈망한다. 우리의 자아가 그리스도와 함께 십자가에 못 박힐 때, 우리가 올바른 자리에 있는 것이다. 우리는 이런 삶을 유지함으로 끝마무리를 잘할 수 있다.

- 항상 약속을 지켜라.

정직성과 끝마무리를 잘하는 것은 뗄 수 없는 관계에 있다. 우리는 하나님의 신실하심이 그분의 약속을 지키신다는 뜻임을 배웠다. 우리는 그러한 하나님의 신실하심을 우리의 공적·사적인 삶을 통해 그대로 비춰야 한다.

사울 왕을 통해 우리는 인간이 자신이 한 약속을 지키지 못할 때, 얼마나 비참하게 침몰할 수 있는지를 배운다. 먼저 사울은 요나단과 한 약속을 어겼다. 그가 어긴 것은 단순한 약속이 아닌 맹세였다. 고대에 자신의 맹세를 지키지 않는 것은 매우 심각한 사안이었다. 다른 이에게 약속을 하고 이를 어기는 것은 용서받을 수도 있다. 그러나 만일 맹세를 했다면, 그것을 지키기 위해서 땅과 하늘이라도 옮겨야 했다.

요나단이 그의 아버지 사울에게 다윗을 해치지 말라고 간청했을 때, 사울은 이렇게 말했다. "사울이 요나단의 말을 듣고 맹세하되 여호와께서 살아 계심을 두고 맹세하거니와 그가 죽임을 당하지 아니하리라"(삼상 19:6). 그러나 이내 사울은 모든 방법을 다 동원하여 젊은 다윗을 죽이려 하였다. 후에 다윗이 두 번이나 사울 왕을 죽일 수 있는 기회가 있었음에도 그를 죽이지 않았다. 그리고 이 일을 알게 된 사울 왕도 다윗을 해치지 않겠다고 약속했다. 하지만 사울 왕은 즉시 자신의 약속을 깨뜨렸다. 그의 약속은 더 이상 아무런 가치도 없게 되었다.

사람은 진실을 말하겠노라고 맹세해서는 안 된다. 이는 산상수훈에 기록된 예수님의 가르침이다(마 5:33-37). 성숙한 인간으로서 우리가 반드시 노력해야 하는 것은 진실을 말하고, 약속을 지키며, 모든 대화에 정직한 것이다. 약속을 지키지 않는 사람은 결국에는 신뢰할 수 없는 사람이 되어버린다.

누군가가 참된 사람인지 알고자 할 때, 나는 그에 대한 사람들의 반응에 관심을 갖는다. 만약 사람들이 "그녀는 정말 진짜야"라고 한다면, 이는 그 사람이 정직하다는 의미다. 정직하고, 순금과 같고, 거짓되지 않은 사람인 것이다.

우리는 진실성을 유지함으로 끝마무리를 잘할 수 있다.

- 완전히 용서하며 살라.

루마니아 출신 조셉 티손 목사는 인생의 가장 큰 위기에 봉착한 나에게 이렇게 말했다. "켄달, 당신은 그들을 완전하게 용서해야 합니다. 만일 그들을 완전히 용서하지 않는다면, 당신은 족쇄를 차고 있는 것처럼 느껴질 것입니다. 그들을 용서하세요. 그러면 놓임을 받을 것입니다."

내 인생에서 나에게 그렇게 말해주는 사람은 없었다. 친구의 아픈 책망은 충직으로 말미암는 것이다(잠 27:6). 그것은 내가 들었던 최고의 말이며, 그 말이 나의 삶을 송두리째 변화시켰다.

근심하지 않으시고 기뻐하시는 성령님의 임재를 누리는 가장 확실한 길은 모든 악독과 분냄을 피하고, 남을 비방하는 것을 멈추고, 나에게 상처를 주거나 불의한 방법으로 비난을 퍼붓는 이들을 완전히 용서하는 것이다(엡 4:30-32).

용서치 않음은 건강에도 해롭다. 용서하지 않는 것은 사탄이 비집고 들어올 틈을 내어주는 것과 같다. 그러니 우리를 기만하는 사탄을 막기 위해 우리는 남을 용서해야 한다(고후 2:11). 원한을 품는 것은 마귀가 원하는 일이다. 절대로 마귀에게 그러한 기쁨을 허용하지 말라.

완전하게 용서하는 삶은 사람들이 당신에게 한 일을 누구에게도 말하지 않는 것을 의미한다. 당신에게 지은 죄가 있는 사람에게 겁을 주어서도 안 된다. 또한 그들이 스스로를 용납할 수 있도록 도와 그들이 더 이상 죄책감을 느끼지 않게 해주어야 한다. 그들의 실수나 과거를 들춰내지 말고, 대신 체면을 세워줘야 한다. 부끄러운 비밀도 지켜줘야 한다.

평생 복용하는 약처럼, 완전한 용서는 평생 동안 실천해야 하는 것이다. 다시 말해 당신의 남은 인생 동안 하루도 거르지 않고 매일매일 용서해야 하는 것이다. 마지막으로, 완전한 용서는 당신이 그들을 축복해야 함을 의미한다. 당신은 하나님이 정말로 그들에게 복을 베풀어주시도록 그들을 위해 기도해야 한다. 하나님이 그 기도에 응답해주실 때, 시험에 들지 않도록 조심하라.

우리는 이렇게 남은 인생을 살아야 한다. 시작할 때는 엄청난 노력이 필요하겠지만, 결국에는 큰 기쁨이 될 것이다. 이러한 삶의 혜택은 매우 커서 당신은 절대로 후회하지 않을 것이다. 이것은 내가 보장할 수 있다.

- 늘 감사하는 사람이 되라.

《감사해요 하나님》(Just Say Thanks)[47]을 집필한 후에 우연히 흥미로운 통계 결과를 발견했다. 그것은 감사하는 사람이 더 오래 산다는 것이었다. 하나님은 감사의 마음을 흡족히 여기시며, 배은망덕한 것을 미워하신다.

감사의 마음과 관련해서 가장 중요한 구절 중 하나는 이것이다. "아무 것도 염려하지 말고 다만 모든 일에 기도와 간구로, 너희 구할 것을 감사함으로 하나님께 아뢰라"(빌 4:6).

30년 전에 이 말씀으로 설교했을 때, 나는 예상치 못한 방식으로 이 말씀을 이해하게 되어 양심의 가책을 느꼈다. 마치 나의 과거가 눈앞에서 펼쳐지는 듯했다. 당시 수년 동안 고맙게 여겨야 할 일들이 많이 있었다. 그러나 나는 감사한 일들을 잊고 지냈고, 기억하려고 노력조차 하지 않은 것이 얼마나 게으른 것인지 깨달았다. 나는 그 즉시 감사하는 사람이 되기로 결심했다. 그날부터 지금까지, 나는 매일 하나님께 지난 24시간 동안 베풀어주신 다양한 복에 감사하며 지내고 있다.

매일 밤 잠들기 전에 하나님께 최소한 세 가지 감사한 일들을 고백하라. 이렇게 하는 데 15초도 채 걸리지 않는다. 하나님은 우리가 감사할 때를 눈여겨보신다. 그리고 우리가 언제 감사를 잊어버리는지도 알고 계신다.

어느 날 예수님께서 열 명의 나병환자를 고쳐주셨다. 그러나 예수님께 다시 돌아와 "주님, 감사합니다"라고 인사한 사람은 단 한 명뿐이었다. 그러자 그에게 예수님이 물으셨다. "열 사람이 다 깨끗함을 받지 아니하였느냐 그 아홉은 어디 있느냐"(눅 17:17). 이 구절은 우리가 하나님이 하신 일에 대해 감사하지 않을 때도 다 기억하신다는 중요한 증거다. 참으로 정신이 번쩍 들게 만드는 증거가 아닌가.

성화에 대한 성경적 교리는 '감사에 대한 교리'라고 볼 수 있다. 성화가 우리의 천국행을 보장해주는 것은 아니다. 천국은 그리스도의 보혈을 의지하여 가는 곳이다. 우리가 더욱 거룩해지는 과정인 성화는 우리를 구원해주신 하나님께 '감사합니다'라고 말씀드리는 것이다. 그런데 우리는 하나님께 감사하지 않는 삶을 살고 있으며, 그로 인해 우리는 더욱 빈곤해질 것이다.

감사하는 삶은 또한 우리를 활기차고 함께하기에 즐거운 사람으로 만든다.

- 강력한 기도생활을 유지하고, 많은 시간을 하나님과 함께 보내라.

오래전에 나는 리처드 범브란트 목사를 만나는 귀한 기회를 얻었다. 루마니아 사람인 범브란트 목사는 공산주의자들에게 많은 핍박과 고문을 받았다. 흥미롭게도 그분은 조셉 티손 목사의 스승이었다. 아마도 조셉 티손 목사에게 범브란트 목사는 마치 나에게 마틴 로이드 존스 목사와 같은 존재였을 것이다.

내가 목사 안수를 받을 때 설교를 한 매그루더 목사가 내가 신학대학원 학생이었을 때 범브란트 목사 부부를 소개시켜 주었다. 당시 범브란트 목사가 하신 말씀을 나는 절대로 잊지 못한다. "젊은이, 사람들에게 하나님에 대해 이야기하는 시간보다 하나님께 사람들에 관해 이야기하는 시간을 더 많이 갖게."

존 웨슬리는 설교자들에게 사람들과 1시간 동안 대화를 나누면, 하나님과는 2시간 동안 대화를 해야 한다고 조언하였다. 이 이상 내가 무슨 조언을 더 할 수 있겠는가. 역사 속의 위대한 인물들은 개인적인 기도시간을 매우 중요하게, 진심으로 진지하게 여겼다.

나는 기도를 많이 하는 사람들로부터 수년 동안 큰 영향을 받아왔다.

사역자는 아니지만 나의 아버지로 시작해서 매일 1-2시간씩 기도하는 사역자들은 내가 닮기 원하고, 함께 시간을 보내고 싶은 사람들이다.

당신은 얼마나 기도하고 있는가? 웨스트민스터채플에서 사역하는 25년 동안, 나는 매일 아침 묵상 시간에 2시간씩 기도하였고, 지금까지도 그렇게 하고 있다.

천국에는 기도시간이 없다. 기도는 절대로 버려지는 시간이 아니다.

마지막 두 가지

"끝날 때까지 끝난 것이 아니다"라는 말을 기억하면서 정말로 내가 인생의 끝을 잘 맺는다면, 나는 그렇게 할 수 있었던 이유로 두 가지를 꼽을 것이다.

하나는 매년 성경을 통독하는 것이고, 다른 하나는 매일 2시간씩 기도에 힘쓰는 것이다. 이 두 가지 일은 정말 나에게 매우 중요하다.

끝을 잘 마치는 것은 그 어느 것보다도 위대한 성공이다. 게다가 당신은 끝을 준비하기에 아직 늦지 않았다.

성부와 성자와 성령, 삼위일체 하나님께서 부어주시는 복이
당신에게 임하기를 축원합니다. 아멘!

| 각주 |

1) R. T. Kendall, In Pursuit of His Glory (Lake Mary, FL: Charisma House, 2004).

2) J. I. Paker, Knowing God (Westmont, IL: InterVarsity Press, 1993). 《하나님을 아는 지식》(IVP)

3) Americanrhetoric.com, "I have a dream", http://www.americanrhetoric.com/speeches/mlkihaveadream.htm (accessed March 24, 2015)

4) Goodreads.com, "Joyce Meyer Quotes", http://www.goodreads.com/quotes/328011-patience-is-a-fruit-of-the-spirit-that-grows-only (accessed March 24, 2015)

5) Joni and Friends, "The Mystery of Prayer", http://www.joniandfriends.org/television/mystery-prayer/ (accessed May 6, 2015)

6) R. T. Kendall, Did You Think to Pray?, (Lake Mary, FL: Charisma House, 2008).

7) "Sweet Hour of Prayer" by William W. Walford. Public domain.

8) As quoted in Linda Evans Shepherd, When You Don't Know What To Pray, (Grand Rapids, MI: Revell, 2010), 12. Viewed at Google Books.

9) As quoted in Adam Stadtmiller, Praying for Your Elephant (Colorado Spring, CO: David C. Cook, 2014), 21. Viewed at Google Books.

10) William Cowper, Poems by William Cowper, vol. 2 (Cornhill, England: Manning, Loring and E. Lincoln, 1802).

11) D. Martyn Lloyd-jones, Studies in the Sermon on the Mount, (Grand Rapids, MI: Wm. B. Eerdmans Publishing, 1958).

12) Robert Murray M'Cheyne, The Works of the Late Rev. Robert Murray McCheyne, (New York: Robert Carter and Brothers, 1874), 138.

13) "Human Trafficking Statistics, Polaris Project, accessed athttp://www.cicatelli.org/titlex/downloadable/human%20trafficking%20statistics.pdf, (accessed March 30, 2015)

14) "There Is A Green Hill Far Away" by Cecil F. Alexander. Public domain.

15) The Churchill Centre, "Never Give In", speech given at Harrow School, October, 29, 1941; accessed at http://www.winstonchurchill.org/resources/speeches/234-1941-1945-war-leader/103-never-give-in (accessed March 30, 2015)

16) Billy Graham, Nearing Home (Nashvill: Thomas Nelson, 2011), 95.

17) R. T. Kendall and Rabbi David Rosen, The Christian and the Pharisee, (London: Hodder & Stoughton Ltd, 2006).

18) In personal communication with the author.

19) R. T. Kendall, Total Forgiveness, (Lake Mary, FL: Charisma House, 2010).《완전한 용서》(죠이선교회출판부)

20) R. T. Kendall, How to Forgive Ourselves - Totally, (Lake Mary, FL: Charisma House, 2013).《자기 용서》(죠이선교회출판부)

21) R. T. Kendall, Holy Fire, (Lake Mary, FL: Charisma House, 2014).《거룩한 불》(순전한나드)

22) R. T. Kendall, The Anointing, (Lake Mary, FL: Charisma House, 2003).《내일의 기름부음》(순전한나드)

23) R. T. Kendall, The Thorn in The Flesh, (Lake Mary, FL: Charisma House, 2004).

24) John Ciardi quote cited in The Westminster Collection of Christian Quotations, comp. Martin H. Manser (Louisville, KY: Westminster John Knox Press, 2001).

25) D. Martyn Lloyd-Jones, Foreword in P. E. Hughes, Rivive Us Again (n.p.: Marshall, Morgan and Scott, 1947).

26) D. Martyn Lloyd-Jones, Joy Unspeakable: The Baptism and Gifts of the Holy Spirit, (Lottbridge Drove, Eastbourne: David C Cook, 1995), 469.

27) From William Carey's historic sermon at a gathering of Baptist ministers in Northampton, England in 1792.

28) Charles Dickens, A Tale of Two Cities (London: Chapman and Hall, 1859).

29) Maxim Lott, "Top Ten Deadliest Stretches of Road in America", http://www.foxnews.com/story/2009/02/11/top-ten-deadliest-stretches-road-in-america/ (accessed May 6, 2015)

30) R. T. Kendall, Once Saved, Always Saved, (London Hodder & Stoughton Ltd., 1983). 《한 번 구원은 영원하다》(양무리서원)

31) Goodreads.com, "D. Martyn Lloyd-Jones Quotes", http://www.goodreads.com/quotes/99297-if-your-preaching-of-the-gospel-of-god-s-free-grace (accessed March 31, 2015).

32) Ludwig Feuerbach, Das Wesen Des Christentums (1841), translated into English (The Essence of Religions, by George Eliot, 1853, 2nd. ed. 1881).

33) "Amazing Grace" by John Newton. Public domain.

34) As quoted in Alan Richardson and John Bowden, eds., The Westminster Dictionary of Christian Theology (Philadelphia, PA: The Westminster Press, 1983), 545.

35) "The Solid Rock" by Edward Mote. Public domain.

36) Rick Warren, The Purpose-Driven Life (Grand Rapids, MI: Zondervan, 2002). 《목적이 이끄는 삶》(도서출판 디모데)

37) Thinkexist.com, "Abraham Lincoln Quotes", http://thinkexist.com/quotation/truth_is_generally_the_best_vindication_against/160805.html, (accessed March 31, 2015)

38) Bill Bright, Have you heard of the Four Spiritual Laws?, (Peachtree City, GA: Bright Media Foundation and Campus Crusade for Christ, 2007), http://crustore.org/fourlawsenglish.html (accessed March 31, 2015). 《4영리》(순출판사)

39) Brainyquotes.com, "Saint Augustine", http://www.brainyquote.com/quotes/quotes/s/saintaugus148563.html (accessed March 31, 2015).

40) Jim George, The Bare Bones Bible Handbook (Eugene, OR: Harvest House, 2014), 46.

41) Thinkexist.com, "Ralph Waldo Emerson Quotes", http://thinkexist.com/quotation/hitch_your_wagon_to_a_star/8233.html, (accessed March 31, 2015).

42) Woody Allen , Without Feathers, (New York: Ballantine Books, 1975).

43) When asked why the Methodist movement was so successful, John Wesley answered, "Our people die well" ascited in Roy B. Zuck, The Speaker's Quotes Book, (Grand Rapids, MI: Kregel Publications, 2009).

44) R. T. Kendall, The Anointing. 《내일의 기름부음》(순전한나드)

45) Paul D. Stanley and J. Robert Clinton, Connecting, (Colorado Spring, CO: NavPress, 2014).

46) "Robert Murray M'cheyne's Bible Reading Calendar" https://cchmb.org/content/plugins/mcheyne-reading-plan/calendar.pdf (accessed April 1, 2015).

47) R. T. Kendall, Just Say Thanks, (Lake Mary, FL: Charisma House, 2005). 《감사해요 하나님》(도서출판 바울)

IT AIN'T OVER TILL IT'S OVER

by R. T. Kendall

Copyright ⓒ 2015 by R. T. Kendall

Originally published in English under the title
It ain't over till it's over by Charisma House

600 Rinehart Road
Lake Mary, Florida 32746

Korean Translation Copyright ⓒ 2015 by PureNard
2F 16, Eonju-ro 69-gil Gangnam-gu, Seoul, Korea

The Korean edition is published by Arrangement with Charisma House.
All rights reserved.

본 저작물의 한국어판 저작권은 Charisma House와의 독점 계약으로 '순전한나드'가 소유합니다.
저작권자의 허락 없이 이 책의 일부 또는 전체를 무단 복제, 전재, 발췌하면 저작권법에 의해 처벌을 받습니다.

끝날 때까지 끝난 것이 아니다

초판발행| 2015년 12월 20일
4쇄발행| 2019년 3월 4일

지 은 이| R. T. 켄달
옮 긴 이| 백승준

펴 낸 이| 허철
총   괄| 허현숙
편   집| 김혜진
디 자 인| 이보다나
인 쇄 소| 예원프린팅

펴 낸 곳| 도서출판 순전한 나드
등록번호| 제2010-000128
주   소| 서울특별시 강남구 언주로69길 16, (역삼동) 2층
도서문의| 02) 574-6702
편 집 실| 02) 574-9702
팩   스| 02) 574-9704
홈페이지| www.purenard.co.kr

Printed in Korea

ISBN 978-89-6237-184-0 03230